# 毛泽东求学记

# 毛泽东求学记

刘道生

Columbus, Ohio

毛泽东求学记

Published by Gatekeeper Press
2167 Stringtown Rd, Suite 109
Columbus, OH 43123-2989
www.GatekeeperPress.com



Library of Congress Control Number: 2021938540

ISBN (paperback): 9781662909528

eISBN: 9781662909535

# 目录

# Prologue

Year 2021 marks the 45th anniversary of Mao Zedong's death. For more than 40 years, the deeds of Mao Zedong's life have been well-known to China and the world one after another. Thus, we have a more comprehensive and profound understanding of Mao Zedong. Now, there is an indisputable consensus between China and over the world: both supporters and opponents have to admit that Mao Zedong is in Chinese and world history, so that U.S. "Life" magazine selected Mao Zedong as one of the 100 greatest figures in the second millennium, and ahead of Lenin in Russia.

In China, the 20th century can be said to be the century of Mao Zedong. We cannot help asking: Mao Zedong was born at the end of the nineteenth century. What made Mao Zedong great in his life? This is undoubtedly a question that people have been exploring. In this regard, I have accumulated decades of research to write Mao Zedong's birth and growth into "Red Sun—Mao Zedong's Schooldays", from Mao Zedong's birth environment, family edification, character cultivation, knowledge accumulation, school education, Social practice, and so on. No matter what? What I have written can be one of many theories. Hopefully, at least people can use it as a starting point for thinking more.

For example, at the time of the explosion of knowledge in today's world, all of parents can be said to be broken for their children to become talents. From prenatal education, pre-school education, to knowledge and skills learning, everything is in every detail, and all of them are personally operated and checked, such as reading pictures, memorizing poetry and painting, learning piano, singing and dancing, gymnastics, playing ball, etc. Every time when entering school, the whole family will circle around the candidates, and so on. This phenomenon, on the one hand, shows that the education awareness of the Chinese people has been enhanced, which is beneficial to the overall improvement of the national quality, but on the other hand, it also invisibly deprived children and young people of their precious childhood...

So, what is the power that made an illiterate mother, with her own hands pushing the cradle, launched her son, Mao Zedong, become to be a great man who changed the course of Chinese history in the turbulent era of the 19th and 20th centuries. These are really worthy of deep consideration.

I sincerely hope that the publication of this book will resonate with readers, commemorate and learn from the ancestors, and work hard for the prosperity and strength of the Chinese nation together! If you have any insights, please contact directly by email. The email address is: george.liu31@gmail.com



George Liu
01012021

# My biography

George Liu

1. Graduated from Wuhan Medical School in China in 1976.
2. Did medical research in The John's Hopkins University School of Medicine in 1987.
3. Entered into the graduate school of the University of Minnesota, studied biophysics in 1989.
4. A Columnist for MN Times (明州时报) from 2016 → present.

**Publications**

1. George Liu et al: A book title: Genetic Metabolic Diseases (遗传性代谢病学) in Chinese , published in 1984.
2. George Liu et al: A book title: The text book of Molecular Biology for Medical Students, published in 1987.

# 前言

今年，是毛泽东逝世四十五周年。四十多年来，毛泽东一生的事迹，已经陆陆续续展现在中国和世人面前。从而，使我们对毛泽东有了一个比较全面而深刻的认识。现在，中国和世界已有一个不争的共识：不论是拥护还是反对的人，都不得不承认，毛泽东是中国历史，以致世界历史上的伟人，位在列宁之前(美国《生活》杂志评选毛泽东为第二千年百大人物之一)。

在中国，二十世纪可以说是毛泽东的世纪。我们不禁要问：毛泽东出生于十九世纪末年，是什么成就了毛泽东一生的伟大？这无疑是人们一直在探索的问题。在这方面，我积几十年的研究，将毛泽东的出生成长，写成“红太阳—《毛泽东求学记》”一书，从毛泽东的出生环境，家庭熏陶，性格培养，知识积累，学校教育，社会实践，等等作了一一探讨。不论怎样？都应该是一家之说，至少可作为抛砖引玉，引发人们的更多思考。例如，在当今世界知识爆炸之时，父母为了儿女成才，可以说操碎了心。从胎教，学前教育，到知识技能学习，事无巨细，无不一一亲自操手，检查落实，如看图识字，背诗作画，学琴，歌舞，体操，打球等等，不一而足。每到升学时节，更是全家围着考生转，等等。这种现象，一方面说明国人的教育意识增强，有益于全面提高国民素质，但在另一方面，也在无形中剥夺了幼儿和青少年的宝贵童年时光……。

那么，又是什么力量，使一个目不识丁的母亲，用自己推动摇篮的双手，在十九和二十世纪交替的动乱时代，推出了改变中国历史走向的一代伟人：毛泽东。这些都是值得人们深思的。

我真诚地希望，本书的出版，能引起广大读者的共鸣，纪念先辈，学习先辈，共同为中华民族的繁荣富强，努力奋斗！如有什么见解，请直接发电子邮件联系，电子邮件地址是：george.liu31@gmail.com



刘道生

2021年1月1日

毛泽东“所居之地为湘潭与湘乡连界之地，仅隔一山，而两地之语言各异。其地在高山之中，聚族而居，人多务农，易于致富，富则往湘乡买田。风俗纯朴，烟赌甚稀。渠之父先亦务农，现业转贩，其弟亦务农，其外家为湘乡人，亦农家也，而资质俊秀若此，殊为难得。余因以农家多出异材，引曾涤生、梁任公之例以勉之。毛生曾务农二年，民国反正时又曾当兵半年，亦有趣味之履历也。”

— 杨昌济

毛泽东“文理优于章甫（陈昌），笃行两人略同，皆大可造，宜示之以方也。”

— 黎锦熙

历观生作，练成一色文字，自是伟大之器，再加功候，吾不知其所至。

— 柳 潜

中国要想后来居上，超过世界领先水平，引领21世纪世界新潮，不仅必须培养和造就一大批新一代中国伟大的思想家，政治家，军事家，科学家，教育家，而且更为重要的是必须首先造就象毛泽东那样具有敢想，敢干，敢为天下先的胆量和雄才大略的领袖群体。毛泽东作为生长于中国大地的世界第一流的伟大领袖，为我们研究他的成长历程，探求造就伟大领袖和统帅的培养模式，提供了得天独厚的条件。

— 钱学森：《毛泽东成为千古伟人的机理初探》 2007年12月26日

才不胜今人，不足以为才；学不胜古人，不足以为学。

—毛泽东：《讲堂录》（1913，10—12）

# 第一章 农家儿子 奇才诞生

## 一，斯诺施计，毛泽东回忆

1936年以前，人们对毛泽东，尤其是毛泽东的家世知之甚少。1936年是个转折点。这一年，美国知名记者斯诺访问延安根据地。

斯诺访问毛泽东时，曾罗列了一大堆采访提纲，请毛泽东回答。采访提纲中很多是关于毛泽东个人和家庭的问题。如你结过几次婚？有几个老婆？一开始，毛泽东不愿谈自己，多是谈红军，红军战将，革命战斗的经历。斯诺没有就此作罢。因为，象许多其他受采访人一样，毛泽东一谈起党，谈起红军，红军作战的时间，地点就如数家珍。斯诺推测，不是毛泽东忘记了个人和家史，而是不愿谈个人而已。毛泽东这样做，并不是什么特殊之举。中国人通常是集体大于个人，多将个人置于集体之中。或者说将个人的贡献和作用看得比较轻，将个人的成绩，个人的功劳，贡献和荣誉都归于集体。斯诺显然不能理解。这或许是中国传统美德在毛泽东身上的闪现。

在西方，通常是个人的才是最要紧的。斯诺是第一个采访毛泽东的美国记者。斯诺的认识恰恰相反。斯诺告诉毛泽东说：你个人的身世，不是你个人的事，是世上所有人都关心的事，甚至比你对我所有其他采访提供的信息资料都要重要得多。毛泽东仍持怀疑态度。斯诺当然不愿放弃。斯诺以社会上的流传对毛泽东举例说，社会上有很多关于你死亡的传说，许多人说你会讲一口流利的法语；有人说你只不过是个农民，没什么了不起的；有人说你是个半死不活的肺痨(结核)；还有人强调说，你简直就是一个疯子。毛泽东觉得很是吃惊，社会上竟有这么多的传说，是该纠正，消除不必要的流言蜚语的时候了。毛泽东用眼睛又看了一遍斯诺给他的采访提纲，好吧！毛泽东对斯诺说，我看就不必按你的采访提纲，逐条回答你的问题了。我想就我的人生经历做个总的概括，或许更容易理解一些。你要采访的问题，应该都在里面了。(Edgar Snow: Red star over China. The first revised and enlarged edition of the classic account of Chinese communism. Grove Press. Inc. New York. First Evergreen Edition, 1973. p129-130).

斯诺顿时兴奋起来，毛泽东自然也是兴趣盎然，当即在延安窑洞里，秉烛夜谈。

## 二，韶山奇才 诞生农家

### 1，家境贫寒 凄苦人生

1893年12月26日，毛泽东在湖南湘潭县韶山冲的一个贫苦农民家里诞生了。韶山冲虽说离长沙不远，大约120来里。在19世纪末年，交通困难，水陆路相通，来回往返尚需时日。在那时，生活在韶山的人，能填饱肚子就实在不易了。毛泽东出生正是冬天，冰冻的天气，呼啸的寒风，冷峻的茅草屋，实在不象有些毛泽东传记者说的那样，毛泽东出生的那一天，韶山冲的冬天，已至冬至，但这一天雷鸣电闪，风雨交加，当地老人惊骇：只怕有真龙天子问世？！当然，也不是舜帝南巡至韶山创造的韶乐声声，历经数千年，仍在韶山冲回荡，萦绕—迎接毛泽东的到来。因为，这些都不过是美丽的传说而已。毛泽东的出生，实在和别人家的孩子出生没有什么不一样。

要说有什么不一样，那就是在毛泽东出生的时候，毛家家境已经破落，生活比普通人家还要清苦，还要艰难，根本看不到未来的“希望”在哪？

毛泽东的曾祖父毛祖人（1823—1893），字四端，乡里人多呼之为“毛四端”，清道光三年(公历1823年。作者注)癸未九月三十日出生。韶山毛氏先祖毛太华第七代修族谱时，曾定下20代子孙族名排行：“立显荣朝士，文方运际祥；祖恩贻泽远，世代永承昌。”以此推算，自那时起到毛泽东的曾祖父毛祖人，已是第17代传人了。毛泽东的高祖父毛祥焕（字其有），仅生有一个儿子—毛祖人，无兄弟姊妹，按现在的说法是单传。不幸的是，毛祖人与曾孙毛泽东失之交臂，并无一面之缘，在毛泽东出世前不久就仙逝了。

毛泽东的祖父名恩普，字寅宾，号翼臣，排行第四，1846年5月22日出生。毛翼臣原住韶山东茅塘。1878年，毛翼臣与哥哥毛德臣分家后，自己拖家带口搬到韶山冲的上屋场定居。这就是现在为世人瞻仰参观的毛泽东故居。毛翼臣象父亲一样，也是个忠厚老实的庄稼人。毛家祖业到毛恩谱手里，已朝不保夕，日子过得紧巴巴的，不得已只好将祖传的家业—一些田产典当给别人，勉强度日。在毛翼臣这一辈，家境看不到时来运转的起色。毛翼臣娶刘氏(1846年9月21日—1884年5月20日)为妻，育有一子二女，子毛顺生，即毛泽东的父亲，长女适张，次女适贺。毛恩谱只有毛顺生一个儿子，也算是毛家的独苗，单传。毛翼臣比父亲毛祖人幸运，毛翼臣去世的时候，孙子毛泽东已有10岁。虽不知毛泽东未来的造化，但祖孙俩毕竟有十年相濡以沫的生活乐趣。

### 2，经商有方 致富发家

毛泽东父亲毛贻昌，字顺生(1870年10月15日—1920年1月23日)。毛顺生娶妻文七妹。说来，叫人难以置信。文七妹祖上也是穷得叮当响的人家。祖父文作霖积累成疾，27岁就早早去世了，葬在韶山冲龙眼坝，距毛顺生住家韶山冲的上屋场只有一里之遥。文家后人常来给先人文作霖扫墓，祭祖，需要一个落脚的地方。因此，文七妹的父亲文芝仪便想与韶山冲的毛翼臣家结为亲家，将女儿许配给毛翼臣的儿子毛顺生做媳妇(妻子)。那时，儿女婚事(结亲家)都是父母做主。文七妹比毛顺生大三岁。两家人把话说明了，双方都同意这门亲事。5年后，也就是文七妹18岁的时侯，嫁到毛家。毛顺生结婚时才15岁。毛文两家，都是穷苦农民。毛顺生是家中独子，家庭生活的重担责无旁贷地落到了他的肩上。象其他普通农家一样，那时的毛家着实没有什么特别令人羡慕的地方。要说有，恐怕比其他人家更困难，家庭的未来更需要毛顺生去努力，去奋斗，去拼搏。

毛顺生的生活压力很大，决定去外面闯闯，于是去參加了湘軍。在幾年的軍旅生活中，毛顺生也没有混个一官半职，倒是让他开了眼界，长了见识，虽未弄个官当当，但脑子很灵光，回到韶山冲后很快将目光投到经商的行当上，先做大米粗加工生意，尝到了点甜头，渐渐地将大米生意做得红火起来，淘得第一桶金，积累了不少利润，一方面赎回部分典当的田产，一方面涉足生猪和牛的生意。

说来也奇，毛顺生做生意与别人不一样，毛顺生做得是甩手生意，没有店铺门面。即便如此，毛家祖业到了毛顺生手里，又开始峰回路转。毛顺生投军回家以后的日子，大概取了“顺”字的吉利，日子过得红火起来。这首先要归结于投军，一是开了眼界，二是军旅生活练就了人生意志。这与毛泽东掌权后，将军队称为“大学校”，革命“熔炉”—是一脉相承的。在毛泽东时代，中国人再也不是“好汉不当兵，好铁不打钉”的时代了。由此可见，在十九世纪末年，一个动荡不安的年月，当兵自然是不能与日后的毛泽东时代“全国一盘棋”同日而语。但是，有一点是毋庸置疑的，那就是在军队里能“长见识”。

果不其然，毛顺生一人撑起来毛家的大厦。生于家境危难之际的毛顺生，力挽岌岌可危的家。毛泽东自己也说，父亲“拼命地节省”，“靠着做小生意和其他事业赚了一点钱，设法赎回了他的田地。”毛顺生当兵的确没有白当。为了方便生意发展，毛顺生还发行了自己特有的股票—“毛义顺堂”股票。

毛顺生的这一招，在当时算是奇招，也很前卫，且的确管用。自发行股票以后，他再到外地做生意，也不需要带现金了。“毛义顺堂”是红色的，别人也买他的帐，只要拿着“毛义顺堂”的股票，买米买牛买猪，都能成交。据毛泽东外婆家亲戚文九铭回忆说：“用‘毛义顺堂’，到别的地方买10头猪不带一分钱可以赶得动，借上百块银元，走就是的；出谷没带钱，担起走就是的。”

1936年，毛泽东接受斯诺采访时深情地说，“我的父亲是一个贫农，当他年轻的时候，因负债累累，便去投军”。“后来他回到我生长的村上，由于拼命地节省，他靠着做小生意和其他事业赚了一点钱，设法赎回了他的田地。”“这时，我家有十五亩田，成为中农了。”家里靠剩余的粮食，“父亲积聚了一点资本，不久又买了七亩田，使我家达到‘富’农的状态。”

毛泽东清楚地回忆说：“父亲的生意并不是开店营业的。他不过把贫农的谷购买过来，运到城市商人那里，以较高的价格出卖。“这个老人(毛泽东父亲。作者注)继续‘积聚财物’，在那个小村里可以说是大富了。他自己不再买田，但是他向别人押来很多的田。他的资本增加了两三千元。”

数年下来，毛泽东的父亲成了韶山冲的大富人家，为毛泽东日后读书学习打下经济基础。毛泽东也很看重父亲的作为。1959年6月25日，毛泽东再次回到阔别32年的故乡—韶山。第二天一早，毛泽东来到父母墓前，神情肃穆，深深三躬鞠，充满深情地轻声说：“前人辛苦，后人幸福。”下山后，在参观父母生前住过的卧室时，毛泽东又对身边人员说：“我父亲得了伤寒病，母亲颈上生了一个包，穿了一个眼，只因为那个时候，……。如果是现在，他们都不会死的。”毛泽东对父母的敬重与怀念，中华民族的美德，跃然纸上。

# 第二章 孩子贱养 铸造栋梁

## 一，取名讲究 求佛护佑

### 1，孩子取名 与水相连

毛泽东不是毛顺生与文七妹的第一胎长子。之前，毛顺生和母亲文七妹结婚后已有过两胎，但不幸都在襁褓中夭亡了。中国俗语讲，事不过三。家里再也不能经受丧子失女的打击。毛泽东的出世，给家里带来了喜庆的气氛，但也不免带来忧愁。在出生顺序上，毛泽东排行老三。但以生存下来的讲，实则老大。父亲毛顺生是独子，又称独苗。在毛顺生这个家族，毛泽东的到来，自然是大事，抚养毛泽东健康成长是一家人的头等大事。一时间，怎样呵护新到来的男婴成了毛家的中心议题。

在中国，儿女出生是大事，取名更是大事。望子成龙，望女成凤是每个做父母的心愿。一定要给孩子取个好名，图个吉利。按相术说，毛泽东是属土龙。既然是龙，当然就不能没有水。《西游记》说的龙宫就在东海。据阴阳五行：金、木、水、火、土，相生相克之说，也需要东海之水来润泽。从毛家的辈份来说，至他这一代，是"泽"字辈，故取名"泽东"，字咏芝，又字"润之"，即取含有"水"之意。

据传说，毛泽东一生也挺在乎这个"水"，以致用人和娶老婆都看是否与"水"相连。举例说，毛泽东的大内总管汪东兴，能在毛泽东手下长盛不衰，甚至在汪东兴紧跟林彪，支持林彪设国家主席，搞天才论，毛泽东也没有舍得将其抛弃。就因为，汪东兴不仅姓字带水，而且名字也取得好，"东兴"寓有助毛泽东兴旺发达之意。实际上，这只是心愿而已，或者好事之人的意味而已，或者为毛泽东做传记者的传说而已，不足为凭。因为，信则灵，不信则无。君不见，毛泽东过世不久，汪东兴就带着人将毛泽东的爱妻—江青—抓了起来，并送上法庭。1980年，还以江青的名字被正式定名为"江青反革命集团"。看看，不是天大的笑话吗？！如若毛泽东在世，能有人敢这样做吗？！

毛泽东一生，正式结婚娶妻(指与毛泽东不仅有夫妻之名，也行夫妻之实的妻子请参见 第十六章 婚姻自主，试婚成亲。作者注)的有三任老婆。第一个老婆杨开慧，与水不连。毛泽东上井冈山后，1928年又与贺子珍结为连理。不幸，1930年10月24日，在湖南长沙从事革命活动和抚养三个年幼无知的儿子的杨开慧，被湖南军阀何键抓住，威逼利诱，只要杨开慧愿意声明与毛泽东脱离夫妻关系，就能保全性命。但是，杨开慧巾帼不让须眉，威武不能屈，生命无足惜，面对敌人的刺刀，杨开慧想的是："随他(毛泽东。作者注)的势，他的聪明或许还会给他一个不朽的成功呢！"(毛泽东36岁生日时，杨开慧寄语)。杨开慧带着对丈夫的深情爱恋和未来的祝福，走上刑场。

贺子珍开始与毛泽东爱的死去活来，也只在一起生活十来年。毛泽东与贺子珍生活的十年，是毛泽东霉运连连，人生最不得意，不得志的十年。据肖军上世纪三十年代在延安写的日记记载，毛泽东自己说曾受过11次打击或处分。贺子珍对毛泽东总有几分不理解，经常吵闹，弄得鸡犬不宁。在延安，贺子珍不听毛泽东挽留，自己执意出走，经新疆，去苏联。解放后回上海，夫妻再也不能聚首，直到1984年病逝。

毛泽东的第三任妻子—江青，因为"江"姓中有水。江寓江河湖泊水之意，自然有水。毛泽东如龙戏水，对江青信任有加，1961年9月9日，毛泽东为江青题写：七绝•为李进同志题所摄庐山仙人洞照一首：

暮色苍茫看劲松，
乱云飞渡仍从容。
天生一个仙人洞，
无限风光在险峰。

1966年4月10日，毛泽东和中共中央批准《林彪同志委托江青同志召开的部队文艺工作座谈会纪要》(简称《纪要》。名誉上说是受林彪委托，实则毛泽东一手导演。《纪要》是先由江青在2月2日至20日，在上海邀集解放军的四个人，就部队文艺工作问题进行座谈内容撰写而成。3月19日，经过毛泽东修改和同意之后，江青将座谈纪要送给林彪。应该说，《纪要》全是毛泽东和江青的主意，拉上林彪而已。可见，江青在毛泽东心中的地位。

1966年，文化大革命兴起。江青一跃成为中央文革小组的副组长，九大之后，成为政治局委员，权倾天下，实则是一切实权在握。文革十年，上上下下的官员走马灯似地换了一个又一个，江青的地位则岿然不动。若不是毛泽东去世，谁又能动得了江青一个小指头。后人，将文革的一切灾难都归于"江青反革命集团"。江青在受审时，一语道破天机说："就是说打狗呵，还要看主人的面子。现在就是打主人。我就是毛主席的一条狗。为了毛主席，我不怕你们打。在毛主席的政治棋盘上，虽然我不过是一个卒子，不过，我是一个过了河的卒子。"(1979年10月26日稿)。意思是，卒子过了河，就没有退路。看来，后人将江青和毛泽东分开，完全是一厢情愿。毛泽东和江青不仅是生活上的夫妻，更是政治上的"夫妻"。任何分隔都是违背主人心愿的。需要说明的是，"狗"在人类心目中的地位，中国人与西方人有着迥然不同的解读：中国人视"狗"为"下贱"，令人厌恶！西方人相反，视狗为宠物，是人的伙伴，待若上宾，甚至享有与人同样或更好的待遇，如生活，医疗。

## 2，求佛护佑 石三伢子

书归正传。毛泽东的出生，文七妹象天下所有妇女一样，作为母亲比谁都更关心儿子的生活与成长。文七妹在娘家和母亲都笃信佛教。为了儿子平安成长，文七妹将毛泽东放到娘家抚养。前两个儿子的早亡，在精神上记忆犹新，无论如何不能再发生。为求菩萨护祐儿子“根基稳固”，文七妹让儿子拜一块巨石为干娘。巨石高二丈八，宽二丈，位于文家后山的龙潭口，潭内有清泉潺潺流出，四季不竭。传说石下镇有一妖怪，石上建有小庙，称为“石观音庙”，求神拜佛的人来往不绝，香火旺盛。毛泽东出生后不久，外婆和母亲文七妹就抱着襁褓中的儿子毛泽东来到“石观音庙”烧香拜佛，护佑儿子健康成长。因儿子在毛家排行第三，按湖南地方话“伢子”的说法，就取了个小名，叫石三伢子(曾琦云：毛泽东与佛教)。

至此，一个做母亲的心愿令人肃然起敬。这是造成毛泽东“贱养”的开始。

## 二，严格要求 宠爱无缘

### 1，六岁开始 学做农活

在韶山冲这个闭塞的小山冲里，毛顺生家境已渐渐挤进“小财主”的行列。可是，从我们看到的毛泽东回忆录里，没有看到毛顺生溺爱儿子的举动。相反，倒是对儿子的严加管教，时常动粗，甚至抽打。

在毛泽东6岁的时候，“便开始耕种的工作了”，做些家务和农活，如拔草、放牛、拾粪、砍柴。大一些的时候，大约在十四到十五岁的两年时间内，毛顺生就停止毛泽东上私塾学堂读书了。白天，毛泽东成天在地里跟家里雇的长工一同干活。晚上让毛泽东学习记帐，学打算盘。

儿时的生活，田地劳动给毛泽东留下不可磨灭的印象。父亲留给毛泽东的印象是：“一个严格的监工，看不得我闲着，如果没有帐要记，就叫我去做农活。他性情暴躁，常常打我和两个弟弟”。毛泽东做这段回忆的时候，已是43岁的人了，过了“不惑”之年。从积极的角度，父亲的管教，锻造了毛泽东做事认真的意志。毛泽东说，父亲的“严厉态度大概对我也有好处，这使我干活非常勤快，使我仔细记帐，免得他有把柄来批评我。”

中国是个古老的国家，早就形成了一套特有的家教方式。诸如，“棍棒之下出孝子”，等等。毛顺生并不因为石三伢子是自己的宝贝儿子，而给予宠爱，要啥给啥，任其放纵。相反，毛顺生一直在按照自己的教子模式，管教儿子，塑造儿子的未来。中国人常说，“揄性子”，指的就是这层意思：改造孩子的臭毛病，要求小孩走正道。在这方面，毛顺生的确与一般的父亲不一样，他对儿子从来都没有心慈手软过。

### 2，从小开始 学习记帐

在当时，毛泽东正式上学堂读书的时间，比其他普通人家的孩子都要晚。可能的原因很多，但主要的原因可能是父亲毛顺生对儿子的奢望不高。毛顺生只希望毛泽东长大后，能管管帐，当个“帐房先生”，也就心满意足了。毛泽东满8岁后，才被正式送到私塾学堂，开始读书。读的是私塾小学堂。从8岁一直读到13岁，毛泽东都在私塾学堂读书。开初，小学堂离家不远。父亲毛顺生还让年少的毛泽东读书和下地干活两不误。毛泽东回忆说，“每天清早和晚上，我在田里做工。白天就读《四书》。”　在“刚认识几个字的时候，父亲就开始要我记家账了。”“学习打算盘”。毛泽东说：“因为父亲一定要我这样做，我开始在晚间计算账目。”

在现代人看来，这或许有些不尽情理，再严格的父亲，也不会象驱赶奴隶一样，要小孩不停的做事，做事，还是做事。毛泽东的父亲的确这样做了，而且稍不遂意，还要打人。

## 3，衣食穿着　克勤克俭

在毛泽东的脑海里，童年时期家里生活俭朴是出了名的。父亲是个吝啬鬼，非常抠门，或者说是铁公鸡，一毛不拔。在毛泽东上私塾时，尽管毛家已不再是贫苦人家，生活却仍是克勤克俭。毛泽东自己也说，一家七口，生活很节俭。节俭到什么程度？毛泽东自述说：“每月初一和十五，他(毛泽东父亲毛顺生。作者注)总给雇工吃鸡蛋和咸鱼片，但很少给过肉。对于我，则既没有蛋也没有肉。”按说，毛顺生当时已有足够的能力让毛泽东过上“衣来伸手，饭来张口”的生活。可毛顺生没有这样做。也只是让儿子不饿着就好。所以，毛泽东说，“我家吃得很节省，但总是够饱的。”

不仅如此，毛顺生还对儿子读书要用的灯光也大加不满。那时，韶山冲里还没有电灯，用的是燃油灯。为了节俭，毛顺生只要看见儿子屋里的灯光，就不高兴。毛泽东自小就是个爱书如命的人，这可憋屈了毛泽东。在父亲的严厉监督下，毛泽东在自己室里只好把“窗门遮盖起来，使我的父亲看不见灯光。”(毛泽东语)

按说，儿子上学了，也是件大事。再说，毛泽东上学的时候，家里已不再是吃了上顿没下顿，已有几千大洋的财富。毛泽东的衣食穿着却与已有数千现大洋的富户人家极不相称。几十年后，毛泽东回忆儿时的生活时还说，在学校里，“我穿得比旁的学生都蹩脚。我只有一套象样的袄裤。”是否属实我们不知道！但是，我们知道的是，毛泽东确实是不讲究穿戴的人，即便做了一国领袖，还是肥大的衣衫，与常人似乎没有特别之处。人，在小时候养成的生活习惯，看来是很难改变的，会影响人一生的生活。不是吗？！

# 第三章 学孔夫子 一生受益

## 一，私塾学堂 经史子集

### 1，小孩教育 娃娃抓起

幼小的毛泽东，从小被送到外婆家，跟外婆一起生活。中国人都有“隔代”亲的传统。毛泽东不仅是毛家的“宝贝”，也是文家的“心头肉。”在外婆家里，毛泽东生活自然倍受关爱，无忧无虑，自由自在，想干什么，就干什么。这一段美好时光，造就了毛泽东一生保持的无拘无束，不信“邪”，敢于挑战自我，挑战权威的作风。当毛泽东长大一些，外婆忙，顾不过来的时候，就把小小的毛泽东交给表哥照顾，一起玩耍。这时，毛泽东的表哥在文家开办的私塾学堂读书，毛泽东也随表哥一起到私塾来。

文家办的私塾学堂，私塾先生是文正莹。文正莹在文家排行老二，是毛泽东的二舅。据称，在外婆家，二舅文正莹对毛泽东的影响不亚于外婆。文正莹为人正直，温和，受过教育，在家中以开小私塾，教族人子弟读书识字为业谋生。那时，毛泽东的表哥就在文正莹的私塾学堂上学。外婆时常让他带毛泽东一起到文正莹私塾那儿玩。莫看毛泽东小小年纪，却对读书学习颇有兴趣。在私塾学堂，不仅不哭不闹，有时还能和其他孩子一样，安静的坐在那里旁听，一起听课，一起识字，背书。因为，毛泽东还小，也没有办正式入学，最多也只能算是编外学生，没有学习任务。学不学，完全在他自己。就是说，是一种自觉自愿的识字读书，没有谁逼迫。

据传，毛泽东4岁时，就能背书识字。一天，毛泽东象往常一样到舅舅学堂当“旁听生”。班上有几个学生玩性大，没把私塾先生布置的读书作业当回事。上课的时候，先生点名要他们背书，个个面面相觑，只急得头冒大汗，两脸通红，低着头，谁也背不出来。“八舅，让我背吧！”

这里要说明一下。本来，文正莹在娘舅家，排行老二。毛泽东应叫他二舅。但是，文正莹在文家家族里，排行第八。在学堂，毛泽东自然要叫他“八舅。”这说明，小小的毛泽东很明白尊长排序。文正莹回过头来，好奇地打量着毛泽东，略带咤疑的语气说：“你能背吗？”“我能背下来，不信，你听！”毛泽东话里充满自信，站起来，朗朗上口的背起来：“赵钱孙李，周吴郑王……　。”一口气背完，从容自在，竟然一字不差。这件事，很快传到了外婆的耳朵里，外婆喜不自胜，高兴地说：“石三伢子真是聪明，怕是天上的文曲星下了凡！”

象天下所有老师一样，毛泽东认真好学的劲，颇受二舅文正莹的喜爱，经常给予关心，悉心培养。用句现代的术语，毛泽东在二舅文正莹学堂旁听学习，应多少算是“学前教育”。据称，毛泽东从1岁多到8岁的时光都是在外婆家度过的。在二舅文正莹的私塾学堂，毛泽东经历了数年的“学前教育”，在8岁多的时候，应该是该上学读书的年龄了。毛顺生也希望儿子长大了，能子承父业，经商做生意。所以，毛顺生决计送儿子读书。

## 2，上学私塾 转校学生

1902年春，这时毛泽东满8岁步入9岁，由父亲毛顺生领着他去见私塾先生。私塾学堂离家很近，就在上屋场西侧的南岸邹家祠堂，又称南岸学堂。这是毛泽东正式上学的第一个学堂，启蒙老师是邹春培老先生。在这私塾学堂，邹春培老先生教书古板，严格，只叫学生朗读，死记硬背，如果背不出来，邹春培老先生就打学生手签。这是私塾先生惩罚学生的一种方法：先生让学生将手伸出来，先生用“戒尺”打学生的手板心。

说起来，毛泽东的第一位私塾先生邹春培，真是不错。因为，与后来的几位私塾先生相比，或说在所有教过毛泽东的私塾先生中，邹春培先生是教毛泽东读书时间最长的一位，也留下不少佳话。毛泽东上南岸私塾时，祖父毛翼臣还在世。邹春培先生与毛泽东的祖父毛翼臣是同辈人。因此，毛泽东叫他“春培阿公”，他则称毛泽东“石三讶子”。如上所述，毛泽东在外婆家时，跟舅舅文正莹读过许多私塾学堂启蒙用的书，学起来一点儿也不吃力，加上天资聪慧，根本不需要先生费心劳神。

以毛泽东的学习水平，邹先生跳过启蒙课《三字经》《百家姓》，直接教授《论语》《孟子》等儒家经典。毛泽东的学习精神，着实使先生喜欢。再说，天下哪有老师不喜欢天资聪颖学生的道理？！因此，同学们给毛泽东取了个绰号，叫“省先生。”自然，毛泽东在同学中成了当然“老大。”同学们也心甘情愿的以毛泽东马首是瞻。有时，有“省先生”名号的毛泽东，也叫私塾先生不“省心”，闹出大动静来。

一次，邹先生外出，事先给学生娃子布置了背书作业。不料，邹先生回到私塾学堂，却不见学生。不一会儿，学生娃子一个个水淋淋地回来了。邹先生一猜便知是毛泽东带着这帮孩子去游泳了，一时气起，严厉责问毛泽东。毛泽东哪里受过这等“委屈”，与邹先生顶撞起来。父亲毛顺生知道了，要下狠手管教。毛泽东不服，离家出走三天三夜才被找回来。这次“闯祸”，就是毛泽东当“孩子王”闹起的。(注意，这只是毛泽东上学时，离家出走的说法中的一个版本。作者注)

1936年，毛泽东在延安对来访的美国记者斯诺说：“我十岁的时候曾经逃过学。但我又不敢回家，怕挨打，便朝县城的方向走去，以为县城就在一个山谷里。乱跑了三天之后，终于被我家里的人找到了。我这才知道我只是来回兜了几个圈子，走了那么久，离家才八里路。可是，我回到家里以后，想不到情形有点改善。我父亲比以前稍微体谅一些了，老师态度也比较温和一些。我的抗议行动的效果，给了我深刻的印象。这次‘罢课’胜利了。 ”值得回味的是，这是毛泽东第一次以“离家出走”，反对“权威”，敢于“斗争。”毛泽东直接体会得到的感受是，父亲比以前“温和”了。

不久，毛泽东又带头淘气，这次邹先生没有体罚他，而是罚他对对子。先生出上联“濯足”。“濯足”一词出自《孟子•离娄上》，曰：“沧浪之水清兮，可以濯我缨；沧浪之水浊兮，可以濯我足。”濯足意在洗脚去污，保持清洁。寓意人要自觉抵制改正不良习惯，保持高尚情操。毛泽东深知先生的用意，要他自觉做个好学生，于是不加思索，立即对以“修身”。先生见毛泽东领悟了自己的苦心，不禁连连点头。毛泽东在南岸私塾读了一年多书，长进很快。邹春培感到自己已教不了毛泽东，便找到毛顺生诚恳地说：“润之了不得啊，他的才学比我高，我已经教不了啦。”

1904年秋，在母亲支持下，毛泽东离开南岸私塾，转到本家毛咏生办的关公桥私塾上学。毛咏生先生是个有名的恶先生，苍老，古板，不喜欢学生提问题，毛泽东恰好是个喜欢“打破砂罐问到底”的学生，常被毛泽东问得哑口无言，觉得难堪。半年后，毛咏生就主动辞退了毛泽东。

1905年春，毛泽东转到桥头湾上私塾学堂，私塾先生是周少希。在舅舅文正莹私塾学堂旁听时，已开始学写毛笔字。在周少希先生的指导下，毛泽东开始临贴，练习书法，初习欧（阳询）字，后习钱（南园）体，继续读经书。

1906年秋，毛泽东转学到井湾里的一处私塾上学。井湾里离毛泽东家有七八里远。私塾先生是本族人，名叫毛宇居。俗话说，天下乌鸦一般黑。这位毛宇居先生也爱打学生。虽然，毛宇居是毛泽东的堂哥，可对毛泽东一点也不客气，而且爱拉“先生”的架子，要毛泽东叫“先生”，不愿毛泽东叫他为大哥。但是，毛宇居的严厉和爱才，勤于教学，给毛泽东留下深刻印象。

### 3，咏诗天井 转惊为喜

据说，毛泽东在井湾里读私塾时留下一段佳话。私塾先生毛宇居虽很严厉，但却是位爱才的好先生，即便是处罚学生也有自己的一套手法。毛泽东聪颖，爱动脑筋，好学勤问，深得先生赏识。别忘了，聪明的学生，也有淘气的时候，而且淘气起来，更令人惊叹，担忧！小时候的毛泽东也不例外。

1906年秋的一天，毛宇居先生外出，给学生布置了背书作业。临行前，还一再交代，规定学生“在教室里背书，不要到处乱跑！”

在毛宇居走后不久，毛泽东就背起书包，来到学堂屋后的山上读书。这时，正是金秋时节，毛泽东看到树上结满的栗子，沉甸甸的，压弯的树枝上，全是栗子，垂手可得，顿时觉得这是大自然的恩赐，不摘些让伙伴们尝尝，实在可惜。于是，一边抓紧时间背书，一边摘栗子。不一会儿，书背熟了，书包也装满了栗子，回到私塾学堂的时候，先生还没有回来。毛泽东就把栗子分给小伙伴们，每人一份，也给先生准备了一份。

毛宇居办完事回来，看到桌子上的栗子，一下子就明白了，准是毛泽东干的“好事。”但是，毛宇居并不领情，责问：“谁叫你到处乱跑的？”

“闷在屋里头昏脑涨，死背硬读也是空的。”毛泽东不慌不忙的回答说。

“放肆！”毛宇居一脸的不高兴，又不能太出格，就指着私塾学堂的“天井”说：“我要你做一首赞井的诗。”

毛泽东早已熟读三国，曹操的小儿子—曹植七步咏诗的故事，顿上心来，在天井边，转了两圈，开口咏道：“天井四方方，周围是高墙，清清见卵石，小鱼囿中央，只喝井里水，永远养不长。”

短短几句，有景有物，有动有静，一气呵成，借题发挥，寓意深刻。毛宇居抑制不住内心的喜悦，尤其是“只喝井里水，永远养不长”，耐人寻味，当先生的不能象井一样，只把学生关在学堂里，应该启发学生心智，让学生锻炼成长。这件事，成为美谈。1919年10月，毛泽东母亲病逝时，毛宇居亲自帮助料理后事。毛泽东回家奔丧，悲痛之下，奋笔疾书，写下深切悼念母亲的《祭母文》和两幅灵联。毛宇居将毛泽东的笔墨《祭母文》和挽联收藏保存了30年，建国后交给政府，现均已刻于毛泽东父母合葬墓右侧的汉白玉上。

栗子事件后，毛宇居对毛泽东因才施教，选择适合毛泽东学习的课本教学，别开生面。毛宇居成为毛泽东启蒙时期一位重要的私塾先生。

## 二，努力干活 贪婪读书

### 1，邪书惹祸 老师告状

现在，六十岁以上的人，无不知道“天马行空，独来独往”一词。因为，这是说林彪事件后，在林彪卧室里发现的一条条幅，成为林彪的罪证之一。当然，现在又有人说，这是周恩来赠给林彪的。但是，据我考察，“天马行空，独来独往”并不只是林彪一人。在中共高层核心决策集团内，在年少时就“天马行空，独来独往”的人，应该非毛泽东莫属。林彪即便是“天马行空，独来独往”，也不过是步毛泽东后尘而已。

1907年夏，毛泽东已是13岁的翩翩少年，几年的私塾学习，枯燥无味的“四书”“五经”对毛泽东来说，已提不起多大的兴趣了。就在这时，一种记录社会底层人生活的书进入了毛泽东的视野。一天，毛泽东从要好的同学那里借到一本《水浒全传》。毛泽东的心一下子被吸引到梁山好汉造反的故事上了。

当时，水浒传被老师称为“邪书”，禁止学生读。这时期，毛泽东痴迷古典通俗文学，哪里顾得学堂的规矩，一如既往地，如痴如谜地读，读了《精忠传》、《水浒传》、《隋唐》、《三国》和《西游记》，以致读“邪书”的劲头超过了读老师要求的课程。李锐说，毛泽东象读“正课”一样读“邪书。”岂止，只能是有过之而无不及，不仅课外读，上课时也读。为了不让老师看见，毛泽东把邪书放在《论语》的下面。老师走过来时，就一本正经地读经书。老师过去后，接着看水浒。班上的同学也学毛泽东的一套，背着老师看邪书。

这时，毛泽东在井湾里私塾学堂读书，私塾先生仍是毛宇居。毛宇居是个认真负责的好先生，很快发现了毛泽东和同学上课读“邪书”，为难的是如何处理？！很是棘手，有些象豆腐掉进灰窝里，吹，吹不得；打，打不得。禁止，只会越禁，读的劲越大。这些学生都是十二三岁的大孩子啦，没收小说，罚跪、罚站、打屁股，自然不合适！况且，毛宇居早有耳闻，毛泽东十来岁那年，曾因老师处罚，逃学离家出走的事。因此，毛宇居一时也想不出什么好的办法来处理毛泽东上课看小说的事。只好先睁只眼，闭只眼，视而不见，装出一副若无其事的样子，但也不能一点儿也不管。于是，毛宇居先生就给毛泽东加大读书的量，每天多加两页读书量，让他没有多余的时间去读古典文学小说。

上课背书时间，毛宇居突然严肃地叫道："毛泽东：背书！"

这是毛泽东意料之中的事。毛泽东不慌不忙地站起来，这时教室里格外清静，恐怕掉颗针的声音都能听得到。毛泽东背诵老师布置的课文，毫无差错。毛宇居也很意外，难道世上真有过目不忘的人？！

毛宇居既是惊喜，但也有忧虑。惊喜的是，毛泽东是个奇才；忧虑的是，上课不能专心致志，毕竟不好。因此，毛宇居先生认为，自己有责任让学生家长知道，学生在学堂读书的表现。毛宇居先生决定将毛泽东上课看邪书的事，告诉毛泽东的父亲毛顺生。

## 2，白天劳动 夜晚苦读

毛顺生知道儿子上课不集中，看邪书后，很生气。一气之下，毛顺生就不让毛泽东上私塾学堂读书学习，回家干农活。

因为，毛顺生对儿子的希望本来就不大，想到自己也只读了两年私塾，生意也照样做得挺不错的，而且家境也完全变了样，虽不是大富大贵，也算得上衣食无虞了，过去靠典当过日子的生活一去不复返了。

再说，儿子也读了四年的私塾了，比自己有学问多了，家里也正好缺个帮手。而且，毛泽东年龄虽只13岁，可个头却象个大人了。因此，毛顺生也不多想，就心安理得地停了毛泽东到私塾学堂读书的学生生活，让毛泽东在家干起农活来。

说实在的，毛泽东读了四年经书，也开始有些厌倦四书五经。当父亲不允许他上学堂时，反觉得自己可以自由了，可以读自己想读的书。这时，因父亲毛顺生做生意经营有方，赚了一些钱，毛泽东家的地，由原来的15亩增加到22亩。毛家祖代都是农民，也没觉得农民低人一等。这样，毛泽东也没有表示出任何怨言，就心甘情愿地，第一次被动地接受了父亲对他命运的安排—停学回家，做农活。

这次停学，一停就是两年多。学是停了，并不等于书不能读了。白天，毛泽东和家里雇的长工一样下地劳动，干一样的活，做一样的事，一点儿也不含糊。天黑收工回到家里，帮父亲管帐，学打算盘，记帐。

就在这时候，毛泽东遇到一位可亲可敬的读书人—李漱清，又名李吉力，1874年生，与毛泽东是同乡，也是湘潭人，毕业于湘潭师范和长沙法政专科学校。1907年至1908年，毛泽东停学在家，一边做农活，一边读书自学。李漱清毕业后回到家乡教书，与毛泽东家仅距几华里。李先生思想新潮，不守旧。毛泽东在干完农活后，一有时间就去找李漱清先生，借书，谈读书心得。李先生也乐于帮助，推荐新书，批改作文。虽然，李漱清不是毛泽东的先生，但胜似先生。

尤其是李先生向毛泽东推荐的一本叫作《论中国有被列强瓜分之危险》的书，毛泽东读后，反响很大。几十年后，毛泽东回忆当时的心情说："在这个时期，我也有了一定的政治觉悟，特别是在读了关于瓜分中国的小册子以后。我现在还记得这本册子的开头一句：'呜呼！中国其将亡矣！'……我读了以后对国家的前途感到沮丧，开始意识到，国家兴亡，匹夫有责。"应该说，如果说私塾给毛泽东打下了"孔夫子"的基础，那么李漱清先生则是毛泽东维新救国和民主思想启蒙教育的第一个老师。

毛泽东勤奋读书的习惯一直坚持，做完父亲要求做的事后，就是拼命的读书，读书的种类不一，用毛泽东自己的话说："贪婪地阅读我能够找到的除了经书以外的一切书"。尤其是中国古典旧小说，书瘾大得很，经常秉灯夜读。父亲毛顺生很不满意儿子的做法。毛顺生认为，毛泽东读的，都是些没用的书(指古典通俗文学小说—作者注)，瞎浪费灯油。那时，没有电灯。晚上照明用的是一种桐油灯。在这期间，毛泽东读了很多小说。有些书是读了又读。古典旧小说有个特点，就是吸引力很强，一上瘾，就放不下来。毛顺生每每看到儿子屋子里的灯光，就不免要大声喝斥：

"早点睡吧！一盏桐油要好几个铜板呢！"

为了不让父亲知道晚上挑灯看书，毛泽东就把自己房间的门窗遮起来，不让灯光透出去，一个人继续读。这时候，毛泽东没有收入，不可能买书，只是不停地从有书的人家借书读，不仅读完了韶山冲能借到的书，还到外婆家住的湘乡地方去借，能借到什么书，就读什么书。毛泽东从所读的书中不仅是学到故事，也学到了真知灼见。随着知识的积累，毛泽东的心胸也渐渐开阔起来。

私塾学校的"孔夫子"学习，不只是练就了毛泽东非凡的记忆，而且也的确给毛泽东灌输了孔夫子的儒家思想学说。在毛泽东日后的生活实践，对敌斗争，处理党，政，军，文等方方面面的大小事务，都带来极大的影响，以致毛泽东晚年都还在念念不忘儒家思想。纵观毛泽东的一生，毛泽东谈话，每每涉及和引用孔子、孟子、道家思想家庄子、墨子以及其他一些先秦思想家的语录远超过对马列语录的引用。

# 第四章 精读邪书 学以致用

1936年，毛泽东在陕北保安与美国记者斯诺谈话时这样说道："我读过经书，可是并不喜欢经书。我爱看的是中国古代的传奇小说，特别是其中关于造反的故事。我读过《岳飞传》、《水浒传》、《隋唐演义》、《三国演义》和《西游记》等。那是在我还很年轻的时期瞒着老师读的，老师憎恨这些禁书，并把它们说成是邪书。我经常在学校里读这些书，老师走过来的时候就用一本经书把它们盖住。大多数同学也都是这样做的。许多故事，我们几乎都可以背出来，而且反复讨论过许多次。"

## 一，阅读也是一种再创造

在私塾学堂，毛泽东从接触到"邪书"的那一天起，邪书不仅给毛泽东带来极大乐趣，也给毛泽东带来许多麻烦。当然，乐趣大于麻烦。这里，不能不先说说邪书为什么能给毛泽东流连忘返的感觉，甚至孤注一掷，也就是不顾一切，不顾父亲停学的威胁，还要读"邪书"的缘由。

毛泽东的一生概括起来可用四个字来总结："无法无天"，又曰"性不好束缚。"这种性格特征可追述到毛泽东青年或少年时代。在十来岁的时候，毛泽东就迷恋上老师称之为"邪书"的《水浒传》，《三国演义》，《隋唐演义》，《西游记》，《岳父传》等。这些书描写生活在社会底层人的生活百态，热情讴歌正气凛然，追求平等，不畏艰险，除暴安良，一往无前，向往自由生活的英雄好汉。应该说，毛泽东一生津津乐道这些古代经典通俗文学小说，是因为毛泽东从这些书中，不仅被引人入胜的故事所吸引，也从书中汲取了丰富的斗争经验，斗争策略，更因为这些书给了毛泽东义无反顾的政治勇气。这些书，毛泽东不仅小时候读过，而且一生中常读常新，不断丰富和发展自己的想象空间，开拓新的认识。毛泽东看这些历史经典，不只是作为文学作品欣赏，很多情况下是把这些书当历史书（三国演义），当政治书（水浒传）来读。如果说，小时候的毛泽东读这些书，是兴趣使然，那么成年后继续不断地读这些书则是需要驱使。

### 1，私塾学堂读经书

在封建社会，读书几乎是普通人能够改变自己身份地位的唯一途径。当然，朝廷自然总是将思想教化作为统治国民的重要要务。让那些读书人有一线希望，以读书的方式，挣脱改变自己不满意的处境。在谈到为什么要这样时，也有一套冠冕堂皇的说辞。

在封建王朝中，最系统完整的说辞源自《礼记•大学》："古之欲明明德于天下者；先治其国；欲治其国者，先齐其家；欲齐其家者，先修其身；欲修其身者，先正其心；…… 心正而后身修，身修而后家齐，家齐而后国治，国治而后天下平。”大意是说：古代那些要使美德彰显于天下的人，要先治理好他的国家；要治理好国家的人，要先整顿好自己的小家；要整顿好小家的人，要先进行自我修养；要进行自我修养的人，要先端正他的思想，……思想端正了，然后自我修养完善；自我修养完善了，然后家庭整顿有序；家庭整顿好了，然后国家安定繁荣；国家安定繁荣了，然后天下平定。后人将儒家统治思想简化为“修身齐家治国平天下。”在与之相对应的是，中国封建王朝自公元605年时的隋朝起，开设了“科举考试”制度。这的确是封建统治者的一条从思想意识上控制社会，加强统治力度的重要举措。一方面可以为朝廷选拔优秀人才，给读书人找一条通往金字塔的出路。社会上将这一条出路更有直言不讳的说辞：叫“读书做官论。”这是非常形象而贴切的直白。因此，科举考试一出，那些稍有“头脑”的人，会读书的人，都往功名和“做官”这条通往金字塔的道路上挤。这条“科举考试”自公元605年起至1905年止，整整1300年，几多辛苦几多泪，只有那些身临其境的学子可以品味，旁观者恐怕是难以想象和妄加猜测的。

在这样一条狭窄的通往仕途—做官的窄道上，又有几个是真正想以读书来充实自己的知识，在将来“出头”做官后，又有几个能真正为劳苦大众谋福利的人？！这一点，鲁迅有清醒的认识。鲁迅在《在现代中国的孔夫子》中说：“凡有企图得权势的人，就是希望做官的人，都是读‘四书’和‘五经’，做‘八股’，别一些人就将这些书籍和文章统名之为‘敲门砖’。这就是说，文官考试一及第，这些东西也就同时被忘却，恰如敲门时所用的砖头一样，门一开，这砖头也就被抛掉了。”封建社会的科举考试，还有一个不可忽视的作用，间接消除了文化人(“知识分子”。作者注)的不满和可能引发社会不安定的因素。科举考试制度的提倡和实施，可谓一石二鸟。

在毛泽东刚入私塾读书后不久，科举考试就在1905年废止了。在一定意义上说，读书做官到毛泽东这里，就已经完结了，也就是说读书人做官的“门”没有了，自然想做官的的念想也破灭了。再说，用现代的话说，“经书”俨然教条。读起来，枯燥无味，提不起学生们的兴趣，尤其是对刚刚接受启蒙教育的娃娃们，更是如此。

## 2，私塾学堂话教学

年幼的娃娃一走进私塾学堂，不只是年幼无知，而且教学方法也不能恭维。识字是私塾学堂开课的要务。一开始，只要求学生死记硬背，培养娃娃的记忆力，老师不对所学的课程做讲解。更有甚者，体罚学生是私塾学堂司空见惯的事。这种体罚远远超过我们的想象力。不只是罚站，而且责打学生，毛泽东就亲自目睹了这种教学的惨景。有些私塾先生还将学生不守学规的作为告诉家长。毛泽东就是这种教育体制的受害者。因为，在南岸上学堂时，毛泽东没有按照老师的意思做，被视为“不听话。”私塾先生邹春培将毛泽东“不听话”的状告到父亲毛顺生那里。毛顺生气得牙痒痒，抄起家伙就打毛泽东。毛泽东一气之下离家出走三天，才被家人找回来。1936年，毛泽东还能清楚地对斯诺说，从那件事后，感觉父亲和老师的态度变得好多了。所以，毛泽东称之为“罢工”的胜利。

## 3，易感年龄读邪书

什么是“易感年龄？”王学泰先生对易感年龄有着比较实在的说法。王学泰认为，青年人“最敏感，多同情心，向往不平凡，带有浪漫色彩的生活；他们易于为社会不公鸣不平，为实现社会正义而热血沸腾。因此想做游侠，想充当社会良心的人，在任何时代都是以年青人为最多。”

毛泽东读“邪书”，大约在十二三岁，正处在青少年期，也就是毛泽东说的“易感染的年龄。”正如毛泽东说的，“我爱看的是中国古代的传奇小说，特别是其中关于造反的故事。”“老师憎恨这些禁书，并把它们说成是邪书。”其实，说这些书是“邪书”，不只是毛泽东的私塾先生，而是封建朝廷禁止的旨意。晚清中兴名臣胡林翼说，“一部《水浒》，教坏天下强有力而思不逞之民。”

在这些所谓的“邪书”成书以来，一直就被封建朝廷称之为“坏书”，屡加禁止。毛泽东为什么这样爱读这些书？我们知道，这些被朝廷禁止的，私塾先生所谓的“邪书”，在本质上就是与朝廷相对抗的社会思想的集中体现。王学泰说得好，描写游民社会的这些“邪书”是对传统文化和封建社会的“黑暗面起了放大效应”的作用。这些书是在宣传渲染历代改朝换代中，游民英雄好汉发迹变泰的丰功伟业，以彰显游民亦是卧龙藏虎之地，鼓舞游民自信性，模仿效法。在某种意义上讲，这或许才是毛泽东喜欢读这些“邪书”的关键。这也才是毛泽东能将书中的“许多故事，……几乎都可以背出来”的真正意图。

一句“易感染的年龄”，似乎轻描淡写，可字里行间透出一种难以言表的心境。毛泽东为何对“其中关于造反的故事”特别上心？！我觉得促使毛泽东用心于中国古代通俗文学小说的不只是易感年龄，而是一颗同情心，与书中人物同呼吸，共命运，富有感情的心。

## 4，文化土壤读邪书

王学泰在《游民文化与中国社会》提出：“水浒传在思想史上也应有一定的地位，可惜没有引起思想史家的注意。”“《水浒传》的独特话语表达的，是敢于通过武装力量争取自己利益的游民思想。”我不知道这是不是王学泰首次提出这个观点，但的确是真知灼见。

在中国近代史上，也有人看到水浒传等中国古典通俗文学在中国老百姓中流传，久盛不衰的奇迹，如清末才子梁启超就是其中之一。梁启超说：吾中国人状元宰相之思想何自來乎？小说也；吾中国人佳人才子之思想何自來乎？小说也；吾中国人江湖盗贼之思想何自來乎？小说也；吾中国人妖巫狐鬼之思想何自來乎？小说也。在中国被毛泽东誉为中国文化旗手的鲁迅也说，我们国民的学问，大多数却实在靠着小说，甚至于还靠着从小说编出来的戏文。

这使我想起小时候亲身经历的事。上世纪六十年代初，我14岁的时候，春节到我姑母家拜年，大家围坐在火笼旁边，大摆龙门阵，从水浒的武松打虎，宋江题“反诗”，鲁智深大闹五台山，刘关张桃园三结义，关公过五关斩六将，孔明草船借箭，东吴设坛借东风，孙悟空大闹天宫，岳母刺字，精忠报国，……欢声笑语，其乐融融，过了午夜，大家也毫无睡意。

在韶山，虽说是远离城市的穷乡僻壤，可乡民对中国古典通俗文学的热衷，热忱，热爱，追捧，一点儿也不亚于城里的读书人。1936年，毛泽东对到延安采访的美国记者斯诺说，自己不仅能够将“邪书”中的故事“几乎都可以背出来，而且反复讨论过许多次。”是读过书的人都知道，读书必须举一反三，读书，再反复讨论，实则妙法。这是其一。

在上课时读邪书，一个十几岁的少年，一般普通的娃娃可能就到此为止了。可是，毛泽东则否，并不以私塾学堂为满足，还到民间去，和乡亲相互讲述。毛泽东说，“关于这些故事，我们比村里的老人们知道得还要多些。他们喜欢这些故事，而且经常和我们互相讲述。”这里透出了两个信息：一是村里的乡民也知道这些故事，只是比较少些。可想而知，这些“邪书”的普及率，影响力恐怕是任何一本官定图书都不能企及的事。二是老百姓的确喜欢这些书，喜欢这些书中的故事。这就是中国的文化土壤，寄托着中国人对生活的希望，希望自己有一天能象书中的英雄一样，“路见不平一声吼，该出手时就出手！”也希望自己有一天象书中的英雄一样，能够“发迹变泰”，象刘备朱元璋一样，登上皇帝的宝座。

人们崇拜英雄，为什么？王学泰先生有一段令人耳目一新的论述。王学泰先生说，“人们在崇拜英雄之时，如同欣赏壮美的事物一样，会唤起自己的崇高感，使欣赏者也显得高大起来。”我认为，这才是中国古典通俗文化作品能够扎根中国社会的源泉，经久不衰的根子。

纵观中国历史，一部部以记载一次次改朝换代的史书，历代统治者如何长江后浪推前浪，中国历史的大循环，“分久必合，合久必分”的史学规律，象一条主线，引领着中国史学。这其中，史学的撰写者，一直在为统治者树碑立传。所以，人们形象地说，历史是胜利者写的。事实上，也是如此。一些非正统的，不论这个人是乞丐，绿林好汉，还是带兵打仗的统帅，只要他们推翻原有的皇帝，立马就被扶正，称为真龙天子。前者如朱元璋，后者如李世民，莫不如此。李慎之说：“作为农民运动的先锋与渠帅的恰恰正好是游民中的勇敢分子与领导人。”在实践中，受中国古典通俗文学的影响，毛泽东也看好游民无产者好勇斗狠、不怕死的精神，拼命进击的能量。毛泽东在《中国社会各阶级的分析》里这样说道：“游民无产者，……很能勇敢奋斗，但有破坏性，如引导得法，可以变成一种革命力量。”（毛泽东：《中国社会各阶级的分析》　。《毛泽东选集》合订本，第9页，人民出版社出版，1968年）。

再说，游民在当上了太祖高皇帝以后，一样要封上“圣文神武”的尊号。从刘邦，赵国胤到朱元璋，这些社会上的游民，推翻朝廷后，自己做了帝王，也得到封号，就是历史的最好例证。

人们常说，人是为希望而活着。正好，中国古典通俗文学作品满足了人民心中的希望。书中英雄人物成为社会生活的榜样。王学泰先生说，人们欣赏通俗文艺作品，从受到感染开始，到接受其中的话语及其所代表的思想，与认同其中的价值告终。英雄崇拜就是这样开始，而达到社会效果的。

## 二，学习水浒 主义造反

王学泰先生说，“水浒传还教给造反者许多政治斗争和军事斗争的方法策略与组织艺术。”

(一)，政治书读

关于读书动机，在谈到阅读文学作品动机时，法国波尔多文学社会学派代表人物罗贝尔•埃斯卡皮说过这样的话：　“阅读动机不外乎是读者对社会环境的不满足，或是两者之间的不平衡；不管这种不平衡是人的本性固有的(人生短暂，人生如梦)，是个人的感情创伤(爱情，憎恨，怜悯)和社会结构(压迫，贫穷，对前途的恐惧，烦恼)造成的。总之，一句话，阅读文学作品是摆脱荒谬的熔炉生存条件的一种办法。”(转引自：王学泰《游民文化与中国社会》)。

我觉得，一部作品的意义，不只是在于作者(主观意识)想在作品中表达什么？！而且要看作品本身(客观事实)表达了什么？！还要看读者从书中悟出了什么，读者的认识或需要，　即欣赏主体的情感心理的需求问题。

在毛泽东所读的邪书中，《水浒传》当为其首。中国历史上的古典通俗文学作品众多，但没有任何一部可与小说《水浒传》相比肩。为什么？《水浒传》是一部以描写社会底层人，尤其是游民生活的书。作者不仅构思巧妙，落笔生花，以饱满的热情讴歌不计后果，不计报酬“路见不平，拔刀相助”的英雄气概，还赋予英雄人物有血有肉的精神灵魂，思想倾向，集体意识和正义举动。这是《水浒传》之前，绝无仅有的。

言情小说家张恨水就说过：“中国从来无鼓吹平民革命之书，有之，则从《水浒》始。”(《水浒人物论赞》)。仅凭这一条，《水浒传》在文学史上的地位，就是石板上钉钉，就有了不可撼动的地位。

金圣叹先生从分析《水浒传》书的结构着手，展示出《水浒传》作者独具匠心的构思。金圣叹评论《水浒传》说：“开书未写一百八人，而先写高俅者，盖不写高俅，便写一百八人，则是乱自下生也；不写一百八人，先写高俅，则乱自上作也。　乱自下生，不可训也，作者之所必避也；乱自上作，不可长也，作者之所深惧也。”我不知，《水浒传》作者当时写水浒时的心境。但是，从金圣叹的评论来讲，人们不得不叹服水浒作者的深刻用心，“乱自上作，不可长也。”因为，乱自上作，犯天怒，起民怨。作者的匠心为《水浒传》的写作夯实了不可动摇的基础。不用说老百姓看了《水浒传》，心里有气。就是皇帝老儿看了《水浒传》，也会直跺脚，恨得牙痒痒，也巴不得一下子打倒一切恶人。

毛泽东是革命家，看《水浒》更是“别有一番滋味在心头。”记得上世纪七十年代，中国刮起一股读水浒，评宋江的狂风。毛泽东认为，“《水浒》是我国第一部专门描写历史上农民起义发生、发展直至失败的全过程的古典小说。《水浒》描写的是北宋末年的社会情况。”毛泽东称赞说，“《水浒》的作者写得非常好，写得完全符合事实。”所以，“《水浒》要当作一部政治书看。”

## (二)，活学活用

从毛泽东评价水浒中透射的力度看，毛泽东看重的是，水浒写的是“农民起义。”毛泽东本人就是领导农民起义，应该和历史上的农民起义是一条战壕里的战友。水浒给后人的启示，我认为是：

1，造反有理

水浒作者贯穿《水浒传》全书的中心主题是“替天行道，劫富济贫。”在水浒之前，也有农民起义，不论声势多大，总有些理不直，气不壮。自有了水浒，农民起义造反，就有了“合理性。”这不能不说是水浒给后来农民造反带来的理性支持。

生活在社会底层的人，尤其是游民，本来就有“强烈的反社会性”，反现实社会秩序性，但缺的是反抗旗号，拉杆造反的“主义。”《水浒传》正好为造反者提供了想要而不可求的东西。所以，《水浒传》一问世，生活在社会底层人的斗争，不仅在数量上，而且在质量上也在发生变化。王学泰先生说，“水浒传为‘有强力而思不逞’者解除了精神束缚，使他们意识到对于既定的社会秩序反一下也没有什么了不起，从而大胆走上造反的道路。”这应该是《水浒传》的核心思想。 因此，我认为，这应该是毛泽东说“《水浒》要当作一部政治书看”的重要原因之一。

我们可以清楚地看出，从《水浒传》的作者施耐庵，罗贯中，到《水浒传》的评论家金圣叹，再到一代无出其项背的革命家毛泽东，思想认识如出一辙。这难道是巧合吗？！我认为，不是。这正是《水浒传》要告诉人们的，凡不合人民利益的政府，人民要敢于造反。管它三七二十一，“路见不平一声吼，该出手时就出手”，义无反顾的去造反！

2，劫富有理

人人皆知，任何社会，任何时候，任何个人，都对偷盗，抢窃恨之如骨。

农民或者游民造反，遇到的第一个重要问题是，没有造反的本钱。这些人除了一幅硬朗的身子板，其他一无所有。要造反，必然要从富户开刀。这就有道义问题。水浒也正好为游民造反提供了理论支持。水浒在第十六回写了梁山好汉抢劫生辰纲的举动。公孙胜对晁盖说：生辰纲是“不义之财，取之何碍。”这句“不义之财，取之何碍”开了历史之先河，成为后世造反集资，打富劫富，枪毙恶霸理直气壮，名正言顺的理由。

远的不说，从太平天国洪秀全到孙中山，毛泽东打土豪，将地主富农的土地，无偿的拿过来，分给贫雇农，其理由就是水浒“不义之财，取之何碍”的延伸和应用，甚至有过之而无不及。在“打土豪，分田地”的过程中，很多土豪不仅家产，田产被分，而且还搭上性命。农民起义，游民造反，都或多或少地带有水浒的思想意识，这已是不争的事实。

3，逼上梁山

游民的思想意识和行为特点，最主要的是表现出来的强烈的非规范性。自然不会被社会承认，相反还会受社会统治集团的打压和排挤。须知，人只要大凡能有生活保障，都不会铤而走险。在施耐庵罗贯中的笔下，哪一个绿林好汉是放着好好的日子不过，自愿去上梁山？没有。

1927年，毛泽东组织的秋收起义，如果能够直接驻长沙，能上井冈山吗？毛泽东最早提出上梁山闹革命是在1917年。是年中秋，那时毛泽东是湖南一师的学生，在与同学聚会讨论救国之道时，有人主张从政，有人提出从教，可是毛泽东不这样想，认为从政需要金钱与关系，从教耗时太久。所以，毛泽东则主张：“学梁山泊好汉。”

一次，毛泽东在接见越南胡志明时说，当年走上革命也是“逼上梁山。”毛泽东回忆说，“我这个人是逼上梁山的。以前我没有准备打仗，是教小学的。就在那年被逼上梁山。”（董志新《毛泽东读〈水浒传〉》111页）。

1944年，延安文艺工作者根据水浒编了一出平剧《逼上梁山》。毛泽东看后，不仅十分高兴地驰函编导，表示祝贺，还“希望多编多演，蔚成风气，推向全国去”。不难看出，“逼上梁山”在毛泽东心中的作用和份量。显然，毛泽东是要以水浒英雄逼上梁山为号召，鼓动全国民众推翻旧秩序。在重庆谈判时，毛泽东对自己领导的革命也有一个清楚的表述。毛泽东在回答陈立夫提问时说：“我们上山打游击，是国民党‘剿共’逼出来的。是逼上梁山。”（陈晋《毛泽东之魂》147页）

有意思的是，逼上梁山一词多用，不仅用在被敌人的逼，也用在革命内部。这也是水浒作者的精妙之处。在上梁山的好汉中，并不是个个都是被敌人逼上梁山，有些是被梁山好汉逼上梁山的，象秦明，卢俊义，李义，徐宁这些人，日子都过得有滋有味，也没有上梁山造反朝廷的想法。这些人之所以上梁山，完全是被已上梁山的好汉设计逼上梁山的。革命吗，就是不能留后路。否则，有退路，谁会拼死向前？！这一断掉后路，让他她们死心踏地的上梁山造反的做法，在毛泽东革命斗争中也得到很好的贯彻落实。从地主富农手里分得土地和财产的贫雇就是。因为，你将地主富农的土地和财产无偿的拿到手，就从此没有了退路，就只能一条道走下去，彻底与地主富农对着干。在这里，农民就成了秦明，卢梭义，李义，徐宁，被逼上梁山了。

在毛泽东时代，井冈山就是梁山的代名词。1967年一二月间，是文化革命发展的关键时刻。一批不理解文化革命的老帅们和中央政治局在怀仁堂开碰头会。文革派和以谭震林等不理解文革派发生激烈辩论，大有否定毛泽东“革命路线”之势，史称“二月逆流。”1967年2月18日，毛泽东在听取江青等人的汇报后，亲自召开了政治局会议，在会上大发雷霆：“要否定文化大革命，办不到！大闹怀仁堂，就是要搞资本主义复辟，让刘、邓上台。大不了我同林彪南下，再上井冈山打游击。”这里，毛泽东显然是在以“井冈山”代替“梁山。”但是，毛泽东这时已被他的战友送上了神坛，毛泽东的一番震怒，不理解文革的中共高层领导，元帅要员，一个个不敢再吱声，被打压下去了。

4，误读水浒

水浒的作者深恶自己内部起讧。作者在刻画宋江这个人物时，真可谓看穿了社会，用时髦的话说，看破了江湖。是否如此，不得而知。但是，有一点可以肯定，宋江不是真实的历史人物，而是作者笔下的文学人物。

毛泽东在评水浒时，将现实社会政治扯在一起。毛泽东说：“《水浒》只反贪官，不反皇帝。宋江投降，搞修正主义。宋江同高俅的斗争，是地主阶级内部这一派反对那一派的斗争。”这里，毛泽东用“阶级斗争”和“修正主义”来形容宋江，看待宋江，实在是有些苛求主人翁。“阶级斗争”和“修正主义”两个词是帕来品，传入中国也不过百年。这是其一。

第二，正是作者出于对反朝廷，造反英雄的讴歌，才呕心沥血地塑造了宋江这个典型人物。当然，最受人不齿的是宋江带领梁山好汉招安一事。毛泽东引申为投降主义，修正主义，尤其是在毛泽东晚年。宋江反朝廷的不彻底，或说受招安，朝廷不仅不领情，还利用宋江这支队伍去攻打同是农民起义的方腊，弄得两败具伤，实在惨不忍睹。这是历史的教训，切记！作者为什么要这么做？王学泰先生说得好，水浒传成书于明初，明代初中叶对待敢于造反的人的处理是非常严厉的。即便招安，也有可能受到严厉惩处。所以，作者有感于此，描写了宋江等人的悲惨下场。作者是在批判宋江，塑造宋江这个典型，是为了警示后人，警示造反者不要蹈宋江的覆辙，应牢记宋江的教训，不要招安，要排除一切困难，去争取革命的最后胜利！

水浒作者塑造宋江这个不成功招安的典型人物，并进行比较深刻的批判，其用心也在于告诉读者：单纯的“忠”是没有好下场的，只有“义”才是能够维护游民利益的最高原则(王学泰语)。

水浒留给后世，留给社会的政治遗产，思想遗产，文学遗产，道义遗产，……无法估量。一部水浒，几百年来，朝代变了，社会变了，政治体系变了，水浒却能一直风靡中国大地，不论官方，还是民间，妇孺老少，水浒风仍有增不减。为什么？是水浒传的精髓：1，鼓励受压迫，生活在社会底层的民众敢于造反的思想！2，水浒的英雄气概，不要逆来顺受，要路见不平一声吼，该出手时就出手！据说，毛泽东就不喜欢梁山林冲。毛泽东认为林冲缺乏闯进。 3，要有群体意识，抱团成伙，才有力量，才能打破现实秩序，建立新秩序。4，不要学宋江，搞什么招安，自己人打自己人，自己被灭了，还不知是为什么？

## 三，熟读三国 启迪心智

三国演义是中国文学史上非常重要的古典文学精品之一，也是深受人民喜爱，经久不衰的一部作品。可以说，三国演义与水浒传齐名，是姊妹篇。这种认识是我在阅读了王学泰先生的《游民文化与中国社会》后才认识到的。王学泰先生说 ：《三国演义》带有《水浒传》的色彩。原话这样说："与《水浒传》差不多同时成书的《三国志演义》也有着浓重的《水浒传》的影子。在塑造人物形象，表达政治理想等方面，两者有许多共同之处。"说实在的，以前我虽读过这两部书，却没有往这方面想。看了王先生的书，我又翻了翻这两本书。我也第一次发现一个"新大陆"：罗贯中是《水浒传》作者，也是《三国演义》的作者，这使我更加坚信，《水浒传》和《三国演义》都是在宣扬"替天行道"，"造反有理"，敢"为朋友两肋插刀"，"义薄云天"的江湖义气，如梁山兄弟聚义，刘关张桃园三结义，各路英雄豪杰战，纵横捭阖，文争武斗，等等，都具有江湖豪情，为朋友出头，拼命，为了共同目标，生命不息，奋斗不止，鞠躬尽瘁，死而后已的精神。

毛泽东看《三国演义》，始于青少年时期。最初应该是兴趣爱好。王学泰对此有着十分形象的刻画："这种移情忘我是阅读小说和欣赏戏剧的极致。此时自己已不存了，处在忘我状态。"不然，怎么会不顾一切，连课堂上课时也偷偷地避开老师读。这种"忘我状态"就是忘记了应该做的正事—上课读经书，而不是看"邪书。"

三国演义与水浒传一样，不仅故事性强，能牵着读者走，而且知识性和思想性也寓意其中，使读者从中受益。这大概是从寻常百姓到朝廷大员，从文人学士到兵哥哥，都爱读古典通俗文学戏曲作品的原因。

三国演义，毛泽东一直读了70年，每读一次，都有新的认识和见解。从时间上来分，大致可分为三个阶段：

### 1，当历史故事读

毛泽东读三国演义，有自己的特色。

一是读得早。 据称，1906年，毛泽东在13岁的时候，已开始读三国演义，很快成为"三国迷。"迷到什么程度，就是进入"忘我状态。"不只在课外读，上课也瞒着老师读。三国演义里的故事几乎背得滚瓜烂熟。不仅自己读，还在同学之间相互交流，也到乡里同乡亲讲。这个时期，毛泽东对三国的热衷，私塾班上的同学根本无法与毛泽东相比拟。

二是读得熟。熟到什么程度？恐怕连研究三国演义的专家也难相比。四川成都武侯祠馆长谭良啸曾回忆说："1958年，毛泽东在成都开会期间，来武侯祠参观。他问讲解员：'你知道诸葛亮一生坐过几次车，骑了几次马？'"由此可见，毛泽东读三国，读得仔细。诸葛亮是三国时期蜀国的灵魂人物，一举一动皆文章。就象现在研究毛泽东一样，毛泽东生活的每个细节，读什么书，什么时候读，有过什么批注，讲话，都是研究时必不可少的资料。

三是随时读。什么意思？就是书不离身，走到哪，读到哪。毛泽东的好友肖子升写文章回忆说，1910年，毛泽东第一次出乡关，准备到东山学堂读书：毛泽东“把杂物卷成一捆，扎到扁担的一头；另一头系着一个篮子，里面装着他的两本宝书：《三国演义》和《水浒传》。”（萧子升：《我和毛泽东的一段曲折经历》，第10页）。这时，毛泽东17岁，是毛泽东知识长进时期。到东山读书是毛泽东自己的希望。希望实现了，学习也更加努力。几个月下来，认识能力突飞猛进，讲三国，话三国，更加丰富多彩。毛泽东在同学中间成了公认的讲三国和梁山一百单八将的故事大王。

## 2，当历史史藉读

在东山学堂读书的同时，毛泽东读三国出现了一个有趣的插曲。毛泽东以为《三国演义》书写的是历史史实，不是文学艺术的再创作。美国作家特里尔在写的《毛泽东传》里曾有较多的记述。毛泽东坚持自己的看法，并与历史老师争辩，同时也指责不同意他的看法的同学，以致用椅子打了一个同学。毛泽东不服，将辩论弄得校长那里，没想到，校长也不同意三国演义是史实。毛泽东并不接受，还写了一封要求湘乡县令撤销校长的请愿书，要同学们签名。这件事，透露出一个重要信息，毛泽东认准的事，绝不轻言放弃，以至到了难以理喻的程度。在毛泽东身上的这种性格，执着的性格，贯穿了毛泽东的一生。

现在，话要从两头说，一则说明毛泽东的确下功夫读三国演义。孙琴安就是这么认识的。孙先生说：“少年时的毛泽东一直是把《三国演义》当做历史来读的，并认为通过这本小说可以了解三国时期的历史，因此，他对《三国演义》等小说都读得非常认真，绝不是泛泛而读，只作消遣。”（孙琴安：《毛泽东和中国文学》（未刊稿），转引自《毛泽东评四大名著：《三国演义》读70年》）。李锐更认为，毛泽东读《三国演义》等旧小说时，是“像读正课一样”在读。

二则，善于辩论才能提高。俗话说，世上不缺千里马，缺的是“伯乐。”毛泽东钻研历史，熟读精读的精神得到了有识之士的赞赏和肯定。1912年，毛泽东在长沙考入湖南全省高等中学(后改名省立第一中学)，校长是符定一先生。符校长没有与毛泽东就三国演义是否史实一争长短，看重的是毛泽东的学习精神和才学。同是喜欢学习和喜欢研究古典文学、历史和文字学的符校长认为，象毛泽东这样的学生应该好好引导和培养，将来定成大器。毛泽东是幸运的，在人生道路上又遇到了一位好师长—符校长。符校长将自己心爱的《御批通鉴辑览》借给毛泽东阅读。这是毛泽东第一次读，如获至宝，终身不离。这时候，毛泽东又接触到《三国志》。从此，三国演义和三国志两书对照看，使毛泽东认识三国历史有了深层次的认识。

## 3，学用结合读

毛泽东读古典传奇文学作品，从故事大王，当史书读，到认识作品的思想理念，花费的时间并不长。现在看到的资料表明，1913年春，毛泽东上湖南第四师范(翌年并入第一师范)，毛泽东在“讲堂录”的笔记里，就已有关于三国的记录。毛泽东写道：“天下无所谓才，有能雄时者，无对手也。以言对手，则孟德、仲谋、诸葛而已”。这应该是毛泽东对三国走向理性认识的开始。

李泽厚先生在《青年毛泽东》一文中说，毛泽东的一生可用两个字概括：“动”和“斗”，即“动”和“斗”的人生哲学观，从根本上支配了他一生的行为、事业和他的其它的思想、观念和理论(李泽厚：青年毛泽东)。毛泽东一生喜欢动，不爱静，都是读史读出来的，且与三国有脱不了的干系。三国开宗明义，“话说天下大势，分久必合，合久必分”。1918年，毛泽东在授课教材《伦理学原理》(德国泡尔生著)上批注说：“伊古以来，一治即有一乱，吾人恒厌乱而望治，殊不知乱亦历史生活之一过程，自亦有实际生活之价值。吾人揽(览)史时，恒赞叹战国之时，刘、项相争之时，汉武与匈奴竞争之时，三国竞争之时，事态百变，人才辈出，令人喜读。至若承平之代，则殊厌弃之。非好乱也，安逸宁静之境，不能长处，非人生之所堪，而变化倏急，乃人性之所喜也。”(《〈伦理学原理〉批注》，见《毛泽东早期文稿》，湖南出版社，1990年版，第185～186页）。毛泽东将这种乱治归之为“是故治乱迭乘，平和与战伐相寻者，自然之例也”，甚至是人性之所喜闻乐见的事。这种“动”与“乱”的思想观和哲学观，深入到毛泽东的灵魂，贯穿了毛泽东一生革命和建设活动，不论是思想政治，还是生产建设，都以运动的形式进行，一波未了，新的一波已开始兴起。

众所周知，乱与治是一对矛盾体。以中国的历史看，就是一部“治极而乱，乱极而治”的历史。用三国演义开篇的话说，叫做“分久必合，合久必分。”分则乱，合则治之谓也。曾记否，1945年，民主人士黄炎培曾当面向毛泽东提出一个问题：中国历代以来，都是“其兴也勃焉，其亡也忽焉”，中国共产党是否有跳出这个历史周期律的法子？当时，毛泽东很自信地回答他说，已经找到了：那就是实行民主，让人民来监督政府，这样就不会人亡政息。

可是，毛泽东虽然说方法找到了，但并没认真落实。相反，而是采取了一条与之“民主”不同的方法，我们姑且称之为“运动法”，即以运动的方式治国。从建国初期的土改运动到文化大革命运动，运动一浪高过一浪。这样，毛泽东形成了他自己特有的政治观：“由天下大乱，达到天下大治。”在一定意义上讲，这是毛泽东自己切身经验的总结。这毫不奇怪，毛泽东生逢乱世，可以说他的前半生就是在同危机与动乱争锋的斗争中发展壮大起来的，甚至还可以说毛泽东本人就是危机与动乱的产儿。毛泽东的成功就是战胜国际国内危机与动乱的胜利。是毛泽东结束了这个的内忧外患的种种危机、动乱，使一个一盘散沙的中国走向独立统一。的确，毛泽东是治乱大家，高手。在中国建国后，毛泽东仍沿袭治乱之法，而没有从治乱及时过渡到建设上来。所以，李锐称毛泽东“建国有功”，应该说讲的就是这个意思。只可惜，毛泽东没有跳出历史的局限，一个人不可能是全才，但又没有华盛顿的胸襟和气魄—将国家的权力还给人民。相反，毛泽东自己被他的战友们送上神坛，凌架在整个党之上，似乎只有他自己，才是人民利益的代表者。最后，毛泽东以他个人的意志，代替党和人民的意志，以保江山永不变色为目标，以无产阶级专政下继续革命为理论，开展社会主义革命和建设，希望能在自己的领导下出现中国历史上少有的繁荣景象，如同文景之治和贞观之治的盛世。无疑，这些都成了毛泽东自己的一厢情愿而已。(辛若水：“由天下大乱，达到天下大治”的悖谬(3)。2012-09-28 13:18 来源：中国南方艺术)。

《三国演义》描写了从东汉末年到西晋初年之间近100年的历史风云，是一部旷古仅有的历史史诗。近百年的角逐，三国的三方无一胜者，反被局外人司马懿得手，建立了司马氏的晋朝。后来，“三国”之比喻也已深入人心。例如：明朝灭亡之际，有人用三国比喻之，因为清军入侵，明朝皇帝和李自成造反，三方角逐。结局是入侵者成功，建立了满族统治汉人的清朝。上世纪上半期，形同明朝末年，但角逐的三方是：日本侵略者（扶持的汪伪政府），国民党蒋介石王朝和延安毛泽东武装割据的格局。结局是毛泽东领导的革命一方胜出，建立毛氏王朝—中华人民共和国。毛泽东所处的时代，可以说是历史上汉朝末年时代的再现，毛泽东不再是局外人，是局内人，是“新三国”的推手之一。由此观之，世本无定式，关键在于参与者。　毛泽东能胜出，是旷古仅有的，且以弱胜强，开创了中国历史之先河。一定要知道，这不是一会而就那么简单，而是毛泽东长期准备和精心策划的结果。

早在1916年7月25日，毛泽东在致萧子升信中就提醒说：“思之思之，日人诚我国劲敌！”“二十年内，非一战不足以图存，而国人犹沉酣未觉，注意东事少。愚意吾侪无他事可做，欲完自身以保子孙，只有磨砺以待日本。”可见，毛泽东在学生时代已从思想上做好对日一战的准备。如果是这样，那么毛泽东看三国演义的目的性不就一目了然了吗？下面是毛泽东重视三国演义的典型案例之一。

1928年，毛泽东在井冈山打游击，打土豪劣绅。一次，毛泽东到土豪家去，想找本《三国演义》看看。一个人告诉他：“没有了！没有了！昨天共了产。”毛泽东非常遗憾。后来，部队攻打井冈山附近的茶陵县高陇圩时，闯进了谭延闿的老家。俗话说，不是冤家不聚头。毛泽东在湖南一师读书时就知道谭延闿。那时，谭延闿任湖南省都督、湘军总司令。在谭家的藏书中，毛泽东意外得到了一套《三国演义》。什么东西最珍贵？需要的东西才是最珍贵的。毛泽东后来回忆说，“这真是拨开云雾见青天，快乐不可言。”（叶永烈：《历史选择了毛泽东》，上海人民出版社，1993年版，第103页）。可见，三国演义在毛泽东心目中的地位，油然而生。

无独有偶，在井冈山时期，一些口不离马列教条的人看不起毛泽东，说毛泽东指导中国革命用的不是马列主义，用的是《水浒传》《三国演义》，用《三国演义》《孙子兵法》指导打仗。毛泽东说，那时根本没读过《孙子兵法》。“《三国演义》我看过几遍，但指挥作战时，谁还记得什么《三国演义》？ 统统忘了。”毛宗岗对此有着恰如其分地点评：“善用人者不以言，善用兵者不在书。”毛泽东的话真正说到了点子上。知识是综合性的，智慧来源于知识。正如人们吃饭一样，不是说吃水果，进入体内只长水果，吃肉只长肉，是指吃的营养在体内消化，是综合应用。知识也一样。毛泽东是上世纪世界公认的军事家。毛泽东的军事思想深受三国的影响。

1965年12月21日，毛泽东在杭州的一次讲话中说："国民党的军官，陆军大学毕业的都不能打仗，黄埔军校只学几个月，出来就能打仗。我们元帅、将军，没有几个大学毕业的。我本来也没有读过军事书，只读过《左传》、《资治通鉴》，还有《三国演义》。这些书上都讲过打仗，但是打起仗来，一点印象都没有了。我们打仗，一本书也不带，只是分析敌我斗争的形势，分析具体情况。"（王子今：《毛泽东和中国史学》，中共中央党校出版社，1993年版，第158页）。在军事指挥方面，毛泽东应用三国指导革命战争确实无疑。毛泽东领导农民起义，造国民党蒋介石之反，财力物力都明显处于弱势一方。但是，弱势一方并不是说就没有胜利的机会。只要能审时度势，抓住时机，也可以以弱胜强。毛泽东在阐述以弱胜强战略思想时，就引用了三国的三个战例。1935年12月，毛泽东在《中国革命战争的战略问题》中说："中国战史中合此原则而取胜的实例是非常之多的。楚汉成皋大战、新汉昆阳之战、袁曹官渡之战，吴魏赤壁之战、吴蜀彝陵之战、秦晋淝水之战等等有名的大战，都是双方强弱不同，弱者先让一步，后发制人，因而战胜的。"其中的"袁曹官渡之战，吴魏赤壁之战、吴蜀彝陵之战"都是三国作者着重刻画，引人入胜的最著名的战例。1938年5月，毛泽东在延安抗日战争研究会会上做《论持久战》演讲时，再次引用了三国时的这三个战例，论述以弱胜强的军事思想(毛泽东：论持久战。《毛泽东选集》，合订本，第458页。1968年)。

毛泽东对三国的熟读，学用结合，体现在政治，军事，用人，政工宣传，人物评价等方方面面，下面仅举几例，以飨读者：

### (1)，推崇曹操  文治武功

曹操是个有争议的历史人物。因为，撰写历史的人自然是站在正统，即朝廷的立场立论，评价曹操，认为曹操是一代奸雄。这毫不奇怪。实际上，在中国历朝历代中，论文治武功，曹操应是最显赫的人物之一。曹操也是自学成才，在风云变幻的汉朝末年，脱颖而出，统一中国北方，建立魏国，是中国古代少见的一位集政治、军事、文学才能于一身的人。李锐说，毛泽东是秀才造反。我认为，其实不然，毛泽东也是自学成才。钱学森说，毛泽东不仅没有读过正规大学，连中小学，也是断断续续读的，凭毛泽东的学历，找碗饭吃都不容易(钱学森：中国出了个毛泽东)。毛泽东熟读三国，自然联想自己，对曹操的青睐，不免有惺惺相惜之心。毛泽东实际上也是一位曹操式的人物。但是，毛泽东更有气魄，更敢做敢为，凭自己的奋斗，建立了自己的一统天下，更是中国历史上集帝王与圣贤于一身的第一人。

史书将曹操写成奸臣，挟天子以令诸侯。毛泽东不这么看。而且，毛泽东也效法曹操，挟党中央以令诸侯—各路红军。据历史记载，张国焘是中国共产党创始人之一，在中共一大上被选为中央局组织主任，是三名“中央领导”之一。在中国党内，张一直身居要职，包括在莫斯科任中共驻共产国际代表团成员以及在中共武装根据地任“中华苏维埃共和国”副主席。长征路上，张国焘率领红四方面军，以自己人多势众，向党要权，毛泽东什么权都可以给，唯独党权不放。在这里，毛泽东视党权为正统。张国焘在无奈之下，另立中央，就犯了毛泽东共产党的大忌。张国焘终以引来众怒，在延安受到批判，以致出走，投入国民党的怀抱，背叛革命，背叛党。

毛泽东为什么认同曹操？毛泽东认为，曹操是推动历史前进的人。在毛泽东看来，汉朝已经没落，曹操改革了东汉的许多恶政，抑制豪强，发展生产，实行屯田制，还督促开荒，推行法治，提倡节俭，使遭受大破坏的社会开始稳定、恢复和发展。毛泽东站在革命，社会进步的立场，肯定曹操，自然独树一帜。毛泽东是从国家统一大业的立场看待历史人物，评价曹操。1975年，毛泽东对北大女教师芦荻说：汉末开始大分裂，黄巾起义摧毁了汉代的封建统治，后来形成了三国，这是向统一发展的。三国的几个政治家、军事家，对统一都有所贡献，而以曹操为最大。司马氏一度完成了统一，主要就是曹操那时打下的基础。

毛泽东推崇曹操，有诗为证。1954，毛泽东写道：

浪淘沙•北戴河
毛泽东

大雨落幽燕，白浪滔天，秦皇岛外打鱼船。一片汪洋都不见，知向谁边？

往事越千年，魏武挥鞭，东临碣石有遗篇。萧瑟秋风今又是，换了人间。

毛泽东在诗中使用了“换了人间”，一语双关，不只是寓意现在，毛泽东改变了时代。同时寓意曹操也是改变时代的人。中国自汉朝以降，尤其是汉武帝罢黜百家，独尊儒术，汉代人的思想被禁錮了三四百年，文人不会写诗，不会说话，只会唱赞歌，写那些歌功颂德的大赋，搞得文学凋零，真正能够表达思想感情，有個性的文學得不到發展，直到曹操之时，东汉末年天下分崩，政治动荡，思想的桎梏才被打开，开启了一个文学的新时代。曹操以其特有的才能，“外定武功，内兴文学”，以“建安七子”之首，引导一大批文人志士，思想奔放，慷慨激昂，敢为天下先。《文心雕龙•时序》說：“观其时文，雅好慷慨，良由世积乱离，风衰俗怨，并志深而笔长，故梗概而多气也。”有人称曹操“鞍马为文，横槊赋诗，其诗悲壯慷慨，震烁古今，前無古人，后无来者。”诗歌中充满激情，所表现的爽朗刚健的风格，后人称之为“建安风骨。”

千百年来，曹操诗风影响了一代又一代人。毛泽东在革命，在南征北战中，在马背上写下许多历史诗篇，不能说其中没有受到曹操风骨及其内在的积极进取精神，震荡着天下英雄心灵的浩然正气的影响。

毛泽东也常书写曹操的诗作赠人。例如，毛泽东曾书写曹操的《龟虽寿》赠给林彪，意在要林彪焕发精神，消除暮气。我认为，毛泽东这样做，既是要林彪学习，也是毛泽东自勉。在三国的主要人物中，曹操是比较长寿的一人，享年64岁。毛泽东从青年时期起，一直坚持锻炼身体，游泳终身不缀，生活如常，不大相信医生，以良好的心态对待人生，一生享年83岁，也算是高寿之人了。

毛泽东推崇曹操，不只是讲话，写诗，写文章，还亲历曹操生活，战斗的地方参观，悼念。1918年8月，毛泽东的同学周士钊回忆说：毛泽东路过河南，特地与罗章龙、陈绍休二人到许昌瞻仰魏都旧墟，凭吊曹操，并与罗章龙作《过魏都》联诗一首：

横槊赋诗意飞扬（罗），自明本志好文章（毛）。
萧条异代西田墓（毛），铜雀荒沦落夕阳（罗）。

（人民出版社1983年出版的《毛泽东书信选集》记载）

## (2)，圣贤评说 舍我其谁

三国最响当当的的人物，除了曹操，就是诸葛亮了。毛泽东在“讲堂录”中两次提到诸葛亮。一次是讲竞争对手时，以三国为例。毛泽东说：“以言对手，则孟德，仲谋，诸葛而已。”一次是评说“圣贤。”1913年，毛泽东在“讲堂录”里这样写道：“有豪杰而不圣贤者，未有圣贤而不豪杰者也。圣贤，德业俱全者；豪杰，歉于品德，而有大功大名者。拿（破仑）翁，豪杰也，而非圣贤。 有办事之人。有传教之人。前如诸葛武侯、范希文，后如孔、孟、朱、陆、王阳明等是也。宋韩、范并称，清曾、左并称。然韩、左办事之人也，范、曾办事而兼传教之人也。 帝王一代帝王，圣贤百代帝王。”

在“讲堂录”中，毛泽东对圣贤豪杰做了具体定位。按这种区分，中国古代帝王，没有一位能称得上圣贤。1936年曾写过一首《沁园春•雪》，一扫中国历史上的帝王，列出比较有作为的五位帝王，一一点评说：“惜秦皇汉武，略输文采；唐宗宋祖，稍逊风骚。一代天骄，成吉思汗，只识弯弓射大雕。”这五位帝王都只不过是一代帝王。这是其一。

其二，毛泽东又用“有办事之人”和“有传教之人”的分法，看待著名的历史人物，举例说：诸葛亮(诸葛武侯)，范仲淹(范希文)只是“办事之人。”其他如孔子，孟子，朱熹，陆九韶及其弟陆九龄，陆九渊，王阳明(王守仁)为传教之人。唯有韩琦，范仲淹，曾国藩和左宗棠为“办事而兼传教之人。”如果将毛泽东“讲堂录”的批注与《沁园春•雪》放在一起看，尤其是《沁园春•雪》是在日本入侵者投降，毛泽东应蒋介石邀请到重庆谈判之际公开发表，意境更是不同凡响。当时舆论一片哗然，明眼人一看，就是毛泽东在自况，“俱往矣，数风流人物，还看今朝。” 1913年毛泽东上湖南一师，如果将毛泽东《讲堂录》的“贵我”“惟我”联系起来看，这种“贵我”的人生观，正好在新时代下体现了“舍我其谁”精神？！(李泽厚：青年毛泽东)。毛泽东已离我们而去四十多年了，难道不是吗？如果将毛泽东作为帝王看的话，历史上只有毛泽东是集创教(毛泽东思想)，传教(毛泽东思想是一切工作的指针)，办事(领导革命斗争和社会主义建设)于一身的人。在毛泽东列举的人中，没有一人可与之相比拟。

### ⑶，宣传鼓动 思想领先

据历史学家唐德刚先生说，记得五十年代之初，有位国民党流亡高干告诉他："我们(国民党)的四百万大军是被共产党几句口号叫垮的！"(唐德刚：毛泽东专政始末)。这也是他失败之後，痛定思痛的知彼知己之言。无独有偶，李敖也说，蒋介石是被毛泽东的白话打倒的！

毛泽东重视宣传鼓动，恐怕是从三国演义中学来的。1930年夏天，毛泽东在给红四军干部做报告时说，诸葛亮用了"激将法"，鼓起三国时老将黄忠杀敌勇气。临阵前，黄忠立下军令状：不斩夏侯渊，甘受军法处之。不论黄忠勇气有多大提高，暂且不说，但夏侯渊被黄忠所斩是不争的事实。过去有句话说，"国民党的税多，共产党的会多。"说的就是开会，宣传鼓动，统一思想。应该说，这的确是对共产党的经典总结。

1936年，毛泽东领导的工农红军到陕北初定，对外宣传，扩大红军和根据地—延安—的影响，无疑是毛泽东思考的要务之一。毛泽东立即鼓起宣传鼓动大旗，一方面邀请国际友人访问延安。美国记者斯诺就是毛泽东做国际宣传，邀请外国记者访问延安的第一个西方记者。斯诺撰写的《西行漫记》（又名"红星照耀中国"），迅速风靡全球，而且以《西行漫记》中毛泽东口述为依据撰写的《毛泽东自传》(潘汉年题写书名的小册子)，在中国比《西行漫记》原书的发行量还大，还要流行，极大地提高了毛泽东共产党的国际国内声誉和形象。

在国内，毛泽东也树立起一面文化人旗帜。这个人就是女作家丁玲（1904年10月12日—1986年3月4日），原名蒋伟，字冰之，笔名彬芷、从喧等。湖南临澧人。丁玲在到延安之前，已是文化名人，同是毛泽东的湖南老乡。1936年9月从南京国民党监狱逃出，辗转西安，一心向往去延安。中共领导人在西安见到丁玲，并不看好丁玲到延安，故建议丁玲去法国，被丁玲拒绝了。是年11月，丁玲抵达中共中央的所在地陕北保安县瓦窑堡。丁玲的到来，的确给延安带来一缕春风，中共大员一起出席欢迎丁玲的宴会。1936年12月，毛泽东书写一首《临江仙•给丁玲同志》，赠给丁玲。

临江仙•给丁玲同志
（一九三六年十二月）

壁上红旗飘落照， 西风漫卷孤城， 保安人物一时新。洞中开宴会，招待出牢人。

纤笔一枝谁与似？ 三千毛瑟精兵，阵图开向陇山东。 昨天文小姐，今日武将军！

这是闹革命以来，毛泽东破天荒地的第一次给一个文人赠诗。毛泽东在诗中将文化提高到与枪杆子同等重要的地步，"纤笔一枝谁与似？ 三千毛瑟精兵"。这时候，毛泽东将文化列入革命序列，与枪杆子并列，实属别开生面。丁玲自然不负所望，深入前线，宣传抗日，并撰写了许多宣传歌颂共产党的文学作品。其中，丁玲的长篇小说《太阳照在桑乾河上》，曾获得一九五〇年度斯大林文学奖金。

## (4)，选拔人才 不拘一格

在三国历史画卷的众多人物中，毛泽东很重视青年才俊周瑜。周瑜是三国时吴国中文武兼备，琴棋出众的青年将领。周瑜33岁出任吴军统帅，联手诸葛亮，火攻曹营，大败曹军。赤壁一战，一举奠定三国鼎立之势，为东吴立下丰功伟绩。

何方在《党史笔记》中一再指出，毛泽东革命的基本队伍骨干是工农，多数是农民出身的干部。毛泽东不仅看到这一点，也在力求改变。在谈到三国时，毛泽东说得很清楚："三国竞争之时，事态百变，人才辈出，令人喜读。"革命斗争，也需要人才。毛泽东说，没有文化的军队是愚蠢的军队。在红军到达陕北延安后，毛泽东亲自撰写中共文件《大量吸收知识分子》，指出"在建立新中国的伟大斗争中，共产党必须善于吸收知识分子，……没有知识分子的参加，革命胜利是不可能的"(毛泽东：大量吸收知识分子。《毛泽东选集》合订本，第581页，1968年)。

在提拔重用青年人才方面，毛泽东自己带头，将有才华的人提到重要工作岗位上来。据称，在井冈山，1928年，林彪时年20岁，毛泽东就提名林彪担任团长，朱德不同意，另选他人出任团长。不久，朱德选的团长不幸身亡，林彪就出任团长。在红军长征时，林彪27岁就出任红一军团军团长。

1945年，日本投降后，国共两党双方都将目光投向东北，都将东北大地视为志在必得。中共盯紧东北大地，当时的口号是"独霸东北"。谁去东北？无疑是重中之重。历史学家范文澜说：一个领袖，得以成功最重要的是两点品质：纳谏和用人。在这关键时刻，毛泽东做了两个决定：

第一个决定：选林彪去东北

当时，中央原拟派林彪去山东，林彪已在去山东履任的路上。根据毛泽东的建议，改派他去东北负责军事指挥。进入东北，一开始的工作并不顺利，主要是林彪与彭真等意见不一。要知道，彭真当时是刘少奇的红人，中共中央政治局委员、东北局书记、东北我军(曾几度易名，当时的名称叫东北民主自治军)第一政委。因此，中共"独占东北"的设想似乎成为一厢情愿，形势甚至到了危险的边缘。

第二个决定：林彪统帅一切

在东北形势渐显不利之际，毛泽东又提议中央决定赋予林彪主政东北大权。这时，林彪年仅39岁。

1946年6月16日，《东北解放战争大事记》这样记载说："中共中央发出关于东北局干部分工问题给东北局的指示。指出：目前东北形势严重，为了统一领导，决定以林彪为东北局书记、东北民主联军总司令兼政治委员，以彭真、罗荣桓、高岗、陈云四同志为东北局副书记兼副政委，并以林、彭、罗、高、陈组织东北局常委。中央认为这种分工在目前情况下，不但有必要而且有可能，中央相信诸同志必能和衷共济，在重新分工下团结一致，为克服困难争取胜利而奋斗。"林彪不负毛泽东重托，两年来时间解放大东北，继而兵分三路，入关战天津，逼北京，傅作义投诚，直将红旗插上海南岛。历史已经证明，毛泽东“不拘一格降人才”，大胆启用新人，完全正确。

因为按常规，林彪当时只是中央委员，而作为林彪副手的彭真，高岗和陈云都是政治局委员，无论从哪个角度，统帅东北都轮不到林彪。这不能不说是，毛泽东用人的领袖素质。这与三国赤壁之战，东吴不用老将程普，而启用年轻的周瑜做三军统帅如出一辙。建国后，毛泽东多次以三国启用周瑜为例，教育党员干部，要大胆选拔年轻人，放手让他们工作，锻炼成长。1953年，毛泽东在《青年团的工作要照顾青年的特点》中说：“曹操带领大军下江南，攻打东吴。那时，周瑜是个‘青年团员’，当时东吴的统帅，程普等老将不服，后来说服了，还是由他当，结果打了胜仗”。

## 四，巧用西游 指导革命

从儿时起，毛泽东就开始读《西游记》。据李季《毛泽东同志少年时代的故事》记述：毛泽东“非常喜欢中国的旧小说，如像《西游记》啦，《精忠传》啦，《说唐》啦，《水浒传》啦，《三国演义》啦，……这都是些非常有趣，又很有意义的书。差不多每个小孩子，对它都很有兴趣。可是，大人们和他的老师，都说这些是‘杂书’，禁止他们读。”因为喜欢，总是卷不离手。像“正课”一样，读小说时也在有趣和重点的地方上分别打上圈圈点点，写上批语，记录有感而发的感悟(李子迟：毛泽东与《西游记》一生的故事)。毛泽东象徐特立一样，有“不动笔墨不读书”的习惯，恐怕就是从小时候养成的。当然，那时读西游记，主要还当故事书在读。

参加共产党领导革命后，毛泽东读西游记的角度发生了根本变化。在毛泽东看来，西游记不再是普普通通的故事书，简直就是革命教材，不仅自己读，还用来教育红军。

1928年4月，毛泽东领导的秋收起义军与朱德的南昌起义部队在井冈山会师。据杨得志回忆，在5月庆祝红四军成立大会上，毛泽东用浓重的湖南口音论述了两军会师的重大意义和前途，强调发动群众，依靠群众，建立和发展革命根据地的重要性。毛泽东说：“我们要学习孙悟空的本领，上天入地，变化多端，大闹天宫，推翻反动统治和整个旧社会。”那时，杨得志是入伍几个月的新兵，并不能完全理解话中的深刻含义，但故事和比喻给他留下的印象极深。杨得志说：“在我们军队还弱小的年代，在游击战争的年月里，我曾不止一次用它激励自己和所领导的部队。至今，他当时的形象仍如在眼前。”

### 1，西游神话 承恩杰作

说起来也巧，中国历史上几部著名的古典通俗文学作品如《水浒传》和《三国演义》都问世于明朝。《西游记》也不例外。

据查，西游记成书以前，西游记的故事在民间讲述，流传已久。唐僧取经的故事自唐末传到宋，元，明，才由明朝中叶的吴承恩撰写成书。中国自古就有“

乱世出英雄，盛世妒英才，失意出才子”之说。吴承恩就是这样一位才子。吴承恩生活在明成祖制定严刑峻法、残酷迫害人民的时代，科举上很不得意。虽然他“性敏而多慧，博极群书”，但并不为当时统治者所赏识。可谓可喜可贺，统治者的不理睬，却给人民留下了因创作《西游记》流芳千古的人物—吴承恩。吴承恩化社会的黑暗，胸中的郁闷，愤怒的火焰，以唐僧取经为主线，以如椽之笔书写“穷眼摩挲，知见过，几多兴灭，红尘内，翻翻复复，孰为豪杰？”（吴承恩：《满江红》）。这就是《西游记》的由来。

上世纪五十年代，董思高撰写《试论〈西游记〉的主题思想》一文，刊登在《西南文艺》杂志1956年2月号上，认为《西游记》“借神佛妖魔讽刺揶揄当时的时代，反映了封建社会的丑恶本质。借孙悟空这个英雄形象，反映了在封建统治者压迫下的中国人民，在阶级斗争中，坚持反抗，在生活斗争中，征服自然、克服困难的伟大的创造能力”。毛泽东读后，用笔在这段话下划了着重线，有些地方划了两道。看来，毛泽东是认同作者的思想观念的。

## 2，人妖之间 人物反串

《西游记》中，孙悟空是作者着力打造的人物。“小说用幻想的形式塑造了孙悟空这一有智有谋，不畏强暴，勇于反抗，不怕困难，神通广大，敢于斗争的形象”。孙悟空是集魔性、猴性、人性于一身的齐天大圣，是深受人民喜爱的人物。

毛泽东从小读《西游记》，并不拘泥于小说，而是将孙悟空放到特定社会生活环境，以他特有的性格，时而是魔，时而是猴，时而是人，凸显孙悟空忽而豪气冲天，藐视一切，无私无畏，大闹天宫，忽而变化多端，足智多谋，擒妖捉怪，忽而又猴性大作，牢骚满腹，离师而去，回水帘洞，做起花果山的美猴王。

因此，孙悟空就成了毛泽东革命生涯教育党员干部常用的“典型。”每每引用，都能恰当好处，寓意深刻，给人一种振奋，向上，即便是把孙悟空放在“敌人”的位置上，也能使人感到，正义的必胜，邪恶的必败。

孙悟空是毛泽东认同和赞赏的最多的人物之一。甚至在同一个故事里，也有反串的应用。最著名的例子莫过于铁扇公主与孙悟空的故事，反串对照应用的典型，据可查到的资料看，铁扇公主与孙悟空的故事，毛泽东用了至少三次。

第一次：1942年9月7日，毛泽东为延安《解放日报》撰写了题为《一个极其重要的政策》的社论。在社论中，毛泽东以《西游记》第五十九至六十一回中孙悟空向铁扇公主借芭蕉扇的故事说：“何以对付敌人的庞大机构呢？那就有孙行者对付铁扇公主为例。铁扇公主虽然是一个厉害的妖精，孙行者却化为一个小虫钻进铁扇公主的心脏里去把她战败了。”这里，孙悟空是毛泽东认同赞赏的对象。在同一社论中，毛泽东还说：“我们八路军新四军是孙行者和小老虎，是很有办法对付这个日本妖精和日本驴子的。”(毛泽东：一个极其重要的政策。《毛泽东选集》合订本，第838-839页。1968年)

第二次：1945年9月在重庆谈判期间，毛泽东遇到在1937年抗战前夕与共产党秘密往来的桂系联络人刘仲容。延安一别八年来，刘仲容思想发生了很大变化。这次两人再次相逢，刘仲容很是担心即使国共谈判达成协议，蒋介石也会撕毁。毛泽东不失时机地抓住机会做统战工作，笑了笑风趣而乐观地说："唐僧去西天取经，还要经受九九八十一难；我们要争取和平，也不是一朝一夕就可以得来，也需要唐僧那种百折不回、坚定不移的信念。和平总是可以实现的。问题在于，现在抗战胜利了，但是中国民主力量发展不快，还没有足够的力量来阻止反动派发动内战的阴谋，这是值得研究的一个问题。"

毛泽东望着刘仲容，微笑着以鼓励的口气说："国民党内部进步力量也在增长和发展，你们组织的'小民革'，就干得很好嘛。在目前反动派还很强大的情况下，更应该钻进臭壳子(指国民党)里去，去抵制和抵消反动力量，不要怕别人说你们是国民党，不要怕臭。孙悟空也钻进铁扇公主的肚子里造反嘛!"毛泽东深知，堡垒最容易从内部攻破。即便是在与国民党蒋介石举行和平谈判，毛泽东也尽一切可能，鼓励国民党内部的进步人士学孙悟空，反对反动派。

第三次：同样是铁扇公主与孙悟空，两者的作用和位置却发生了根本转换。这次，毛泽东是拿孙悟空作为反面人物说事。在毛泽东眼里，孙悟空成了妖魔。1949年3月5日，毛泽东《在中国共产党第七届中央委员会第二次全体会议上的报告》中，针对和南京反动政府进行谈判时说：只要我们"准备一副清醒的头脑去对付对方采用孙行者钻进铁扇公主肚子里兴妖作怪的政策。只要我们精神上有了充分的准备，我们就可以战胜任何兴妖作怪的孙行者。"为什么？1949年，国共双方的力量对比，已发生根本变化，国民党败局已定，共产党胜卷在握。毛泽东讲这番话，旨在警示全党保持清醒头脑，防止敌人钻进革命队伍内部兴风作浪。可见，此一时也，彼一时也。人物的政治立场也会发生变化。

## 3，批孙悟空 革命对象

吴承恩笔下，孙悟空被刻画得惟妙惟肖，是西游记中的灵魂人物。毛泽东也是赞赏不已。但是，毛泽东也时常以孙悟空作为革命对象说事。有据可查的至少有五次。

第一次：1938年5月，正是抗日烽火风起云涌的时候，毛泽东发表了著名的《论持久战》。 在论述"包围与反包围"时，毛泽东这样写道："我之包围好似如来佛的手掌，它将化成一座横亘宇宙的五行山，把这几个新式孙悟空—法西斯侵略主义者，最后压倒在山底下，永世也不得翻身。如果我能在外交上建立太平洋反日阵线，把中国作为一个战略单位，又把苏联及其他可能的国家也各作为一个战略单位，又把日本人民运动也作为一个战略单位，形成一个使法西斯孙悟空无处逃跑的天罗地网，那就是敌人死亡之时了。"(毛泽东：论持久战。《毛泽东选集》合订本，第440-441页。1968年)。此时，敌我明确：我方是如来佛，孙悟空是"法西斯侵略主义者。"

第二次：1949年3月5日，毛泽东《在中国共产党第七届中央委员会第二次全体会议上的报告》中就正在准备和南京反动政府进行谈判时的一段话："我们既然允许谈判，就要准备在谈判成功以后许多麻烦事情的到来，就要准备一副清醒的头脑去对付对方采用孙行者钻进铁扇公主肚子里兴妖作怪的政策。只要我们精神上有了充分的准备，我们就可以战胜任何兴妖作怪的孙行者。”这里，孙悟空被视为作兴妖作怪的国民党蒋介石，我方则成了铁扇公主。并说明只要保持清醒头脑，就不怕敌人兴风作浪。

第三次：1957年7月，毛泽东在一次会议上谈到给地、富、反革命摘了帽子，要是调皮捣蛋，可以再把帽子给他们戴上时说，“唐僧这个集团，猪八戒较简单可以原谅，孙悟空没有紧箍咒不行。”看看，孙悟空被当成了地、富、反革命分子。在这里，孙悟空又成了专政对象，要对他念“紧箍咒。”

第四次：1953年9月16—18日，在中央人民政府第二十七次会议期间，毛泽东在讲话中，以《西游记》第六回“观音赴会问原因，小圣施威降大圣”里的故事说事：孙悟空在二郎神的追杀下，虽说有七十二变，尾巴却不好处理。在危急之际，孙悟空赶忙变成一座庙，只有尾巴不好收拾，竖在后面，变做一根旗竿。二郎神一眼便看出破绽。毛泽东说，“从什么地方看出来的呢？就是从那个尾巴上看出来的。实际上有这样一类人，不管他怎样伪装，他的尾巴是藏不住的。”在延安整风时，毛泽东就有要知识分子脱裤子，割尾巴之说。这时，毛泽东是在严厉地批判知识分子：“我历来讲，知识分子最无知识的。这是讲得透底。知识分子把尾巴一翘，比孙行者的尾巴还长。孙行者七十二变，最后把尾巴变成旗杆，那么长。知识分子翘起尾巴来可不得了呀！”（《打退资产阶级右派的进攻》）在毛泽东统治期间，知识分子的尾巴，一直是被用来敲打批判知识分子的依据。

第五次：1957年7月，毛泽东在上海一次干部会议的讲话中，引用《西游记》第七回“八卦炉中逃大圣，五行山下定心猿”，在太上老君八卦炉中，孙悟空炼就一火“眼金睛”的故事说，“孙悟空在太上老君的八卦炉里头一锻炼就更好了，孙悟空不是很厉害的人物吗？人家说是‘齐天大圣’呀，还要在八卦炉里头烧一烧，不是讲锻炼吗？”毛泽东寓意知识分子要象孙悟空一样，接受锻炼，改造，才能成为有用之才。

## 4，善恶辨析 解读西游

从“善”与“恶”的立场阐述西游记，是毛泽东的精辟之处。因为，在中国，在马克思主义传入中国之前，并无阶级和阶级斗争之说。但是，善恶之说确实是家喻户晓的事。毛泽东提纲挈领的将西游记的主题点出来，实在是给爱好读西游记的人点明了读西游记的要领。

1962年，毛泽东读《绘图增像西游记》第二十八回《花果山群妖聚义，黑松林三藏逢魔》时批语说：“‘千日行善，善犹不足；一日行恶，恶常有余。’乡愿(好好先生—作者注)思想也。孙悟空的思想与此相反，他是不信这些的，即是说作者吴承恩不信这些。他的行善，即是除恶。他的除恶，即是行善。所谓‘此言果然不差’，便是这样认识的。”

毛岸青、邵华夫妇在《回忆爸爸勤奋读书和练习书法》一文中也表示：“爸爸(毛泽东—作者注)同我们谈论过《西游记》，十分赞赏孙悟空敢作敢为，勇于同各种妖魔鬼怪作斗争的性格，说孙悟空敢于违背唐僧的千日行善，善犹不足；一日行恶，恶常有余的观点。”这些仅存不多的文字说明，革命者要象孙悟空一样，将革命进行到底。

## 5，学孙悟空 大闹天空

毛泽东从革命立场读书，从政治角度看书，尤其是读中国的名著《西游记》、《水浒传》、《三国演义》等，无不如此。谁都知道，《西游记》是中国神话中的精品，任何一部其他描写鬼怪神话小说都不可能与其相提并论。西游记是毛泽东学用结合，一生引用最多的古典旧小说之一，甚至将西游记与农民起义联系在一起。

1954年，张天翼在《人民文学》2月号上发表了《〈西游记〉札记•关于题材、主题和作者的态度》一文。毛泽东读得仔细认真，做了很多批准，并根据该文中的一个重要观点进一步发挥说："不读第七回以后的章节，不足以总结农民起义的规律和经验教训。"毛泽东将西游记与农民起义联系在一起，还是第一次提出。恐怕是前无古人的见解。

从这一点出发，毛泽东认同，赞赏孙悟空，赞赏孙悟空大闹天空就有了理论基础。毛泽东赞赏孙悟空大闹天空至少有六次。

第一次：1928年4月，毛泽东与朱德领导的红军会师。是年5月，在红四军成立大会上，毛泽东就以西游记的故事教育干部战士说："我们要学习孙悟空的本领，上天入地，变化多端，大闹天宫，推翻反动统治和整个旧社会。"言语里透露出毛泽东对孙悟空"大闹天宫"的赞赏，号召学习孙悟空的本领和精神。

第二次：1937年5月，毛泽东在延安为抗日军政大学师生作报告时说："孙猴子大闹天宫，把天兵天将打个落花流水。我们要学孙悟空，大闹反动统治者的天空"。

第三次：1963年7月，中、苏争论进一步公开化。毛泽东把对苏共中央攻击的回击形象地比喻为"我们就像孙悟空大闹天宫一样"。毛泽东号召全国人民："我们必须走自己的革命道路"。(徐中远：解密：毛泽东如何从政治视角阅读《西游记》。解放日报)。

第四次：上世纪六十年代，中共与苏共展开"主义"论战。中共认为苏共变修了。1964年1月，毛泽东与安娜•路易斯•斯特朗谈话时说：同修正主义斗争的转折点是1963年7月14日苏共公开信对中国的攻击。"从那时起，我们就像孙悟空大闹天宫一样。我们丢掉了天条！记住，永远不要把天条看得太重了，我们必须走自己的革命道路。"又说，在同苏联的这场争论中，"我做的事很少，我只有几首诗。除此之外，我没有其他的个人武器。"从中共组建的那一天起，苏共一直是中共的"上司"，斯大林和共产国际曾经被马列教条宗派奉若神明，"天条"，言听计从，中共因此也吃了不少苦头，不用说，毛泽东也是深深领教了"天条"的威严，并有深受"天条"之害的切肤之痛。所以，中共同苏共的决裂，毛泽东称之为"我们丢掉了天条！"的确有几分如释重负的欣喜之情！

第五次：1966年3月，毛泽东在"文化大革命"前夕说，我历来主张，凡中央机关做坏事，我就号召地方造反，向中央进攻。各地要多出些孙悟空，大闹天宫。

第六次：1966年3月30日，毛泽东在上海西郊的一次谈话中说："要把十八层狱统统打破。孙悟空闹天宫，你是站在孙悟空一边，还是站在天兵天将、玉皇大帝一边？”“如果中央出修正主义，地方要造反。”“要支持小将，保护孙悟空。”这时，毛泽东已年过七十，号召人民支持文化大革命，造修正主义的反。

第七次：1966年4月中旬，是文化革命发动的关键时刻，毛泽东告诉刘少奇要批判彭真的错误。在浙江杭州，毛泽东主持中央政治局常委扩大会议时说：“历史教训并不是人人都引以为戒的。这是阶级斗争的规律，是不以人们的意志为转移的。凡是有人在中央搞鬼，我就号召地方起来反他们，叫孙悟空大闹天宫，并要搞那些保玉皇大帝的人。现象是看得见的，本质是隐蔽的。本质也会通过现象表现出来。”

## 6，妙用西游 指导革命

毛泽东领导革命，总是将政治路线放在第一位，经常拿路线说事。据称，西游记中唐僧去西天取经的故事也成了毛泽东多次用来做政治教育的内容。毛泽东以西游记神话故事做政治教育的佳话，可追溯到上世纪三十年代。

1，1933年夏季，蒋介石亲自指挥国民党军队发动了第五次“围剿”，中央苏区红都瑞金成为敌机轰炸的主要目标。为确保首脑机关的安全，中央组织红军工兵修筑防空工事。据称，在瑞金，红军工兵是第一次为中央领导抢修防空工事。毛泽东在参加抢修防空工事时发现一些战士有不愿当工兵的思想，就以古典小说《西游记》中白龙马的故事对干部战士讲话说：传说西天有条小白龙，本领不小，却甘心情愿地变成一匹白马，驮着唐僧跋山涉水，历尽千辛万苦，去西天取回了真经。可是后来很少有人提到它，白龙马这种不计名利，埋头苦干的无名英雄精神是非常高尚的。红军工兵应该学习白龙马精神，做红军的一匹白龙马，驮着革命走向胜利！

2，1938年4月初的一天上午，天气格外晴朗，在延安城外一个傍山的广场上，毛泽东接见了抗日军政大学全校师生2000多人并讲话，要求大家努力学习和掌握“坚定正确的政治方向、艰苦朴素的工作作风、灵活机动的战略战术”。毛泽东就这三条指示作了具体的阐述，引用中国古典小说《西游记》中的人物作生动的比喻说：唐僧这个人，一心一意去西天取经，遭受了九九八十一难，百折不回，他的方向是坚定不移的。但他也有缺点：麻痹，警惕性不高，敌人换个花样就不认识了。猪八戒有许多缺点，但有一个优点，就是艰苦。臭柿胡同就是他拱开的。孙猴子很灵活，很机智，但他最大的缺点是方向不坚定，三心二意。毛泽东还特地提到了那匹白马，说：你们别小看了那匹小白龙马，它不图名，不为利，埋头苦干，把唐僧一直驮到西天，把经取了回来，这是一种朴素、踏实的作风，是值得我们学习的。

据中国军事科学院战争理论和战略研究部研究员江英介绍，毛泽东上述这段话还有另一个版本：“唐僧就代表坚定正确的方向，百折不回；猪八戒不讲究吃穿，就是艰苦朴素的作风；孙悟空有七十二般变化，就是灵活机动。再加上沙和尚、白龙马等实干家，所以能取得真经。我们有了这三条，就能获得全中国。”毛泽东是在用《西游记》的人物，形象地向党的主要干部讲解抗日军政大学的办学方针(谭敏：毛泽东的读书与学习生涯。《广州日报》)。

3，1957年5月12日，在北京会见阿尔巴尼亚外宾，当毛泽东话题转向谈有关上帝的问题时说：中国也有上帝，就是玉皇大帝。他的官僚主义很厉害。两千年前，有个最革命的孙猴子反对过他专制。这个猴王虽发生不少困难，像列宁被抓去了一样被玉皇大帝抓了去，后来他又逃了出来，大闹一番。玉皇大帝是很专制的，像蒋介石一样，……帝国主义一定会被打倒。孙行者很多的，就是人民。

4，1958年3月中旬，毛泽东在成都会议上说，“七届二中全会对社会主义问题是讲清楚了的，当时没有公开讲，直到1953年才讲，原因是抗美援朝、恢复经济、土地改革，但是做的百分之八十是社会主义的，百分之二十是半社会主义的。当时不讲，有个策略问题。例如孙行者、糖衣炮弹，这些不好公开讲。”

5，1958年4月6日，毛泽东在武汉召开会议说：“学习马列主义要破除迷信，不要以为只有外国人才能学好。我看，我们看外国人是外国人，外国人看我们也是外国人。我们是不是神仙?我们看地球以外的人是神仙，外星球的人看我们也是神仙。要有股干劲，要有股气。气不能少，气是统帅，气就是思想。凡是讲问题都要讲思想，我们有些同志只是专心于量，说话就是数目字，不讲思想，不要学苏联那些院士。对当前问题要注意。孙行者是无法无天的，他是反教条主义的；猪八戒一辈子是个自由主义者，有修正主义，想脱党；唐僧是伯恩斯坦。”西游记的人物家喻户晓，尽人皆知，这么一比喻，浅显易懂，令人惊叹称绝。

6，更有一绝的是，毛泽东还将《西游记》唐僧师徒取经的故事同党性联系在一起，的确鲜见。屈小强在《〈西游记〉中的悬案》）一文中，在写道《孙悟空：取经集团的灵魂与团结奋斗的象征》时，引用了毛泽东在中国共产党第七次全国代表大会上谈到翻译工作时的一段话：“中国历史上也有翻译，比如唐僧取经，经过九九八十一难才回来，唐僧就是一个大翻译家，取经回来后就设翻译馆，就翻译佛经。唐僧不是第一个留学生也是第二个留学生。他们的个性也是典型。唐僧、孙猴子、猪八戒、沙僧，他们的个性各个不同，他们那个集团的党性，就是信佛教。”中共七大是延安整风运动后，自1928年在苏联莫斯科召开的六大以来，时隔17年才召开的一次代表大会。17年来，中国共产党可谓已发生天翻地复的变化。中共由一个弱小的，受共产国际操控的党，发展壮大成为一个拥有上百万党员，数百万抗日武装力量和遍布长城内外，大江南北根据地的大党。这时，毛泽东以《西游记》“集团的党性”，就是要求中共全党，都要以党性原则，团结一致，努力奋斗。

## 7，品评西游　寻求启示

1961年，是国际风云变幻，国内政治气氛紧张的起始。三年自然灾害的阴影，还笼罩在中国的上空。毛泽东在1959年退居二线。同年，刘少奇出任国家主席，主持中央工作，苏共修正主义的干涉，党内外形势严峻。是年国庆前夕，浙江省绍剧团来北京汇报演出，剧目是以《西游记》改编的绍剧《孙悟空三打白骨精》。

当年10月10日，毛泽东在中南海怀仁堂观看了浙江省绍剧团《孙悟空三打白骨精》演出。毛泽东从小是《西游记》迷，故事更是耳熟能详。浙江绍剧组的精彩表演，毛泽东看得真切，兴趣盎然，当看到舞台上孙悟空被贬，唐僧被白骨精擒住，猪八戒逃走时的蹉步、踹步、跑跳等夸张动作时，毛泽东捧腹大笑，乐不可支。据说，这出绍剧《孙悟空三打白骨精》在北京演出时，当时的全国人大常委会副委员长郭沫若曾三次观看演出，并写下一首七律诗：《看孙悟空三打白骨精》：

人妖颠倒是非淆，
对敌慈悲对友刁。
咒念金箍闻万遍，
精逃白骨累三遭。
千刀当剐唐僧肉，
一拔何亏大圣毛。
教育及时堪赞赏，
猪犹智慧胜愚曹。

诗中透出对修正主义的憎恶。早在1958年，毛泽东在武汉召开会议时就说过“唐僧是白恩斯坦。”唐僧被郭沫若在诗中大肆鞭打，“千刀当剐唐僧肉”，自己搞乱了战线，乱了阵脚。毛泽东看到郭老的诗，不同意郭诗敌视被白骨精欺骗的唐僧的看法，有失偏颇。分清敌我友，是革命斗争的一项极其重要的政策。在革命斗争时，要注意政策和策略的应用，看西游记也要“从政策和策略视角去寻求启示”。为此，毛泽东写下七律诗一首。

七律•和郭沫若同志
毛泽东
1961.11.17

一从大地起风雷，
便有精生白骨堆。
僧是愚氓犹可训，
妖为鬼蜮必成灾。
金猴奋起千钧棒，
玉宇澄清万里埃。
今日欢呼孙大圣，
只缘妖雾又重来。

毛泽东的和诗，针对性很强，开头两句直奔主题，冤有头，债有主。唐僧虽可恶，只是被敌人白骨精所迷惑。要怪只能怪敌人太狡猾。郭老的诗搞错了斗争对象，误把唐僧当作斗争对象。在毛诗中，唐僧是可教育的人，真正的危险敌人是白骨精，是妖精。紧接着，毛泽东大加赞赏剧中主要人物孙悟空，这基本上是毛泽东的一贯立场，认为只要有孙悟空在，世界就会清净。最后两句，是毛泽东振臂高呼，欢呼“各地要多出些孙悟空”，把人世上钻出来的妖魔鬼怪统统消灭干净。

毛诗和郭诗的关键看点在于，郭诗将人民内部矛盾当成了敌我矛盾。毛泽东写诗予以澄清，纠正。七律•和郭沫若同志是毛泽东在《中国社会各阶级的分析》中提出的“谁是我们的敌人？谁是我们的朋友？这个问题是革命的首要问题”的延伸，是在新的历史时期以西游记《孙悟空三打白骨精》为例，教育党员干部要在复杂的斗争环境里，自觉地分清敌我友，切不可被敌人所迷惑。据说，郭老看到毛泽东的七律•和郭沫若同志一诗后，当天又依韵和诗一首，《再赞〈三打白骨精〉》：

赖有晴空霹雳雷，
不教白骨聚成堆。
九千万里明真谛，
八十一番弭大灾。
僧受折磨知悔恨，
猪期警惕报涓埃。
金睛火眼无容赦，
哪怕妖精亿次来！

毛泽东看了郭沫若的《再赞〈三打白骨精〉》。1962年1月12日，毛泽东在郭沫若这首诗旁边欣然写道：“和诗好，不要千刀当剐唐僧肉了，对中间派采取了统一战线政策，这就好了。”

## 8，虎猴二性 评价一生

毛泽东在晚年的时候以虎性和猴性概括自己的一生。毛泽东说：“我是自信而又有些不自信。我少年时曾说过：自信人生二百年，会当水击三千里。可见神气十足了。但又不很自信，总觉得山中无老虎，猴子称大王，我就变成这样的大王了。但也不是折中主义，在我身上有些虎气，是为主，也有些猴气，是为次。”这是1967年7月8日，毛泽东在武汉给江青写的信，以虎性和猴性自喻的隐语。

### 虎性自况

1952年9月21日，毛泽东在与年轻时代在湖南一师读书时的校长张干等交谈时说：“我那时年轻，虎气太盛”。这里，毛泽东提到的“那时”，是指1915年夏，毛泽东与湖南一师同学一起，为反对校长张干提出从是年秋增收10块大洋学费，在湖南一师引发的一场驱逐校长张干的学潮。当时，张干很是恼火，主张开除毛泽东学籍，……。

但是，若追溯毛泽东“虎性”或“虎气”，还可以更早些。我们知道，毛泽东出乡关后，在东山学堂读高级小学时曾写过一首咏蛙诗，说是咏蛙，实是画虎，以虎言志。那是1910年秋，毛泽东写《七绝•咏蛙》曰：

独坐池塘如虎踞，绿荫树下养精神。春来我不先开口，哪个虫儿敢作声？

短短几句，写出了老虎的神态，威严和霸气。全诗大气磅礴和不容置疑的革命意志，令人称绝。《七绝•咏蛙》诗展现出毛泽东内心世界虎气的刚毅性格。“虎性”是毛泽东人生性格的基本特征，毛泽东自己说：“在我身上有些虎气，是为主”。因此，如果讲“虎气”，至少应该将时间起点，追溯至毛泽东上东山学堂读书的1910年秋，做《七绝•咏蛙》之时。毛泽东一生从上世纪三十年代中期至七十年代后期，毛泽东在世凡四十年，的确做到了“凡事我不先开口，哪个虫儿敢作声”的虎气威仪。时至今日，毛泽东离我们而去又四十五年，毛泽东仍是“虎逝英雄在”，难道不是吗?！

猴性自况

毛泽东论“猴性”，是从什么时候养成了孙悟空的猴性，至今没有看到确切的文字资料。

据何新撰文认为，似乎可追溯到毛泽东在湖南一师的学生时代。1918年4月14日，在岳麓山下，毛泽东和肖子升等在刘家台子蔡和森的家里召开新民学会成立大会。在大会上，毛泽东就为学会起草的宗旨、名称、章程做了说明。萧子升主张点滴的、温和的改良，不赞成发动巨大的，激烈的变革。根据肖子升的意见对会章做了修改，删去了毛泽东所主张的立大同之世、大抵抗、大斗争等主要内容，并讨论，获得通过。何新据此认为，“这可能是毛泽东在他一生中第一次体现出其个性中的猴气”(毛泽东的青少时代(10)，何新博客管理员。何新网易博客)。我不同意此说，要说也只能说是理性服从。如果这也是“猴性”的体现，还可追溯到更早，如毛泽东在13岁时，父亲毛顺生让他停学回家劳动，毛泽东也是服从，未作任何反对，而且在农村劳动一干就是两年多。我认为，毛泽东正式说自己的“猴性”要晚得多，尽管毛泽东1935年之前多次被整，明知自己对，也都以组织原则，少数服从多数，所接受。

1945年8—10月，毛泽东在重庆谈判期间，为了争取国民党内部分力量的支持，去见陈立夫。毛泽东在谈话中以孙悟空自况说：“我们上山打游击，是国民党剿共逼出来的，是逼上梁山。就像孙悟空大闹天宫。玉皇大帝封他为弼马温，孙悟空不服气，自己竖定是齐天大圣。可是你们连弼马温也不让我们做，我们只好扛枪上山了。”（参王炳南《阳光普照雾山城》）这里的“猴性”是指“果敢”的一面，毛泽东以孙悟空大闹天空为例，教育党员干部的例子很多。请参见本章的“学孙悟空，大闹天空。”这里，不多赘述。

所以，毛泽东所说的相对于“虎性”的“猴性”，指在对己不利时应该先让一步之“猴性”，套用现代的话说，叫“冷处理”，应在上世纪五十年代初期。

那是1951年10月，毛泽东在中南海丰泽园举行家宴，欢迎自己青年时代敬重的师长徐特立、谢觉哉、熊瑾玎和同学周世钊(当时任湖南一师校长。作者注)等，大家欢声笑语，忆往昔，峥嵘岁月，师生情谊，其乐融融。其间，毛泽东问到了当年湖南一师老校长张干和罗元鲲等老师近况，周世钊不免有点难过地说：“张干一家六口，现在十分困难。他身患重病，整日卧病在床。一家人的生活全靠他微薄的工资，有时竟几天无以为炊呢！”

毛泽东站起来，用略带责备的目光望着老同学周世钊："惇元，你怎么不早说？对于张干这样的老教育家，应该照顾，应该照顾！"毛泽东了解到这一情况，立即直接致函湖南省政府主席王首道酌情给以资助。

说到张干，的确有些特殊。毛泽东在湖南一师读书时，张干任校长。解放前，张干至少做了三件自己认为对不起毛泽东的事：

第一件，1915年夏"驱赶张干校长运动。"当时，毛泽东带头对校长张干因额外征收学杂费有过激烈斗争。张干曾主张开除毛泽东学籍。在学校，学生起来驱逐校长，情形非同寻常，在现代中国是不可想象的。可在那时，在湖南一师的确发生了。不可思议的事也同样发生了：在学校老师徐特立、杨昌济、方维夏、袁吉六等一批名老教师的斡旋下，毛泽东不仅没有被开除，校长张干却被湖南省当局解除了校长之职。

第二件，1945年，张干敦促毛泽东赴重庆与国民党蒋介石谈判。那时，张干在邵阳市省立六中当校长，见报载蒋介石两度拍电报，邀请毛泽东到重庆进行和平谈判。张干不知是哪根神经发了，也神使鬼差地拍了一封电报给毛泽东说："延安，毛润芝学弟勋鉴：抗日获胜，建国弥艰，万恳应召赴渝，赞襄国政，幸勿固执，致失人望。张干1945年8月21日。"电报用词"应"召，不免有视蒋介石为"皇帝"，毛泽东为"下臣"之嫌。

第三件，在土改运动中，张干被划为"地主"。

上述三件事，不论哪一件，都能使张干吃不了，兜着走。张干家境贫寒，实在无奈，也曾几次提笔想给毛泽东写信，但都只好怏怏作罢。

湖南省政府主席王首道按照毛泽东信的指示，立即先后两次给张干一家送去救济米1200斤和人民币50万元（旧币，折合新币50元）。张干看到毛泽东给王首道的信和收到王首道送来的米和钱，双手颤抖，激动得泪流满面。

1952年9月21日，张干和罗元鲲一行受毛泽东邀请，到北京，师生久别重逢。毛泽东对昔日的老师尊敬礼让、躬谨谦和。在客厅里，毛泽东一定要罗元鲲和张干等坐上座，自己坐在下座，大家心里有说不出的温馨和慰藉。毛泽东说："次伦（张干。作者注）先生和元鲲先生，都没有加入蒋匪帮，是好的。没有听人讲你们的坏话。"张干自然内疚不安，想到当年那场学潮，眼里噙满泪水，终于将憋在心里几十年的话语说出来："一师闹学潮那阵，我曾主张开除你，真对不起呀！"毛泽东缓缓地摆摆手，说："我那时年轻，虎气太盛，看问题片面。要是现在这样学点猴气，就不会发动那场'驱张运动'了！陈年旧事，过去就算了，不要再提它了。"（姚远：毛泽东慷慨捐助的尊师情。来源：中国共产党历史网 ）。这里，至少透出了另一个信息，在上世纪五十年代已"学点猴气"了。遗憾的是，毛泽东没有确切说什么时候"学点猴气"的？！

# 第五章 读家庭书 恨父爱母

父亲，是每个人都敬仰和爱戴的人。可是，父亲这个词在毛泽东的脑子里却又是一番解读。

## 一，挑战权威 反叛父权

1917年，毛泽东在《奋斗自勉》里写道，“与天奋斗，其乐无穷！与地奋斗，其乐无穷！与人奋斗，其乐无穷！”这是毛泽东一生的座右名。

追述毛泽东的家世，可以清楚地看到，毛泽东并不是生来就是爱挑战的“主。”在所能看到的有关毛泽东的研究，当事人的回忆录，传记和资料中，至少毛泽东在8岁以前，没有任何有关毛泽东挑战或反叛权威的记录。这一切，如果说有，都发生在毛泽东从外婆家回韶山冲同父母一起生活和以后的日子。

毛泽东自小在外婆家生活，一直生活到8岁。在外婆家生活的日子，在毛泽东幼小的心灵里，填得满满的都是“爱”，没受过一丁点儿委屈，更不说“挨打”啦。毛泽东回到韶山，一切都变了。父亲毛顺生当过兵，性格粗旷，勤劳，又有做生意的精明，做事一丝不苟，眼里揉不得半点砂子。而毛泽东呢？ 生活自由，散漫，一切都是自己做主惯了的人。用现代的话说，毛泽东就是外婆家的“小皇帝。”

中国有句古话，秀才遇到兵，有理讲不清。毛泽东一回到韶山的家，一切都得从头开始。一家人过生活，需要的是磨合适应。毛泽东这个“小皇帝”，不愿放下自己的身段，做父亲毛顺生的“乖儿子”。毛顺生当过兵，办事雷厉风行，不拖泥带水，说干就干，毫不含糊，用他自己特有的思想看事物，做事情。同时，一个做父亲的，也是在按自己的思想方法，行动准则管教儿子。用现在的话说，父子之间，本来就存在“代沟。”加之，造化弄人，毛泽东自小生活的环境，感受的周围世界，充满着阳光，充满“爱。”一切都是那么美好，那么惬意。这样一来，父子之间的冲突，在所难免了。

毛泽东在40多岁后，一提到父亲，常常有些义愤填膺。毛泽东说，“他是一个很凶的监工。”“最恨我懒惰，如果没有账记，他便要我到田间做工”，“脾气很坏，时常责打我和我的弟弟们。”如果说，毛泽东在外婆学到的是“爱”，那么，在父亲毛顺生身上学到的便是“恨。”毛泽东甚至说，父亲的所做所为，使他学会了“恨。”

毛泽东与父亲的激烈冲突，是在毛泽东13 岁的时候。有一天，家里来了许多客人。毛泽东对来延安访问的斯诺说，“我们两人在他们面前争论了起来。父亲当众骂我懒而无用。这激怒了我。我骂了他，就离开了家。母亲追上前来，竭力劝我回去。父亲也赶来，一边骂一边命令我回去。我跑到一个池塘旁边，恫吓说如果他再走近一步，我就要跳下去，……。父亲坚持要我磕头认错。我表示如果他答应不打我，我可以跪一条腿磕头。"冲突双方，在讨价还价后，就这样平息了。

这个"突发事件"，一开始并没有什么大不了的，只不过是争争，各自说各自的意见而已。不知为什么，毛顺生当着客人的面，骂儿子"懒而无用"。这样，毛泽东才被激怒。毛顺生是否有意，我们不得而知。但是，至少有一点是可能的，那就是毛顺生说儿子"懒而无用"，起码不是第一次。"懒而无用"，很可能是毛顺生管教儿子的习惯用语，或称口头禅。毛泽东呢?！应该也不是第一次听父亲毛顺生说他"懒而无用，"很可能早就窝着一股"火"，只是没发作。儒家学说里的君臣父子，……是几千年遗留传承下来的"宝贝"，是社会道德守则。在中国，又是一个"面子"高于一切的国度。人人都讲面子，人人都要面子，最好是谁也不拨谁的面子。不然，就会跟他没完。

我们再来看看这次冲突发生时，人的心理因素。毛泽东这时13岁，正是青春涌动，逆反叛离日旺的上升期。父亲毛顺生时年36岁，也是血气方刚，事业有成，人生得意，精神焕发，刚过而立之年的硬汉子。父子二人，一个是针尖，一个是麦芒，谁都不弱，"杠"起来，自然在情理之中了。

毛泽东非常看重这次冲突，而且从中悟出了不少道道。毛泽东对斯诺说："从这一次事件中，我明白了当我以公开反抗来保卫我的权利时，我的父亲就客气一点；当我怯懦屈服时，他骂打得更厉害。"这次冲突，毛泽东初露锋芒，成为他一生信奉"斗争哲学"的奠基石。不仅如此，毛泽东还常将家里的不同意见，引申到政治层面上来认识。毛泽东说，我家有"两个党"。一个是父亲，是"执政党"。"反对党""是我，我的母亲和弟弟所组成的，有时甚至雇工也在内。"从这种拔高的比喻，可以看出，毛泽东对事，对人的立场，观点，态度。而且，这种立场，观念和态度在毛泽东身上一直延续下来。毛泽东爱走极端，什么都能拿到敌我高度或路线高度，上纲上线，这也成了毛泽东终身不弃的斗争武器，或者说置对手和/或敌人于万劫不复之地的法宝。

这里，讲了毛泽东刚的一面，即冲突。毛泽东也有柔的性格。同样是挑战权威，有时又以"说理"的方式进行。我们不妨看毛泽东自己是怎样做的。在斯诺写的《西行漫记》中有这样一段话。毛泽东说，"但当我十三岁时，我找到了一种有力的理由和我的父亲辩论，我引经据典，站在父亲自己的立场上和他辩论。父亲常常喜欢责备我不孝和懒惰。我则引用经书上的话来和他相对，说：为上的应该慈爱。至于说我懒惰，我的辩解是大人应较年轻的人多做工作，而父亲的年纪既然比我大上三倍，他应该做更多的工作。并且我说我到了他那样大的时候，我一定比他更出力地工作。"毛泽东不仅这样说，的确也在这样做。以一个事后诸葛亮的人来说，毛泽东也的确做到了。父亲毛顺生一生最大的成就是改变了家庭命运。毛泽东一生不仅改变了自己的命运，也改变了中国命运，彻底改变了中国近代史的走向!

在当时，以一个13岁的少年而言，这实在是难能可贵了。父子之间的简单冲突，引发毛泽东的深思，弄出这么多的名堂，搞出这么多的说辞，这或许是许多普通少年难以企及的。从父子之间的冲突中，毛泽东尝到了斗争的甜头。例如，在私塾学堂与私塾先生冲突，“逃学”离家出走，三天之后被找到回家这件事平息后，毛泽东明显感到，周围的事正在起变化。毛泽东说，“回家之后，出乎我的意料之外，情形反而好了一点。父亲比较能体谅我了，而塾师也较前来得温和。我这次反抗行为的结果，给我的印象极深。”甚至欣喜地称之为“罢工”胜利。我们先把冲突的对错放在一边不论，仅从毛泽东的顶撞，思考，引申，辩驳，抗争上讲，毛泽东在少年时代，就已展现出惊人的智慧和才华，……品尝斗争胜利的喜悦！

父亲毛顺生的苛刻，已几近虐待，不是打，就是骂。在生活上，父亲毛顺生对家里请(雇)的长工也比对他这个儿子要好。毛泽东回忆说，“每月初一和十五，他总给雇工是吃鸡蛋和咸鱼片，但很少给过肉。对于我，则既没有蛋也没有肉。”这样一来，毛泽东在家的待遇，连长工都不如。无疑，毛泽东生活的家庭，是最受压抑的环境。正因为这样，家庭的炼狱锻造了毛泽东，有些象如来佛将孙猴子放进八卦炼炉。父亲不仅没有使毛泽东屈服，反使毛泽东坚毅刚强的性格得到锤炼，更加锋芒毕露，爱憎分明，疾恶如仇。毛泽东自尊心极强，叛逆性格，造反有理，就是从反抗家庭的“暴君—父亲”开始的。同时，父亲的严厉要求，迫使毛泽东不尚浮华和物质享受，不怕困难，扎实做事，严谨思考，努力读书，追求精神上的充实，这成为他不断向上进取的坚实动力。这是其一。

再者，就是毛顺生教育儿子不分场合和时间。毛泽东回忆说，“父亲当众骂我。说我懒惰无用。这使我大发其火。我愤恨他”。所有这些，是我们所能看到的，毛泽东对父亲毛顺生最直接，最原始，最富有感情色彩的陈述，也是毛泽东最早向社会讲述自己家人，个人身世的历史传记。在后来，一切有关毛泽东与父亲的故事，多是从此演绎而来，有些甚至是作者为了某种目的的杜撰。

人们可能会问，毛顺生对别的儿子也一样吗？答案是肯定的。说明毛泽东受到父亲的严格管教，并不是父亲对他的“特殊优待。”毛泽东的弟弟毛泽明的性子比较温和，属于听话型的人，也受到父亲毛顺生的训斥。

据说，一天二儿子毛泽明下午外出，没能按时回家，毛顺生的气便不打一处出，气愤地对妻子说，“回来罚他跪香！”

这下子急坏了作为孩子母亲的文七妹。因为，在几个儿子中，二儿子从小听话，跟父亲干活，人忠厚老实，活也干得多。　当二儿子毛泽明匆忙回家来后，母亲文七妹即刻将毛泽明叫到身边，叫他不要象哥哥(毛泽东)那样犟，跟父亲顶牛，父亲要罚跪就跪。妈妈自然会想办法，解劝，转弯。

毛顺生晚上回到家，一见儿子毛泽明就火上心来，先是一顿训斥，然后就罚跪，一点也不手软。毛泽明倒也听话，没说什么就跪下了。见儿子这么老实听话，毛顺生一下子气消了许多，没在意，转身干别的事去了。

不一会，毛顺生再次看儿子时，没想到儿子只跪了一条腿，一股火气又上来了：“你搞什么把戏？是不是又学你大哥？”

毛泽明慢条斯理的说：“我有父母双亲，一条腿是父亲给的，一条腿是母亲给的；今晚，母亲没让我跪香。”

毛顺生见儿子说得也有道理，叫他跪，也跪了，儿子大了，外出回来晚了点，本来也不是什么大事。更使毛顺生心里高兴的是，泽民人虽老实厚道，心眼还挺活，将来做事做生意不会吃亏。毛顺生想到这些，也不再说什么啦！自然，父子俩的一场暴风骤雨，竟被毛泽明这么一闹腾，轻轻就化解过去了。母亲文七妹一颗为儿子受父亲处罚而悬着的心，也平安的落了地！

常言道，好事多磨。又说，“不是一家人，不进一家门。”当这对父子融入一个家庭时，父子这两颗具有拯救家庭，拯救国家的心碰到一起，注定是一对“冤家对手。”从另一个角度来说，毛泽东在8岁前在外婆家生活，父子之间缺乏交流，父爱的感觉没有体会，父亲毛顺生是生意人，喜欢丁是丁，卯是卯，铁打的性子。两者生活在一起了，难免碰碰撞撞，磕磕绊绊！

再三，大凡有志成就大事业者，都有这番宁折勿弯的气质。尤其是毛泽东从在南岸私塾学堂学孔夫子之时起，至在湖南一师基本确立人生政治观止，父子之间一直冲突连连。1936年，也就是事隔三十年后，毛泽东在与斯诺谈自己身世的时候，几次对斯诺说，“我愤恨他。”“回想到这一点，我以为我父亲的苛刻，结果使他失败。我渐渐地仇恨他了”。在家庭，父子间的这种恨，应该说只是一种简单的厌恶，谈不上真正意义上的“仇恨”。普通人家的孩子，哪有父亲不管教孩子，不“责骂”孩子的。毛泽东的家，与普通百姓家户人家一样，父亲说儿子“懒而无用”，恐怕也是经常的事。大多情况下，也只是顺口说说而已。大人要小孩做事，小孩拖拉，也是常有的事。大人说话，小孩听听也就算了。久而久之，搞“皮”了，也不当一回事儿。毛泽东则不然，父子俩都是个较真的“主。”父子间的冲突，自然在所难免了。

这种特殊的生活环境，促使毛泽东思想认识的成熟，练就了一身有胆有识，顽强不屈的钢铁性格。

按照毛泽东矛盾论的观念，有矛盾，就会有斗争。在家庭也一样。不过，毛泽东的母亲文七妹，则是另一番心境，年龄比丈夫大3岁，笃信佛教，仁慈厚道，遇事冷静，不是火爆性子。有时候，毛泽东想联合母亲一起，和父亲斗，母亲则不愿使矛盾公开化。反过来做儿子的工作，全家一起和睦相处，过生活。在家里，毛泽东从父母身上确实学到了刚柔兼济的性格。

## 二，母慈子善　敬老尊贤

2007年12月26日，钱学森在“毛泽东成为千古伟人的机理初探—纪念毛泽东诞辰１１４周年”一文中说：“一个人在青少年时期的性格形成对其以后一生的成就有着决定性的影响。”

母亲，是人类得以延续，生存，发展的载体，充满了神奇。

毛泽东身前逝后，一直有人在探讨是什么力量使在一个在交通落后，信息闭塞，生活清苦的韶山冲的农家村舍出了一个举世奇才，改变中国命运的伟人，又是什么力量让一个目不识丁的普通家庭妇女，用她推动摇蓝的双手，推出了一个改变中国近代历史进程的旷世伟人一毛泽东！

在湖南，在毛泽东之前，有记载的，农家出生的，出将入相的恐怕只有一人。这人，就是曾国藩。

在家庭背景上，毛泽东不仅是道地农民家庭出生，家境也比不上曾国藩，更不是书香门第，在没有任何家庭背景，没有“龙脉”关系可攀，一个人完全靠自己白手起家，打江山，夺政权，建立一统天下者，也只有一人，这个人，也就是毛泽东。

据说，曾国藩有神灵护祐。记载说，曾国藩是“蟒蛇投胎。”在曾国藩出生的头天晚上，祖父晚上睡觉时做了一个梦，梦见房梁上有一条大蟒蛇，眼睛里闪着紫色的光，嘴里吐着火红的三角信子，往房间里爬。祖父不禁吓得一身冷汗。第二天，长孙曾国藩就出生了。当祖父把巨蟒与曾国藩出生串在一起想的时候，觉得长孙出生与众不同，像巨蟒投胎。以蟒蛇投胎的，在中国历史上有两人，一个是西汉末年的王莽，据说是白蟒化身，一个是唐朝名将郭子仪，据说也是蟒蛇投胎。曾国藩则蟒蛇投胎的第三人。

可是，毛泽东出生的时候，没有这样美丽的传说。 相反，毛泽东的出生，给毛家带来的不只是喜，而且也有“忧。”毛泽东的母亲名叫文其美，这个名字其实是文七妹的谐音。众所周知，在文家，毛泽东的母亲，排行七，所以称她“文七妹。”文七妹18岁的时候，嫁给仅一山之隔的韶山冲贫苦农民毛顺生为妻。文七妹比丈夫毛顺生大三岁。毛顺生与文七妹婚后，头两胎出生不久，就在襁褓中夭折了。这无疑给毛家带来悲伤和痛心。古人云，不孝有三，无后为大。毛泽东降生后，文七妹一门心思呵护他，很快成长起来。在毛泽东的印象中，母亲是世上最好的母亲，也是最慈善的人。1936年，毛泽东在回忆中谈得最多的是母亲。可惜，辛苦了一辈子的母亲，还未享受儿子一丁点儿福就因病去世了。毛泽东悲痛欲绝，母亲的音容笑貌，一件件，一桩桩，毛泽东如数家珍，信手拈来。归纳起来，毛泽东回忆得最多的是：

1，慈祥慷慨。 毛泽东对斯诺说，“我的母亲是一个慈祥的女人，慷慨而仁爱，不论什么都肯施舍。 她很怜惜穷人，在荒年，她常常施米给那些跑来乞讨的人”。

2，与世无争。 毛泽东对斯诺说：我家有“两个党”。一个是父亲，是“执政党”。“反对党”是我，我的母亲和弟弟所组成的，有时甚至雇工也在内。不过，在反对党的“联合战线”之中，意见并不一致。母亲主张一种间接进攻的政策。她不赞成任何情感作用的显明表示，和公开反抗“执政党”的企图。她说这样不合乎中国的道理。母亲的这一思想行为，虽给毛泽东留下极深刻的印象，但毛泽东并没有沿着母亲的步伐走，而在原则上是绝不退让的。在抗日战争时期，毛泽东领导的中国共产党虽与国民党蒋介石结成“抗日民族统一战线”，但始终坚持自力更生，独立自主的抗战政策。既团结，又斗争，既统一，又独立，从而赢得了中国共产党，八路军的发展壮大。

3，慈母助儿。 有这样一个故事：一天，毛泽东向母亲提出要带着午饭到学校里去吃。文七妹以为儿子是为了利用往返时间多读点书，便同意了。可是，以后的连续几天内，文七妹发现儿子带的午餐虽一次比一次量多，晚上放学回家后却依然显得象饿狼似的。她担心儿子是不是得了什么怪病，便细细盘问。当知道儿子带饭是为了和穷苦的同学黑皮伢子一起吃的时候，文七妹不但没有责备他，反而感到非常欣慰。

4，笃信佛教。　毛泽东对斯诺说，“因为我母亲虔诚地信奉佛教，她向孩子们灌输宗教信仰，我们都因自己的父亲不信佛而难过。我九岁时，就同我母亲认真地议论过我父亲缺少对佛菩萨虔敬的诚心”（均引自《西行漫记》）。母亲信佛的虔诚，一是到庙里烧香拜佛，二是在家里设佛堂。1959年6月，毛泽东重返故居时，指着堂屋正中摆过神龛的地方风趣地说：“这是我初一、十五工作(烧香拜佛)过的地方！”

5，进香许愿。　在乡村，进香许愿，求菩萨保佑很普遍，文七妹也不例外。在儿子毛泽东出生后，为了儿子平安，幸福，快乐成长，文七妹带儿子拜娘家龙潭口的巨石为干娘。文七妹的菩萨心肠，做佛事，深深地感染了毛泽东，也跟着学，信佛。1909年，因为母亲生病许过愿，毛泽东曾到南岳朝山进香还愿。

毛泽东母亲的一生是短暂的，留给毛泽东的印象和影响却是深刻的。可以说，毛泽东一生都带有母亲的影子。1919　年春，毛泽东把生病的母亲文七妹接到长沙医院治病，母子短暂相聚，不曾想到竟是母子的最后诀别。是年10月5日，生命垂危的母亲文七妹，一病不起，这位操劳一生，心慈为人，自己却没能战胜病魔，躺在病榻上流着眼泪，以微弱的声音，呼唤着“石三伢子”，声音越来越弱，慢慢地消失在韶山冲上屋场的睡房里。……

当毛泽东接到二弟母亲病危的信后，悲痛欲绝，立刻带着在长沙读书的小弟弟毛泽覃，星夜上路，直奔韶山。可是，等毛泽东到家时，母亲已入棺两天了。毛泽明告诉毛泽东说，母亲在临终前一直在呼唤着他们的名字。夜晚，毛泽东守在灵前，浮想联翩，童年的件件往事，母亲的音容笑貌，一幕幕出现在眼前，毛泽东的心在涌动，提笔疾书，写出了发自肺腑的《祭母文》(括号内是本书作者的现代译文—作者注)。文曰：

呜呼吾母，遽然而死。(深切悼念我的母亲，老人家突然间过世)
寿五十三，生有七子。(母亲享年五十有三，曾生育过七个子女)
七子余三，即东民覃。(七个中只存活三个，即是泽东泽民泽覃)
其他不育，二女二男。(余者未能养育成人。他们是二女和二男)
育吾兄弟，艰辛备历。(养育我们三个兄弟，母亲真是披肝沥胆)
摧折作磨，因此遘疾。(身心受尽艰辛磨难，不幸疾病缠身心酸)
中间万万，皆伤心史。(母亲所经种种事情，全是伤心苦难经历)
不忍卒书，待徐温吐。(我不忍以笔全书出，待我慢慢以心吐露)
今则欲言，只有两端。(我今虽有千言万语，惟有两点需要特提)
一则盛德，一则恨偏：(一是人品道德高尚，一是隐忍抱恨无语)
吾母高风，首推博爱。(母亲一生高风亮节，首推仁心博爱众生)
远近亲疏，一皆覆载。(远近亲疏一视同仁，悉心呵护照料用心)
恺恻慈祥，感动庶汇。(母亲慈祥胸怀佛心，感动左邻右舍乡亲)
爱力所及，原本真诚。(母亲关爱所到之处，用心良苦至真至诚)
不作诳言，不存欺心。(言行举止从不慌语，老少贫富平等无欺)
整饴成性，一丝不诡。(母亲天性端庄纯洁，诚信为人不虚不佞)
手泽所经，皆有条理。(母亲办事事事精心，有条有理清晰无比)

头脑精密，劈理分情。（头脑思维精确缜密，接人待物合理合情）
事无遗算，物无遁形。（做事精到不差豪厉，办事识物明察秋毫）
洁净之风，传遍戚里。（身爱洁净风尚永存，遍及远近亲朋邻里）
不染一尘，身心表里。（母亲心灵一尘不染，内心外表始终如一）
五德荦荦，乃其大端。（仁义礼智信尽鲜明，做人端庄正义凛然）
合其人格，如在上焉。（她一生人格堪日月，时时萦绕在我头顶）
恨偏所在，三纲之末。（母亲抱恨三纲不正，君臣父子夫在妻先）
有志未伸，有求不获。（空有志向难得施展，纵有追求未能实现）
精神痛苦，以此为卓。（精神心灵痛苦之至，惟有这点最为显著）
天乎人欤，倾地一角。（这是天意还是人乎？悲痛勳恸地陷一倾）
次则儿辈，育之成行。（次则牵挂是儿女们，抚育他们成长成人）
如果未熟，介在青黄。（兄弟三人似果未熟，青黄不接折煞吾心）
病时揽手，酸心结肠。（母亲病榻手牵亲人，内心酸楚愁肠揪心）
但呼儿辈，各务为良。（声声呼唤着儿女们，好自为之要做好人）
又次所怀，好亲至爱。（三是母亲放心不下，故交好友邻里乡亲）
或属素思，或多劳瘁。（或平素有恩于我家，或辛劳而积累成疾）
大小亲疏，均待报赍。（好友不分大小远近，有待疏财报答周济）
总慈所述，盛德所辉。（凡此种种如上所述，都是母亲盛德辉映）
比秉悃忱，则效不违。（我会承继母亲精神，发扬光大绝不违心）
致于所恨，必补遗缺。（母亲身前隐痛抱恨，吾辈定会弥补无遗）
念兹再兹，此心不越。（儿子一定念念不忘，铭记心中一生厉行）
养育深恩，春晖朝霭。（母亲养育情深似海，如同春晖云霞相映）
报之何时，精禽大海。（母亲恩情何时为报？精卫填海立誓铭心）
呜呼吾母，母终未死。（呜呼悲哉我的母亲，您永活在我们心中）
躯壳虽隳，灵则万古。（母亲躯体虽已逝去，灵魂犹存万古常青）
有生一日，皆报恩时。（只要我生命尚存日，每天都是我报恩时）
有生一日，皆伴亲时。（只要我生命尚存日，都是我陪伴母亲时）
今也言长，时则苦短。（今日欲说千言万语，可觉时间太少太短）
惟挈大端，置其粗浅。（祭文只好提纲挈领，难免陈述挂一漏万）
此时家奠，尽此一觞。（此时祭奠母亲大人，举杯敬您美酒一杯）
后有言陈，与日俱长。（丹心一片待我日叙，儿思母亲日日见长）
尚飨。（敬请您享用祭品吧）

毛泽东以传统的四言诗，挥毫写下这深情悼念母亲的《祭母文》后，意犹未尽，又挥泪写下心中的悲伤和深切怀念母亲的挽联：

其一曰：

疾革尚呼儿，无限关怀，万端遗恨皆须补；
长生新学佛，不能住世，一掬慈容何处寻！

其二曰：

青风南岸留晖远，
秋雨韶山洒泪多。

毛泽东无限爱戴自己的母亲，以做儿子的心情高度赞扬母亲心地善良，相夫教子，生活勤俭，慈母佛心，慷慨助人的高尚情操和人生品格。稍后，毛泽东又致书同学、好友邹蕴真，以崇敬的心情赞扬母亲的美德说：

“世上共有三种人：损人利已的，利己而不损人的人，可以损己而又利人的人。我的母亲该属最后一种人。”（摘自《毛泽东故土家族----探秘》）

毛泽东以品德对人的三种划分，简明，实在，表明毛泽东对人的认识，入木三分。在毛泽东身上，我们看到了中国传统尊老敬老的人生美德，儿女应当孝敬父母的高尚情操！毛泽东的这种精神不仅表现在对母亲上，也同样体现在对待师长上。在韶山流传着这样一个故事。

1959年，毛泽东回到阔别三十二年的韶山时，宴请曾经罚他咏“天井诗”的私塾先生毛宇居吃饭。毛泽东给先生敬酒时，毛宇居说：“主席敬酒，岂敢岂敢！”毛泽东接着说：“敬老尊贤，应该应该！”席间，师生情谊，其乐融融。毛泽东尊师敬贤从此传为佳话。

# 第六章 求学笃行 乡关一跳

毛泽东的成功，世人瞻目。说起来都是些浮光掠影，眼花缭乱的颂词，只是对成功者的赞美，而不知在这种赞美背后，毛泽东所经历的，而是常人又无法想象的辛酸。君不见，毛泽东胸中风起云涌的世界，被《盛世危言》点“燃起的读书的欲望”，差点儿被父亲毛顺生扼杀在摇篮里的悲情。

## 一，舍命一搏 出走求学

(一)，书本改变命运

在农村务农，毛泽东这一干就是两年多，也真是难为一个十四五岁的年轻人了。两年来，毛泽东日复一日的劳动，种田，收割，读书。《盛世危言》一书的出现，引起了毛泽东想读书的极大兴致，甚至可以说，是《盛世危言》改变了毛泽东的生活轨迹。不然，毛泽东或许会象韶山冲的其他农民一样，默默无闻的生活一辈子。

可是，历史偏偏给了毛泽东这样一个机会。机会人人都有，但可不是人人都能抓住。所以，有人说世上的人在机会面前可为分三种：

1，有抓机会的能力，而没有机会可抓的是悲剧，例如，陈独秀
2，有机会，不具备或无抓住机会能力的是喜剧，例如，孙中山
3，有抓机会的能力，而又能抓住机会的是幸运，例如，毛泽东。

当毛泽东向父亲提出想继续读书的想法时，父亲并不支持，而且强烈反对。毛泽东是天生一幅自己决定了的事，九头牛也拉不回来的人。一心想再上学读书的引诱力，驱使毛泽东不顾父亲的反对，开始离家出走。1936年，毛泽东对斯诺说：“《盛世危言》激起我想要恢复学业的厚望，我也逐渐讨厌田间劳动了。不消说，我父亲是反对这件事的。为此我们发生了争吵，最后我从家里跑了。”(西行漫记)。先到一个从法政学堂毕业的本家家里学习，尔后又到老秀才毛麓钟的私塾学堂潜心读书。

这一次，毛泽东很幸运，遇到了私塾先生毛麓钟。毛麓钟（1866--1921），学名绍芳，号公阁，家住韶山冲东茅塘。祖父毛兰芳深通诗书，在晚清做过县丞，名望颇高。在祖父毛兰芳的熏陶下，毛麓钟从小专心攻读诗书，学识超群，16岁考中长沙府秀才。毛麓钟人品高尚，勤俭朴实，曾因家境贫寒应聘游幕江南，襄办军务，担任过“何参军梅岭之书记”。因不满清王朝丧权辱国，腐败

无能，毅然辞官归隐，以“韶山小隐人”自喻。“戊戌变法”失败后，毛麓钟在乡里自办私塾，既重点讲授中国经传书史，也教授西方的先进文化。

毛泽东拜读毛麓钟门下，真是如鱼得水。私塾学堂里只有十几个学生。毛泽东是毛麓钟倍加关注的学生。因为，毛泽东已有良好的教育，读过许多书，思想活跃，领悟性极高，又是寄宿学校，师生朝夕相处，毛麓钟一方面介绍祖国的大好河山，要毛泽东读万卷书，行万里路；一方面在课堂上，悉心为毛泽东点读《史记》、《汉书》、《纲鉴易知录》等史籍，充实知识，提高认识，还在诗词歌赋上也倾心指导。这半年时间，是毛泽东一生最为宝贵的时间，也是汲取中国文化最丰富的时间。司马迁的《史记》成为毛泽东一生最爱读的书之一。从事革命后，毛泽东常用书中的思想和警句教育党员干部，如在《为人民服务》一文中，毛泽东引用学习的历史典故，这样写道：“司马迁说得好：‘人固有一死，或重于泰山，或轻于鸿毛’”。

人们常说，知识改变命运。看来，一本好书也可改变人的命运！不是吗？！

## (二)，乱世促人觉醒

### 1，长沙米荒 刻骨铭心

1910年春，毛泽东还在私塾学堂读书。人在韶山，心却被当时湖南正在发生的一件大事影响了一生。这就是1910年在湖南发生的一次震惊湖南，甚至长江中下游数省的大事件—米荒。

1936年，毛泽东接见美国记者斯诺时说：“那年发生了相当严重的饥荒，长沙城里成千上万人没有粮食吃。饥民派了一个代表团到巡抚衙门请求救济，但巡抚却蛮横傲慢地答复说：‘你们为什么没粮吃？城里有的是，我就总是吃得饱饱的’”。这就是清王朝的父母官，这就是清王朝父母官对老百姓的态度。中国虽自古就有“饱汉不知饿汉饥”的说法，但从没有象清王朝官员—巡抚这样厚颜无耻，不管老百姓死活的官。

“巡抚的话一传开，人们非常愤怒。他们召开群众大会，并组织了示威。他们攻击满清衙门，砍断了作为官府象征的旗杆，将抚台赶走。

“之后，一个姓庄的布政使骑马出来，晓谕众人说，官府将采取措施帮助他们。庄的应允显然是有诚意的，但皇帝却不喜欢他，传谕说他密通‘暴民’，将其革职。

“新巡抚一到任，即刻下令，缉拿‘暴乱’的领头者，许多人被杀了头，挂在柱子上，以警告后来的‘造反者’”。

毛泽东接着说，“这件事在我的学校里议论了好些天，给我留下很深的印象。大多数学生都同情‘造反者’，但他们只是从旁观者的观点出发，而不明白这也与他们自己的生活有关，他们感兴趣仅仅是因为这是一件很有刺激性的事情。

“我永远忘不了这件事，我感到那些造反的人都是像我自己家里人一样的普通老百姓，我对他们所受到的非正义的对待深抱不平。”（斯诺：西行漫记。转引自："长沙抢米"影响毛泽东一生。http://news.sina.com 2010年04月19日 03:17。侨报)。

这个"影响了我一生"的米荒，在毛泽东意识里扎根之深，恐怕远不是"影响"二字这么简单。在我的记忆里，粮食问题始终是毛泽东一生为之奋斗，着手全力解决的的中心工作。毛泽东曾有四言诗为证："手里有粮，心里不慌。脚踏实地，喜气洋洋。"

从长沙闹米荒，在青年毛泽东心灵上留下的烙印，以致25年后还能对美国记者斯诺回忆，这种记忆犹新的叙述，年轻的毛泽东已有了救民于水火的怜悯之心。王恕焕将这种心称之为："这种为穷苦农民抱不平的朴素反抗精神，后来逐步升华为立志救国救民改造社会的思想，成为推动毛泽东投身革命的重要动力。"(王恕焕：立志"救国救民"《毛泽东的人生哲学》)。

2，对博公堂停学

毛泽东的反叛，在当时很具典型意义。在学校，敢于反潮流，反对私塾学堂先生的体罚。在家里，敢于直言顶撞父亲。

在社会，也是英雄不让须眉，颇有水浒绿林好汉风范。这些可能是毛泽东早期性格成长的重要标志。

据称，毛氏家族史，由周文王之子郑，得其姓，繁衍而来。毛氏家族继承了周文王的传统，修宗庙，建祠堂，修族谱，以传承祖先思想，精神，使人们树立牢固"尊祖"、"敬宗"观念。

毛氏家族在湖南韶山繁衍生息已历经三四百年，辛勤耕耘，并未出现大富之人,或富有阶层。但是，在清朝最后一百年里，韶山一系毛氏宗人，有两位官至一品大员，如毛氏家族中的毛有庆、毛正明（正一品提督）。不过，他们都能清廉自洁，保持了正直清平的人生。

毛氏宗祠，最早建于乾隆二十八年春（1764年）。3年后，即乾隆三十一年秋，又建起了毛震公祠。毛泽东所在祠堂，称毛震公祠，重修数次，庄严肃穆，是毛氏王国制订律令和执法的机关。"法典"《毛氏族谱》在这里制订，"法律"—家规，家戒，家训，均由此发布。在封建时代，族权是维持封建专制的纽带，祠堂是家族唯一的公共集会场所，族人按尊卑，长幼，定期到祠堂"参拜""祭祀"列祖列宗，接受族长的训导。"犯法"者也在此接受"审判"，惩戒。

韶山虽是远离城市，处于边缘山区，族权的威严一点儿也不比城市逊色。祠堂从订法，到督法，到执法，三位一体。在韶山，毛氏祠堂是封建族权在韶山冲的集中体现。

1927年，毛泽东在《湖南农民运动考察报告》中指出：中国的男子，普遍要受三种有系统的权力的支配，即：政权、族权、神权。至于女子，除受上述三种权力的支配以外，还受男子的支配(夫权)。这四种权力—政权、族权、神权、夫权，代表了全部封建宗法思想和制度，是束缚中国人民特别是农民的四条极大的绳索(毛泽东：《湖南农民运动考察报告》。《毛泽东选集》合订本，第31页，1968年)。

以上这段毛泽东的话是毛泽东本人对封建专制政权体系的深刻认识和批判，是从他亲身经历中得到的认识和看法。1910年夏，即中国末代皇帝溥仪垮台的前一年—宣统二年，这时尚未满17岁的毛泽东，在他的家族内闹了一场家族革命。这一年农历为“庚戌”年，所以有人称为“庚戌”革命。

那时候，毛氏家族的族长是毛鸿宾，派名祖渐，鸿宾是字，别号墨泉居士，为毛震的第十七代孙，比毛泽东大了三辈，家居地在滴水洞口“墨泉山”。据毛泽东的老师兼堂兄毛宇居记载，从家族角度看，毛鸿宾行为举止，很合儒家风范，“初年身世艰难，尝自牵茅补屋，读书过目成诵，善书法，深得颜鲁公笔意。性嗜六朝文字，解双声迭韵法，最为吾曾王父兰芳公所器重。迭有唱和高存。在当时，族中以读书倡者，仅此一二人也。”说明，毛鸿宾在毛氏家族中是个才子、儒生。

毛鸿宾早年曾游幕江南，看不惯官场黑暗，不愿与官僚为伍，回到韶山家乡只以带耕自读，游玩山水自娱。中年时，天资聪颖的他迷上风水，颇有心得，成为当地一名风水先生。

在家族中，毛鸿宾善于排难解纷，著有《息讼歌》，很有资历和威望，做毛氏家族族长当之无愧。按家族旧例，族长三年一任，他竟连任九年，无一人敢非之者（毛泽东除外）。在韶山，毛鸿宾自掏腰包，用自己的蓄积，买了洋楼段产业作祀田。这也算是其人品做事不可多得的品质。可是，在多事之年的1910年夏，毛鸿宾的形象受到初生牛犊不怕虎的毛泽东的挑战。

起因是米荒闹的。湖南1909年是个旱灾年，农民本已难以为继的生活，又遇到1910年春夏发大水，搞得青黄不接，生活越发困苦，很多农民家里揭不开锅。1936年，毛泽东在斯诺采访时说，“第二年青黄不接的时候，我们乡里发生了粮荒。穷人要求富户接济，他们开始了一个叫做‘吃大户’的运动。”毛泽东回忆中讲的就是1910年春夏发生在湖南，发生在韶山的事。在韶山，一个叫毛承文的贫苦农民，带领穷人闹起了“吃大户”、“闹平粜”，冲击族长囤积的粮仓，分发给灾民，揭发封建族长毛鸿宾在修祠堂时贪污公款的丑闻。族长自然不能接受，便恼羞成怒，利用族权，给他扣上了破坏族规的罪名，押进祠堂，准备审判，惩罚，以致要沉潭。这下子，一向平静的韶山顿时轰动起来。毛泽东也随着乡亲们涌进了祠堂，挤在前面站着，心中愤愤不平。当族长毛鸿宾宣布毛承文的“罪状”后，惊堂木一拍，喊：“打！”许多小孩吓跑了，只有毛泽东毫不惧怕，大喊一声：“不能打！”在场的乡亲们也跟着吼了起来。

毛氏族长毛鸿宾定眼一看，喊“不能打”的年轻人是毛泽东，是家族内比较富裕的毛顺生的儿子，颇有学识，开始犯难，迟疑起来。毛泽东一看事情有了转机，也控制情绪，镇静而坚定地说：“你要打人可以，总要说出个道理来!”乡亲们也随声附和，群情激愤。在众人面前，族长毛鸿宾不想把事情弄大，就放了毛承文。

米荒之灾，毛泽东敢做别人想做而不敢做的事，为穷人出头。在外，对族长说“不！”在家里，毛泽东对父亲也敢说“不！”不同情父亲贩卖的大米被抢。毛泽东的父亲就是做大米生意的。一次，在转运大批粮食去城里的途中，粮食被穷人扣留了。毛顺生非常生气，怒不可遏。毛泽东并不同情父亲。

在公正与正义上，族长毛鸿宾，扒仓抢粮者毛承文和在家族论家法场上仗义直言者毛泽东，三者之间，自然各有公道。即便说毛承文抢粮不对，族长也应在灾荒之年将屯积的粮食，发放救灾，可族长没有这么做，失了道德分。一说是族长不发放粮食，是为了准备修族谱筹措资金，无论如何，人命关天，不可不关注。毛泽东则站在民以食为本，救灾是第一要务，先解决人的生活，其它问题可想办法解决。自然，人心的天平倾向了受害者一方。

在毛氏家族里，毛泽东是第一个，也是家族历史上第一次有人敢无视家规族法，在毛氏宗祠，公开与族长对抗的人。毛顺生非常生气，又一次将毛泽东从私塾学堂停学，强行安排毛泽东到湘潭一家米店当学徒，遭到毛泽东坚决反对。这时，毛泽东了解到湘乡县有所新式高等小学，向父亲提出到那里去读书，父亲也自然是针锋相对，坚决反对，要将毛泽东赶出家门。

### 3，设计劝父 出关上学

常言道，百闻不如一见。毛泽东听说的新式学堂，是外婆家湘乡县的东山书院改办的东山新式高级小学。晚清六君子之一的谭嗣同也称："湘乡改东山书院之举，又继之以起，趋向亦渐变矣。"不过，也听说，东山学校的乡土观念很重，一般不接纳湘乡以外的人。当然，毛泽东的母亲是湘乡人，毛泽东自然也算半个湘乡人。

首先，毛泽东象往常一样，从母亲工作做起，说服母亲。母亲文七妹自然是同意儿子上学读书的。在母亲的帮助下，毛泽东请来乡里族内可能说动父亲毛顺生的人，劝解毛顺生回心转意，让儿子去读书。

父亲毛顺生也明白，读书当然好。尤其是他的一场官司，本来是他有理，有几分胜算的官司，竟被对方几句引经据典的话，给搞输了，心里也一直窝着"火"。

毛泽东请来的人，都是乡里的贤士和在族内有名望，受过良好教育的人，如毛宇居、毛麓钟、李漱清等，和毛泽东是师生关系。这些人，设身处地的为毛顺生着想说，东山学堂是朝廷支持的新学堂，开设有算术课，经商也离不开算帐。三伢子(毛泽东的别名—作者注)聪明，有出息。应该特别提出，毛泽东外婆文家在劝学中，发挥了举足轻重的作用。据毛泽东的表兄文运昌回忆，"我父亲来到南岸，与姑父讲起石三(伢子)读书一事。我父亲说：还是要送他去读书为好，……

赶快去，莫耽误了时间。我来是劝你们送他上东山这个洋学堂，同我家运昌一起去读书的。姑父动了心"。

可贵的是，毛泽东外婆家不仅是言语相劝，还在行动上支持。毛泽东从母亲文七妹婆家筹到一笔钱，一部分用来支付雇工顶毛泽东做活的工钱。一部分用来支付毛泽东读书的学费。当然，还有一个说法，毛顺生担心毛泽东上洋学校—东山学堂—读书，负担不起。是毛泽东的表兄王季范拍胸脯保证，承担毛泽东的学习经费。王季范对毛顺生说："姨父，那不要紧！到东山学堂去读书，不要太多的钱，只要交一千五百文铜钱，连伙食费都有了。至于说到其他的用度，（姨）侄儿我包下来了。"王季范财大气粗，毛顺生心里有普，能说得出、就做得到，只是会心地笑了笑，不再说什么了。湘乡市《文史资料》还“补充”说：后来，王季范果不食言，一次从家里拿出一百元大洋，作为毛泽东读书学费。

就这样，毛泽东肩挑着简单的行李和心爱的古典文学小说《水浒传》，《三国演义》等，踏上去洋学校—东山学堂的求学征途。

## 二，出关立誓 东山较劲

这是毛泽东第一次走出韶山，出乡关，他心潮翻滚。在离开韶山去东山上学前，毛泽东改写日本和尚月性的《将东游题壁》诗一首，作为离别韶山的《赠父诗》：

“孩儿立志出乡关，学不成名誓不还。埋骨何须桑梓地，人生无处不青山。”

毛泽东以诗明志，话虽不多，一腔热血尽在诗里面了。

毛泽东用扁担挑着行李来到东山。一进学校，在注册时就遇到一个意外插曲。毛泽东来到校长办公室，开门见山地说，“先生，你会让我在你的学校里读书吗？”

校长看着眼前的青年，严肃地问，“你叫什么名字?”

“先生，我叫毛泽东。”

校长没有立即答应是否接受毛泽东入学读书，而是让毛泽东先做入学考试的作文：“言志”。毛泽东接过试题，略加沉思，提笔疾书，将自己求学救国的志愿一展无遗。校长李元甫阅后，大加赞赏说：“我们学堂取了一名救国材。”（萧三（即萧植蕃，又名子璋）：《毛泽东的少年时代和初期革命活动》，中国青年出版社1980年版）。

看完答卷，校长只是讲了一些学校的规矩，以及学校录取学生的要求，如16岁的年龄过大，没学过算术和地理，字写得不好，并准许他逐条进行反驳。好在，有在场的一位老师的打圆场，帮助说话。毛泽东如愿以尝，得到了试读5个月的许可。

在那时，乡土观念很重。毛泽东在东山学堂读书，一走进校门，就显得很“出众”：身材高挑，衣着不整。毛泽东说，“我以前从未看见过那么多的儿童聚在一起。他们大多是地主的子弟，穿着华丽的衣服；很少有农民能将他们的子弟送到那样一个学校去读书。我穿得比旁的学生都蹩脚。我只有一套象样的袄裤。”“许多有钱的学生都轻视我，因为我常穿破烂的袄裤。”

其次，湘乡人地域观念重，结团伙，不用说毛泽东不是湘乡人，就是湘乡人恐怕也不见得好到哪儿去？！因为，在湘乡“生长的学生”也又分为上区、中区，与下区，上区的学生与下区的学生不断地打架。毛泽东被当地学生瞧不起，自然在情理之中了。毛泽东感到很郁闷。后来，在同到延安访问的斯诺谈话时回忆说，“结果三区的人都看不起我。我精神上感觉十分苦痛。”

当然，所幸的是毛泽东在心底里就不信这个“邪”，一定要学出个模样来。几个月下来，毛泽东觉得自己有了长足进步。而且，毛泽东还有意外收获，“教员都喜欢我，尤其是教经书的，因为我古文作得不错。”这是其一。

其二，毛泽东第一次接触到湘潭以外的大世界。最使毛泽东难忘的是，表兄送给他的两本书。一本是关于康有为改革运动的书。一本是梁启超编的《新民丛报》。毛泽东深深地被书吸引了，读了又读，一直到“能够背诵出来。”《新民丛报》是毛泽东有生以来看到的第一份丛报，也从此养成了看报的习惯。

其三，了解中国以外的世界，初识日本。东山学堂是所新校，不仅讲经书，还学习经书中学不到的学问。学校里有一个教员是日本留学生，头上戴着“假辫子”，学生都叫他“假洋鬼子”。日本教员教英语和音乐。在音乐课上，毛泽东学过一首叫做《黄海之战》的日本歌。毛泽东说，我记得当中几句很美的句子：

麻雀唱歌，夜莺跳舞，
春天的绿色田野何等可爱。
石榴花红，杨柳叶青，
正是一幅新鲜的图画。

歌词展现出日本战胜俄国的光荣和武功的发扬，是打破了西方列强不可战胜的谎言的颂歌。毛泽东说，“我没有想到还有一个野蛮的日本—我们今日所知道的野蛮的日本。”(斯诺：西行漫记)

其四，毛泽东认识了中国，在新皇宣统“溥仪”已统治了两年的时候，我才最初听到皇帝“光绪”与慈禧太后都死去的消息。不过，那时的毛泽东还不是“一个反君主的人。”毛泽东说，“老实说，我认为皇帝以及大多官吏都是诚实、良好，和聪明的人。他们只需要康有为的变法就行了。我心醉于中国古代的著名君主—尧舜、秦始皇、汉武帝的史实，读了许多关于他们的书籍。”

在东山学堂，5个月“试读”下来，成绩优异，学了许多从没学过，从未听说过的东西，而且交了几个好朋友。毛泽东用自己的行动证明了自己，自己的实力。学校已正式同意接受毛泽东为东山学校的学生。

不过，毛泽东又开始了新的人生思考。

## 三，崇拜康梁 革新民质

毛泽东早年，直到16岁，一直生活在交通不便，消息闭塞的韶山冲或临近山区。知识的主要来源：一是经典的经史子集，一是中国古典通俗文学小说，游侠思想。要说这两方面的知识，中国文化主流思想即孔孟之道及诸子百家，中国文化的非主流思想即通俗文学的游侠思想，前者是正统的，从家庭到学校，“灌输”的都是这一套。后者通常是民间自发，主动汲取，自觉接受的。毛泽东自己回忆儿时的生活学习时说：“我读过经书，可是并不喜欢经书。我爱看的是中国古代的传奇小说，特别是其中关于造反的故事。”

至于为什么会这样？值得所有人思考！但是，这不能说明，毛泽东就不喜欢读中国传统文化思想。相反，毛泽东对中国文化的关注和投入，又是毛泽东一生最大的嗜好！

在讲毛泽东早期思想的形成，发展，成熟时，有两个人不能不说。他们是：康有为和梁启超，简称“康梁。”康梁是中国近代史上著名的政治家，思想家，改良家。毛泽东接触康梁纯属偶然。是在湘乡县东山高级学堂读书的时候，一个偶然的机会从表兄那里得到两本杂志。毛泽东回忆说：“当时我正在读表兄送给我的两种书刊，讲的是康有为的维新运动。其中一本叫做《新民从报》，是梁启超主编的。这些书刊我读了又读，直到可以背出来，我那时崇拜康有为和梁启超。”

康有为的大同书，同他的戊戌变法有着明显的连带关系。可以说，康有为能投身变法，不是一时冲动，是由其大同思想理论指导使然。趙元良认为，“一部乌托邦作品无论如何总会有批判现实的意义，大同书在这一点上做得尤为出色。而且，在千年来止步不前的中国构建一种明确的乌托邦理想，显然比在充满救世传说的西方更有开创性。”(赵元良：大同书—乱世中的乌托邦)。中国自秦以降，两千多年来，一直在封建的怪圈里循环，大同书直指封建制度统治的社会基础，摈弃传统关于家庭的纲常伦理，自然是在为当时的戊戌变法鸣锣开道。这里，简述毛泽东对康有为和梁启超的认识和崇拜。

## 1，康有为

毛泽东崇尚共产主义，或说社会主义，但对西方的乌托邦不甚有兴趣，却独钟情于康有为的大同书。应该不是一时兴起，而有其内在之理所为。康有为的大同书，是以仁义为基调，以公有为方略，以世界为一体，以平等为目标，以人文关怀为宗旨，书写出的一部他心中的抱负与对未来社会的向往，极具东方色彩的大同社会—空想社会主义。康有为虽是孔学门徒，却能毫不顾忌中国传统，直言打破“家庭”，是对封建制度的反动。康有为的这些离经叛道的思想，毛泽东无疑是赞同的。所以，毛泽东说，康有为提出了中国式的大同思想，但没有找到实现大同的途径，毛泽东接过康有为的历史重任，并为之实现进行了社会实践。

大同，是毛泽东一生奋斗的终极目标。这种思想的起源，可追述到1917年8月23日，毛泽东致良师益友黎锦熙的信中说得明明白白。毛泽东在信中说：“大同者，吾人之鹄也。立德、立功、立言以尽力于斯世者，吾人存慈悲之心以救小人(意指人民。作者注)也。”

由此可见，康有为在毛泽东心中的份量，绝非常人能比，

### 1)，康有为作为改革家

康有为（1858—1927年），广东省南海县丹灶苏村人，人称康南海，中国政治家、思想家、教育家，改革家，光绪廿一年（1895年）进士。1898年，曾与弟子梁启超合作戊戌变法，失败，流亡国外。辛亥革命后，康有为在1913年回国，定居上海辛家花园。毛泽东称，康有为是中国近代史上“先进的中国人。”(毛泽东：《论人民民主专政》。《毛泽东选集》合订本，第1358页，1968年)。

毛泽东对康有为的赞誉，应首推康有为在戊戌变法运动中的作用和影响。革命与改革，过去是，现在是，将来也必然是中国未来发展过程中，必须做出的选择。

20世纪初，中国当时面临的是革命与改革的选择，孙中山的革命抢占滩头，辛亥革命先声夺人，一举推翻清王朝，建立了中国的共和政体。中国思想界著名学者李泽厚则有不同看法。李泽厚认为："当时中国可以有两种选择：一是康、梁所主张的'君主立宪'之路；一是孙中山主张的暴力革命的道路。现在看来，中国当时如果选择康、梁的改良主义道路会好得多，这就是说，辛亥革命其实是不必要的。"（李泽厚、刘再复：《孙中山评说》）(干春松：从康有为到李泽厚)。

康梁对毛泽东的影响自不必待言，这是谁都知道的事，到底有多大？ 又是谁都想知道的事！就年轻时的毛泽东而言，康有为在毛泽东的印象中，无疑是座山峰，尤其是康有为的改革家的形象。晚清末年，是康有为不断对晚清朝廷多次上书（包括代人起草）、进呈书籍，支持和推动了光绪皇帝变法，使光绪皇帝的变法有了比较明确的发展方向，使变法步入政治层面，具有了比较鲜明的资产阶级色彩。这在中国近代史上重重写下不可磨灭的一页。

这时，很显然，康有为是以一位改革家，政治家的形象出现在毛泽东的脑海里。这可作为毛泽东认识康有为的最早证据。

2)，康有为作为思想家

康有为作为思想家对毛泽东的影响远比作为改革家的影响大而深远。换句话说，毛泽东一生受过许多思想的影响，但象康有为这样作为思想家和他的名著《大同书》，能影响了毛泽东一生生活活动的人，却少之又少。

可以说，康有为倾注他大半生心血的《大同书》，是在他27岁时的1884年开始撰写的一部代表他思想的杰作(成书时间尚有争论，此不赘述。作者注)。《大同书》的基本思想，是康有为深厚广博的中国传统思想"三世说"的演化，揉合西洋的乌托邦思想，结合中国社会现实，为未来描绘的一幅超国界，超阶级，超人类和超时代的理想社会的蓝图(张恒俊：论康有为《大同书》的特征)。虽说，康有为撰写大同书时间可能始于1884年，但作者并没有固守那时的见解。我们现今看到的大同书，应该是康有为自撰写以来，随时间变化，社会进步，西方社会发展的新思想，尤其是欧美的乌托邦思想，不断修改，充实，完善的作品。以前，一直有人认为，大同书是康有为一人的杜撰，完全是中国特色的"乌托邦"。现在看来，这已不符合历史真实。这就是说，大同书中的很多思想，明显带有西方乌托邦思想，社会和自然科学影响的痕迹(这里不必多述。因为，这不是本书要讨论的议题。作者注)。但必须说明，康有为的大同书的理念和实用价值，都远远超过当时世界上任何一个乌托邦对未来所描绘的人类理想境界。

康有为在《大同书》写就之后，一直不肯示于人。在他生前的1913年，只在他主编的《不忍》杂志上发表了其中的"甲、乙两部。"后来，在1919年印成单行本。大同书全文于1935年才由中华书局出版，其时作者已经去世八年了。

大同书是什么？梁启超是康有为的弟子，是少数最早看过“大同书”的人之一。梁启超在《清代学术概论》中，就大同书关于人类理想社会内容概括说：“一、无国家，全世界置一总政府，分若干区域。二、总政府区政府皆由民选。三、无家族，男女同栖不得逾一年，届期须易人。四、妇女有身者入胎教院，儿童出胎者入育婴院。五、儿童按年入蒙养院及各级学校。六、成年后由政府指派分任农工等生产事业。七、病则入养病院，老则入养老院。八、胎教、育婴、蒙养、养病、养老诸院，为各区之最高设备，入者得最高之享乐。九、成年男女，例须以若干年服役于此诸院，若今世之兵役然。十、设公共宿舍，公共食堂，有等差，各以其劳作所入自由享用。十一、警惰为最严之刑罚。十二、学术上有新发明者及在胎教等五院有特别劳绩者，得殊奖。十三、死则火葬，火葬场比邻为肥料工厂。”(转引自：苗祺辉：毛泽东的“大同”思想)。

在康有为笔下，人类不分国家，地区，阶级，富人，穷人，儿童，妇女，工人，农民，军人，商人，教授，学生，都是一个受苦的人类。康有为以一幅教主(救世主)的态度，要引导人类走出苦难，进入人类理想世界。康有为自述说：“大同之道，至平也，至公也，至仁也，治之至也，虽有善道，无以加此矣。”(《大同书》8页)，意即一个人人独立、自由平等的世界。在这个世界中，国家的界限都消灭了，阶级没有了，只有一个统一的政府。各种族都混合了，只有一个种族。男女一律平等，家庭的界限也没有了。农工商都为社会底公产。“不平、不通、不同、不公”的法律，都废除了。普爱众生，“人与鸟兽虫鱼之别”，也没有了。这样的世界，“去众苦，至极乐”，生在这个世界中的人，“浩然自在，悠然至乐，太平大同，长生永觉”(同上52页)。

毛泽东很是崇拜康有为，虽也说过“今之论人者，称袁世凯、孙文、康有为而三。孙、袁吾不论，独康似略有本源矣。然细观之，其本源究不能指其实在何处，徒为毕言炫听，并无一干竖立、枝叶扶疏之妙”(毛泽东致黎锦熙信，1917年8月23日)。似乎说，康有为并没有弄懂“本源”之真谛，但对康有为的大同书却十分欣赏。很可能，毛泽东在湖南一师时就已读过已发表的大同书。毛泽东在《伦理学原理》批语中，将“国家”列为恶魔时说：“凡有压抑个人，违背个性者，罪莫大焉。故吾国之三纲在所必去，而教会、资本家、君主、国家四者，同为天下之恶魔也。”这显然是受到大同书“欲去国害必自弭兵破国界始”，后“立(世界)公政府以统各国为大同之中”的影响。

康有为在大同书中，依据《春秋公羊传》说，把社会的发展分作据乱世、升平世、太平世“三世”之说，毛泽东在致黎锦熙的信(1917年8月23日)中已提及，并写道：“孔子知此义，故立太平世为鹄，而不废据乱，升平二世。”

引入注目的是，毛泽东不仅赞同康有为的理念，还在改造社会中利用康氏理念指导实践。1919年12月，毛泽东在《湖南教育月刊》上发表《学生之工作》一文中说：“合若干之新家庭，即可创造一种新社会，新社会之种类不可尽举，举其著者：公共育儿院，公共蒙养院，公共学校，公共图书馆，公共银行，公共农场，公共工作厂，公共消费社，公共剧院，公共病院，公园，博物馆，自治会，合此等之新学校，新社会，而为一‘新村’。吾以为岳麓山一带，乃湘城附近最适宜建设新村之地也。”可见，毛泽东当时所梦想的“新村计划”里的一些具体设计，都或多或少地带有康有为《大同书》的痕迹。

1949年6月30日，在纪念中国共产党成立28周年时，毛泽东发表了重要文章—《论人民民主专政》。在回顾中国近百年历史时，毛泽东称康有为是“先进的中国人”，并特别指出：“资产阶级的民主主义让位给工人阶级领导的人民民主主义，资产阶级共和国让位给人民共和国。这样就造成了一种可能性：经过人民共和国到达社会主义和共产主义，到达阶级的消灭和世界的大同。康有为写了《大同书》，他没有也不可能找到一条到达大同的路。……唯一的路是经过工人阶级领导的人民共和国”（毛泽东：《论人民民主专政》。《毛泽东选集》合订本，第1360页，1968年）。有意思的是，毛泽东没有指出大同书的现实实行的可能性，只是惋惜康有为只提出大同理想，没有找到通向或实行大同理想的道路。

1958年，中国开始了人民公社化运动。是年8月，毛泽东视察河北徐水。中共中央农村工作部副部长陈正人来到徐水，在传达中央要在徐水搞共产主义试点的有关指示时，同时把康有为的《大同书》连同《共产党宣言》一道推荐给当地干部学习。可见，在建国后，尤其在社会主义建设时期，《大同书》在毛泽东和中央领导心中的地位。如果说，《共产党宣言》是中国共产党的政治思想纲领，那么康有为的《大同书》就几乎成了要在中国搞社会主义的纲领。不幸的是，这部超越时代的大同书，没有给中国带来好运。相反，却是让几千万人付出了生命的代价。这当然是莫大的讽刺。同样，自以为找到了实现康有为大同理想之梦的人，也只是一个梦，或许永远也只是一个梦而已。

康有为的大同书，不仅在中国没有实现，在国际共产主义运动中也只是个梦，一个失败的梦。康有为《大同书》中的提出的“中国江南之宜稻，河北之宜麦，江浙之宜桑，四川之宜药，广东之宜花果，北口外之宜畜牧，沿海之宜盐”主张，在苏联主导的社会主义阵营或大家庭里，部分地实现了无国界的主张，经济上各社会主义兄弟国家分工，分别生产不同产品的计划和政策，也都遭到厄运，人民的生活不是富裕，繁荣。从而，加速了国际共产主义的衰亡。

中国的实践，国际共产主义的实践表明，要想实现康有为的大同理想，还有遥远的路要走，或许永远都只是一个梦！

## 2，梁启超

东山学堂是毛泽东一生最重要的转折点。入学东山学堂前，毛泽东读的都是经书和古典通俗游侠小说，对中国的认识停留在传统的层面上，按毛泽东的说法是：“我认为皇帝象大多数官吏一样都是诚实、善良和聪明的人。”(斯诺：西行漫记)。入学东山学堂后，表兄文运昌借给他由梁启超主编的一本叫做《新民丛报》的书，使他耳目一新，开始了人生的新思考。

曹聚仁在《中国学术思想史随笔》中说：“过去半个世纪的知识分子，都受了他(梁启超。作者注)的影响。”梁漱溟评价说：“当任公(梁启超)先生全盛时代，广大社会俱感受他的启发，接受他的领导。其势力之普遍，为其前后同时任何人物—如康有为、严几道(复)、章太炎、章行严(世钊)、陈独秀、胡适之等等—所赶不及。我们简直没有看见过一个人可以发生像他那样广泛而有力的影响。”(《纪念梁任公先生》，《梁漱溟全集》第六卷，山东人民出版社出版社1993年，第428页)。这一评价，梁启超当之无愧。早年的毛泽东，正是从崇拜梁启超，开始步入救亡图存的历史洪流。要论梁启超对毛泽东的影响，应该是多方面，多层次，既深远，又长久。

1)，政治变革，世人楷模

梁启超师从康有为，22岁时随康有为公车上书，成为士子领袖，名噪一时。1898年，梁启超在25岁时以维修变法之雄风而成为中国耀眼的政治明星。梁启超写诗称：“十年之后当思我，举国欲狂欲语谁”。诗生动地刻画了梁启超当时走红指数与巨大的影响力。

在当时，梁启超的名字不仅震撼清廷朝野，也遐迩海内外。梁启超三个字对一个刚从韶山山冲走出来的叛逆者来说，无疑是一种壮举，心中羡慕的英雄。如果说古典小说的游侠绿林好汉只是过去的故事的话，那么现实生活中敢向皇帝进言，宣扬改革朝政的青年才俊梁启超，就是毛泽东心中的英雄，崇拜的偶像。这一点，无可争议。从接触到《新民丛报》的那一天起，毛泽东对梁启超的美好印象，在相当长的一段时间里，不仅没有丝毫减弱，反而呈加强趋势。

这不难理解，毛泽东从小就是一个现实秩序的叛逆者，在学校不服管教，敢对私塾先生的体罚，责问，打骂学生的旧教学体制说“不！”在家里敢对父亲的苛刻，蛮横，父权等封建礼教说“不！”当族长不顾饥荒，民不聊生，不仅不发粮救灾，反而公开处罚吃大户的族人，在祠堂召开大会，准备严惩，将毛氏家族农民沉塘致死，无人敢站出来说句公道话时，是毛泽东挺身而出，要求囤积粮食，不顾族人生活的族长讲道理，天下公理何在？！是毛泽东救了即将被处死的农民。毛泽东也为此付出代价。父亲毛顺生认为，毛泽东大逆不道，得罪了族长，给家人丢了脸，没面子，一气之下停止了毛泽东的学业，让毛泽东离开了学校。一个不满17岁的青年，毛泽东的叛逆性格，造就了一幅敢反对不合理现实的勇气。梁启超的行为举止，正好成为青年毛泽东的榜样。

1915年初，袁世凯阴谋复辟帝制，想当皇帝。梁启超深知袁世凯的奸计，竭力反对袁世凯称帝，一方面联合蔡锷维护宪法，组织护国战争，一方面撰写文章，揭露抨击袁世凯的卑劣行径，举国上下，影响深远。毛泽东身在湖南一师读书，却心系天下，密切关注袁世凯称帝和梁启超反对称帝的斗争，组织学友会将梁启超、康有为、汤化龙三人关于反袁及时局的文章编印成册，广为散发、宣传，支持梁启超的护国运动。

这时候，毛泽东以梁启超为楷模，敢为天下先，公开反对现行社会制度，已开始显现毛泽东一生“虎气”为主的气质。

2)，立新民说，改造民质

新民说是梁启超在维新变法失败后提出来的重要学说。1898年，梁启超参与的维新变法失败。是年9月，梁启超流亡到与中国一衣带水的东方邻国—日本。如果说，年轻的梁启超在维新变法前有一份冲动的话，那么维新变法后又增添了一份沉静和思索。流亡在日本的梁启超，思想认识得到升华，不只是看到国家的腐败，也看到国民的愚昧。这种换个脑筋想问题的思维，促使梁启超肩负起中国启蒙教育的重任。毛泽东在东山学堂时看到的《新民丛报 》是梁启超到日本后主办的第二份刊物。第一份刊物叫《清议报》，宗旨是"倡民权"、"衍哲理"、"明朝局"、"厉国耻"。1898年12月创刊，1901年底停刊(李锐：毛泽东：峥嵘岁月)。

1902年2月，梁启超又在日本横滨创刊《新民丛报》。需要说明的是，梁启超在日本主编的这两本刊物，在清朝统治的中国都是禁止发行的。因为，在政治上，两者都是鼓吹保救光绪皇帝，反对慈禧太后，主张君主立宪。梁启超新民思想的形成和成熟，就是在主编《新民丛报》期间完成的。《新民丛报》于1907停刊。梁启超以中国现实为基础，着力宣传鼓吹西方资产阶级政治文化道德，提出欲变革中国，必须改造国民素质的思想学说。梁启超说："余为《新民说》，欲以探求我国民腐败堕落之根源，而以他国所以发达进步者比较，使国民知受病所在，以自警告，自策述"(《新民议》，文集之七，第105页)。((转引自：章继光：梁启超对早年毛泽东的影响)。梁启超称，中国社会变革要成功，必须有群众基础，人民的支持，提出今日中国变革的第一要务就是革新民质。在封闭已久的中国，梁启超的"新民说"象春风一样，很快吹遍中国大地，冲击中国的传统思想文化，揭开一个新时代的序幕。

"新民说"成为当时中国变革，未来发展走向的纲领，"国民性改造"成为"五•四"前后中国知识界的热门话题。胡适在《四十自述》中谈及受梁启超教益时说："《新民说》诸篇给我们开辟了一个新世界，使我彻底相信中国之外还有很高等的民族，很高等的文化。"毛泽东称为文化革命旗手的鲁迅，严厉抨击国人的奴隶根性是"哀其不幸，怒其不争"，显然也受到梁启超的启迪。1925年3月，鲁迅在给许广平的信中写道："此后最要紧的是改革国民性，否则，无论是专制，是共和，是什么什么，招牌虽换，货色照旧，全不行的。"

1910年，毛泽东第一次看到的《新民丛报》，是已停刊数年的旧期刊。但是，这不要紧。《新民丛报》对别人也许是旧的，可对毛泽东而言，则是全新的。毛泽东一下子被《新民丛报》吸引住了，爱不释手。用毛泽东自己的话说，"我读了又读，直到差不多背得出来了。我崇拜着康有为和梁启超"。梁启超，号任公，毛泽东曾以"子任"为自己的笔名，以示景仰。

毛泽东受梁启超"新民说"的启发和振奋，在日后的学习中得到发挥和应用。1912年春，毛泽东以第一名考试成绩入学长沙省立一中。在学校举办的作文竞赛上，毛泽东以一篇题为《商鞅徙木立信论》的作文，深得学校校长符定一和老师们的赞誉并获奖。现在，省立一中已立碑将全文刊行，立于学校，以示纪念。毛泽东以“论”为要义，将古老的“商鞅徙木立信”故事翻新，以史为鉴，开门见山地评论说：

“吾读史至商鞅徙木立信一事，而叹吾国国民之愚也，而叹执政者之煞费苦心也。而叹数千年来民智之不开，国几蹈于沦亡之惨也。谓予不信，请罄其说。”

嗣后，毛泽东逐一展开说：

“法令者，代谋幸福之具也。……政府国民互相倚系，安有不信之理？法令而不善，则不惟无幸福之可言，且有危害之足惧，吾民又必竭全力以阻止此法令。虽欲吾信，又安有信之之理？乃若商鞅之与秦民，适成此比例之反对，抑又何哉？”

“商鞅之法，良法也。……鞅当孝公之世，中原鼎沸，战事正殷，举国疲劳，不堪言状。于是欲战胜诸国，统一中原，不綦难哉？于是变法之令出。……此诚我国从未有之大政策，民何惮而不惊？乃必以徙木以立信者，吾于是知执政者之具费苦心也，吾于是知吾国国民之愚也，吾于是知数千年来民智黑暗，国几蹈于沦亡之境有由来也。”

结束时，毛泽东不无感概的地说：“吾特恐此徙木立信一事，若令彼东西各国文明国民闻之，当必捧腹而笑，嗷舌而讥矣。乌乎！吾欲无言。”

由此，可见毛泽东与梁启超同心，同叹国民素质之愚，欲抱革新民质之心。《商鞅徙木立信论》是目前能看到的毛泽东最早的文章，足见毛泽东对革新民质思想的思考与看重。在随后的读书学习中，改造新民一直是毛泽东一生革命的重任。

1917年8月23日，毛泽东致信黎锦熙说：“近顷略阅书报，将中外事态略为比较，觉吾国人积弊甚深，思想太旧，道德太坏。夫思想主人之心，道德范人之行，二者不洁，遍地皆污。盖二者之势力，无在不为所弥漫也。思想道德必真必实。吾国思想与道德，可以伪而不真、虚而不实之两言括之，五千年流传到今，种根甚深、结蒂甚固，非有大力不易摧陷廓清”。

1918年，毛泽东在欲将志同道合的同学组织起来，成立一个革新社团的时候，就以“革新学术、砥砺品行、 改良人心风俗”为宗旨，起名叫“新民学会。” 参加新民学会的人，后来大多成为毛泽东革命的重要力量。

晚年时，毛泽东仍以改造国民为己任，号召人民“向雷锋同志学习”，开展政治学习，斗私，灵魂深处闹革命，做共产主义新人。这不能不说，毛泽东对人的思想的改造是何等的重视！

### 3)，以新民体，大展宏图

梁启超生活的时代，还是一个八股文横行的时代，且以桐城派为正宗。白话文是“五四运动”以后的事。中国人古文的咬文嚼字，实在晦涩难懂，文言文叫普通人会想不会说，会说不会写。晚清时期，惟有梁启超写文章时，不顾古训，随心所欲，借口语化之力，以充满激越的文字，将满富情感的思想，以磅礴的气势，时夹以俚语、韵语及外国语法，一挥而就，通俗易懂，形成了梁启超独特的新闻写作的新的散文体体裁。因为，这些体裁的文章发表在《新民丛报》上，故称之为“新民体。”梁启超在《清代学术概论》中说：新文体“至是自解放，务为平易畅达，时杂以俚语、韵语及外国语法，纵笔所至不检束；学者竞效之，号新文体；老辈则痛恨，诋为野狐。然其文条理明晰，笔锋常带情感，对于读者，别有一种魔力焉”。黄遵宪称赞《新民丛报》文章是：“惊心动魄，一字千金，人人笔下所无，却为人人意中所有，虽铁石人亦应感动，从古至今文字之力之大，无过于此者矣。”（光绪二十八年四月《致饮冰室主人书》）。所以，胡适说：“梁先生的文章…… 使读者不能不跟着他走，不能不跟着他想！”（转引自：《民国大腕》试读：青年毛泽东最推崇的一位民国通才）。

毛泽东入学省立一中，柳潜先生是毛泽东的国文指导老师，也很是推崇梁启超的文章和写作风格。在学校组织的作文竞赛中，要求的就是论说文。比赛前，校长符定一要求柳潜特别训练毛泽东的写作能力。毛泽东不负学校众望，比赛作文《商鞅徙木立信论》一举夺魁。校长符定一批阅“传观”，作为样本在学校传读。可见，毛泽东学习梁启超新民体，写文风活泼，感情充沛，思想性，煽动性极强的文章，且卓有成效。

中国语言文字革新，梁启超是第一个用白话文，或半文半白话文，笔行报端，传情送感，震撼民众心灵的人。毛泽东深受感染，最得梁氏新民体真传，是应用最好的人。试看：毛泽东在《湘江评说》上抨击时政时说；“天下者，我们的天下；国家者，我们的国家；我们不说谁说？我们不干谁干？”

毛泽东以现代语言，以人民当家作主的口气，将千百年来的忧国忧民的革命家气质发挥的淋漓尽致。建国前夕，毛泽东在中共在河北西柏坡召开党的七届二中全会上满怀自信地说：“我们不但善于破坏一个旧世界，而且善于建设一个新世界。”这些充满激情，充满自信的文字，鼓舞着中国共产党人和人民向着胜利前进。

关于毛泽东语言文字能力和水平，中国白话文之父胡适有个一个评价。胡适说：“共产党里白话文写得最好的还是毛泽东！”有人曾做过一个比喻，蒋介石善用文言文，毛泽东善用白话文。蒋介石的几百万军队，不是毛泽东用枪杆子打败的，而是用白话文的几句口号打败的。历史是不是这样，仁者见仁，智者见智。值得品味。

1958年4月8日，在武昌毛泽东同吴冷西和田家英谈话，在谈及梁启超的思想转变、办报艰辛与文章风格时，称梁氏“是当时最有号召力的政论家”，其文章“一反骈体、桐城、八股之弊，清新平易，传诵一时”。（毛 胜：毛泽东读谈梁启超：从尊崇效仿 到批判扬弃）。毛泽东晚年还说，当年“受到梁启超办的《新民丛报》的影响，觉得改良派也不错，想向资本主义找出路，走西方富国强兵的路子。”

4)，追求民权，厘清国是

20世纪初，在日本横滨办的《新民丛报》上，梁启超发表了一系列《新民说》的论文，分20个专题，论述了自由、民主、权利、义务、社会道德、社会组织、国家思想、尚武精神、个人自尊、新民素养等重要的社会理论问题。毛泽东读了梁启超的新民说，有如醍醐灌顶，茅塞顿开，一下子明白了许多道理。

在毛泽东读的《新民丛报》（第四号）上，梁启超发表了他的《新民说》第六节“论国家思想”。关于“国家思想”，当时对很多人而言，都是个理不清的糊涂概念。梁启超能够站在历史的前沿，论述国家与朝廷之间的关系，高瞻远瞩，确有先见之名。

梁启超论述说：“国家如一公司，朝廷则公司之事务所；而握朝廷之权者，则事务所之总办也。国家如一村市，朝廷则村市之会馆；而握朝廷之权者，则会馆之值理也。……两者性质不同，而其大小轻重自不可相越。故法王路易十四‘朕即国家也’一语，至今以为大逆不道，欧美五尺童子闻之莫不唾骂焉。……夫国之不可以无朝廷，固也，故常推爱国之心以爱及朝廷，是亦爱人及屋爱屋及乌之意云尔。若夫以乌为屋也，以屋为人也，以爱屋爱乌为即爱人也，浸假爱乌而忘其屋，爱屋而忘其人也，欲不为之病狂，不可得也。固有国家思想者，亦爱朝廷。而爱朝廷者未必皆有国家思想。朝廷由正式成立者，则朝廷为国家之代表，爱朝廷即所以爱国家也。朝廷不以正式而成立者，则朝廷为国家之蟊贼，正朝廷乃所以爱国家也。”

毛泽东在梁启超的话旁边作了批语，不只是简单的赞同，而且根据西方的政治思想文化，有了更深层次的认识，将国家与人民认同联系起来，与人心向背连在一起。毛泽东这样写批语说：“正式而成立者，立宪之国家也。宪法为人民所制定，君主为人民所推戴。不以正式而成立者，专制之国家也，法令由君主所制定，君主非人民所心悦诚服者。前者，如现今之英日诸国；后者，如中国数千年来盗窃得国之列朝也。”至此不难看出，毛泽东已有了比较明确的国家体制的概念，将国家分为专制与非专制两个类型。这无疑是对梁启超“国家”概念的延伸和解读！

# 第七章 求学长沙一，动荡人生 选学彷徨

## 1，萌生去意 走进长沙

在东山学堂，毛泽东生活学习，不仅使一些瞧不起他的富家子弟佩服，更受到东山学堂老师的赞赏。在众多的老师中，一位年至中年名叫贺岚岗的老师格外引人注目。贺岚岗是毛泽东东山学堂读书时的史地老师。

贺岚岗青睐毛泽东是有原因的。因为，东山学堂是一所新式学堂，不仅教授中国传统的经史，还讲授经史以外的课，如算术，音乐，地理。这些都是毛泽东出乡关前，闻所未闻的新鲜事。同时，毛泽东也是第一次远离韶山，出乡关，只身到数十里以外的地方—东山求学，这些被贺岚岗看着眼里，记在心上，经常在课余时间找毛泽东，从生活到学习给予必要的帮助。毛泽东是个自尊心，自信心，自悟性极高的学生，不负贺岚岗老师的希望，进步很快，学习成绩经常名列前茅，尤其是毛泽东擅长的经史和贺岚岗老师教授的地理。

一段时间下来，贺岚岗觉得毛泽东的实际学识，出类拔萃，东山学堂说是新式教学，但落后的封建思想意识还很顽固，不适宜毛泽东继续读下去。恰好这时，贺岚岗得到了邀请他到长沙湘乡驻省中学任教的信和聘书。这真是喜从天降，应了一句古语"心想事成"的吉言。贺岚岗立即将自己的想法与东山学堂的谭咏春老师和李元甫校长商讨，都认为湘乡驻省中学更适合毛泽东学习和发展。贺岚岗老师认为自己有责任帮心怀远大志向的毛泽东，在求学道路上深造，决定推荐毛泽东进湘乡驻省中学读书。

1911年春天，在辛亥革命的前夕，17岁的湘潭读书人，有人称之为儒生的毛泽东—象出乡关一样，身着打扮都没有多大变化，挑着行李来到湘潭，一路乘船走进长沙。

由于事先有贺岚岗老师的荐引，毛泽东顺利地进入湘乡驻省中学堂。毛泽东在回忆年轻时代求学经历时这样说：在东山高等小学读书时，"我开始向往到长沙去。长沙是一个大城市，是湖南省的省会，离我家120 里。听说这个城市很大，有许许多多的人，不少的学堂，抚台衙门也在那里。总之，那是个很繁华的地方。那时我非常想到那里去，进一所专为湘乡人办的中学。那年冬天，我请我的一位高小教师介绍我去，他同意了。……我几乎不敢希望真能进这所有名的学堂。出乎意料，我居然没有遇到困难就入学了。"

毛泽东在回忆中提到的"我请我的一位高小教师介绍我去"的高小老师，就是贺岚岗先生。在贺岚岗老师的引荐下，湘乡驻省中学看了东山学堂校长的推荐信，毛泽东入东山学堂写的"言志"作文，当场同意接受毛泽东入学。正如毛泽东惊喜的那样："出乎意料，我居然没有遇到困难就入学了。"

从古至今，学校就是传播知识，传播思想的圣地。长沙是湖南的省会，地处中国腹地，既是南北交通要道，又是东西贯穿的通商口岸。1911年，清朝政府内外交困，中国大地“驱除鞑虏，恢复中华，创立民国，平均地权”的呼声，是清朝灭亡前夕的千钧雷霆，湘乡驻省中学的反清情绪在怒吼，在燃烧，校内反清活动从秘密走向公开，学校反清的态度从暧昧趋向明朗，学校专门增设了时事政治课，由贺岚岗老师领衔主讲。1911年，反清风暴已成“山雨欲来风满楼”之势，贺岚岗先生站在轰轰烈烈的风暴前列，收集，整理全国反清斗争的情况与信息，向学生大张旗鼓地宣传灌输革命党人的思想和主张。

贺岚岗先生在湘乡驻省中学受命主讲时事政治课，当之无愧。因为，他思想进步，认识敏锐，在东山学堂时就是一专多能，担任过国文、修身和历史、地理等课教师，深受学校师生称道和尊敬，更可贵的是他平时对国家大事特别关心，养成读报，摘抄和整理报上一些重大事件和著名人物的生平事迹的习惯，后烂熟于心，教学谈话，往往信手拈来，应用自如。贺岚岗在湘乡学界享有“时事通”之誉。这次能受聘到湘乡驻省中学任教，自然是贺岚岗老师的实至名归。

毛泽东从湘潭到湘乡东山学堂，虽然出了乡关，但仍在山乡里头打转转，没有脱出旧式传统的束缚。在东山，毛泽东的志向已在发展，从昔日韶山私塾学堂的“天井”，只能在井里生活，“永远养不长”的小鱼儿，到进东山学堂的池塘“咏蛙”，咏出了“独坐池塘如虎踞，绿荫树下养精神。春来我不先开口，哪个虫儿敢作声?”(《咏蛙》)。古人云：诗言志。毛泽东在诗中以虎喻蛙，实则以虎喻人。君不见，1966年7月8日，毛泽东在写给江青的信中，以“虎性”自况，凸显一生“虎性”个性性格，实则是有其深刻之根基也。

在湘乡驻省中学，毛泽东从贺岚岗的时事政治课上，学习和掌握了自1840年以来，清朝腐败无能，丧权辱国，人民反帝反封建斗争，尤其是孙中山等革命党人的政治思想，革命主张，皇帝至高无上的形象被摧垮了。毛泽东在东山读书时，心中崇拜的对象—康有为梁启超的改良主义，新民学说，一直深深的刻在记忆里。上湘乡驻省中学后，毛泽东一方面注意贺岚岗老师在时事政治课上知识的汲取，一方面关注社会动态发展，思想认识和政治觉悟有了属于他个人的独特观点和看法。

可以这样说，毛泽东人生的起点是韶山，转折点在东山，发展则是在贺岚岗老师带毛泽东到长沙，到湘乡驻省中学读书这一搏。在长沙，毛泽东才可能彻底摆脱乡土束缚，走进长沙，走向全国，以致后来走向世界。可以说，贺岚岗是毛泽东走进长沙的引路人。

## 2，突发奇想 政治表态

一走进长沙，影响了毛泽东一生的又一件新鲜事发生了：毛泽东第一次看到了时事报纸— 一份由著名同盟会会员宋教仁和于右任主编的《民力报》。在那时，《民力报》是清朝末年颇具影响的报纸，以鼓吹民族主义，反对清王朝，号召国人起来推翻满清封建统治制度为己任的报纸，是孙中山宣传革命的喉舌。

毛泽东立即被《民力报》上刊载的，激动人心的信息所吸引，并成为《民力报》的忠实读者。当读到湖南人黄兴于1911年4月27日（宣统三年三月廿九日）下午5时30分，率领800 多名爱国志士举行广州起义的消息时，毛泽东格外激动，兴奋。只可惜，起义军终因寡不敌众，失败了，黄兴侥幸逃脱，72人在黄花岗遇难。毛泽东为他们不怕牺牲，为国捐躯的精神所感动。后来在回忆这段经历时，毛泽东说："宣统三年三月二十九日，黄兴在广州起事，全国震动。消息到湘，学生界中之抱革命主义者，已跃跃欲试。"可见，《民力报》对毛泽东的影响之大。毛泽东回忆说："我深为这个故事所感动，并且还发现《民力报》充满了激动人心的内容。"

世上真有无巧不成书的事。毛泽东看的第一份报纸—是宣传革命的报纸，又是刊登湖南籍革命者—黄兴领导的广州起义的革命事迹。要说对当时时事的了解和认识，新思想，新主张，这当然不是第一次。曾记否？毛泽东在东山读书时，就看过梁启超主编的《新民丛报》和康有为关于改革运动的书。但是，眼前的报纸讲的是湖南人自己的英雄—黄兴。或有甚者，起义这个名词，毛泽东听起来也并不陌生，《水浒传》中讲的不就是反朝廷吗？只是眼前发生的更贴近现实，不再是那么遥远的故事。

这份充满了火药味，刺激性的报纸，象一股巨浪，排山倒海，势不可挡，毛泽东深受感染，心在随着起义和时代的脉搏跳动。一股革命激荡的洪流在奔腾，在膨胀，在发酵，政治思想的火花在闪烁，一种要投入革命之中去的兴致，撞击着他的心灵。于是乎，毛泽东提笔直书己见，激扬文字，跃然纸上，一张标题为《打倒清王朝》的文章，一气呵成，并公开张贴在学校门口的墙壁上。文章指出：只有赶走侵略我国的帝国主义，推翻腐朽透顶的清朝政府，中国才有出路，才能生存。

毛泽东满怀激情地写道：

"我主张应将孙中山由日本召回就任新政府的总统，并以康有为任总理，梁启超任外交部长！"

评论一贴出，立即引起轰动。"我主张"看似一篇时事评论，简单的评论。可要知道，这个"主张"是出自一个18岁的青年之口。用现在的话说，毛泽东还是个没有见过大世面，甚至在来长沙前，只做过两次离家出走，未出茅庐，在山区长大的青年。

第一次是不满私塾先生的责罚，离学堂出走，三天三夜，才走了不过离家只有8里远的地方。那时，毛泽东还不过是个十来岁的儿童。

第二次是到邻县—湘乡县的东山学堂读书。

不用说，这次到长沙读书才是毛泽东一生最远的一次远行。长沙的繁华，似乎没有给年轻的毛泽东留下多少刺激的印象，唯独《民力报》，唯独黄兴的武装起义给毛泽东以震撼，激发出无比的冲动。由毛泽东提出的"主张"，毛泽东俨然是中国的"主"。说到这里，孙中山，康有为，梁启超在毛泽东的面前，也只不过是个"臣子"罢了。这样说，当时的人，只不过是个戏言；今人而言，可以说是"点石成金"。可见，毛泽东的抱负和才能都在孙中山，康有为和梁启超之上！不是吗？

真可谓，不鸣则已，一鸣惊人。毛泽东后来在回忆自己的惊人举动时说：“这是我第一次表达我的政治观点，当时思想还有些糊涂，我还没有去掉对康有为和梁启超的崇拜。对他们与革命党的区别也不甚了了。”

这只是毛泽东第一次公开发表“政见！”以大字报的方式，这是毛泽东的第一次，但不是最后一次。君不见，以大字报表达政见在上世纪六十年代中叶达到最高潮。1966年8月，毛泽东书写并发表了《炮打司令部—我的一张大字报》。在毛泽东召唤下，一场以大字报为特征的，风起云涌的文化大革命在中国大地骤然兴起，蔓延达十年之久。所不同的是，上世纪六十年代，毛泽东已是中国的最高领袖，红太阳，不再是被人们瞧不起的乡下人。

### 3，热血沸腾 见证历史

二十世纪初叶，长沙不仅是湖南的首府，拥有 80万人口，炎热。在1904年，长沙辟为通商口岸和外国通商后，开始繁荣。在辛亥革命时，长沙是反对清王朝的中坚堡垒。

1911年9月，毛泽东来到长沙。初来乍到，长沙的一切都是那么新奇，熙熙攘攘的人群，摊贩的吆喝声，车水马龙的大街，使毛泽东“兴奋得讲不出话来。”毛泽东对人的感觉有一种特殊的敏锐：“人民，只有人民，才是创造世界历史的动力。”这就是毛泽东对人民的至理信念。毛泽东毕竟是乡下人，只凭书本和想象，并不能认识真正的世界。一开始，毛泽东有些象《红楼梦》里的刘姥姥进了大观园，简直觉得自己的眼睛完全不够用，恨不得能多长几双眼睛，把一切所见所闻都尽收眼底。不管是什么，来者不拒，全部收下。

但是，这一切都如过眼云烟，兴奋一下子就过去了。在贺岚岗老师的带领下，毛泽东很快通过入学考试，顺利考入湘乡驻省立中学。

人的一生经历，莫过于经历惊世骇俗的历史大事件—社会大变革。

1911年，就是这样的年头。是年十月十日，震惊中国和世界的辛亥革命爆发了。武昌是辛亥革命的策源地。武昌打响了推翻清王朝第一枪的消息，风一样的传到了长沙。长沙的革命党人行动起来，动员新军起义。武昌起义的第二天，忽然有一个新成立的湖北军政府的代表赶来长沙，在湘乡驻省中学介绍武昌起义，非常鼓舞人心，“当场，有七八个学生站起来，支持他的主张，强烈抨击清廷，号召大家行动起来，建立民国。”

在演讲四五天后，毛泽东的心还一直悬着，总觉得武昌的战斗还在激烈进行，想尽快投入到战斗的前线去。毛泽东说，“我下决心和其他几位朋友去汉口。我们从同班同学那里筹了一些钱，听说汉口的街道很湿，需要穿雨鞋。我就向军队里的一位朋友借雨鞋，他们驻扎在城外的。”“我被防守的卫兵拦住了。那个地方显得非常紧张。士兵们第一次领到子弹，他们正拥到街上去。”

毛泽东对斯诺说，“起义军正沿着粤汉铁路逼近这座城市，已经开始交战。”毛泽东在从新安里经贡院街，小吴门正街，由小吴正门出去。“在长沙城外已经打了一个大仗。同时，城里面也发生起义，各个城门都被中国工人攻占了。”

毛泽东穿过一个城门，回到城里后就站在一个高地上观战。毛泽东终于迎来了激动人心的一刻："看到衙门上升起了'汉旗'。那是一面白色的旗子，上面写着一个'汉'字。这一天，从明朝覆灭的那一天起，已经足足等了266年了。"

毛泽东是幸运的。城头变换大王旗。这是历史巨变。在长沙，毛泽东亲自见证了结束一种社会制度的辛亥革命，目睹了"汉"旗的升起。这是清王朝统治汉人266年期间，多少人抛头颅，洒热血，为之期盼已久，而又未能所见的历史时刻，毛泽东见证了。

毛泽东是幸运的。这一次，毛泽东是以一个观众的身份，第一次见证一种社会制度的崩溃，一个朝廷的灭亡……。

又有谁能想到：时过38年，毛泽东用自己的双手，与中国人民一道，将在中国的帝国主义赶出中国去，将不代表人民利益的蒋家专制王朝摧毁，……。1949年10月1日，毛泽东和他的战友们，站在北京天安门城楼上。毛泽东向中国和全世界宣布：中国人民从此站起来了！一个新的时代，一个属于毛泽东的时代，诞生了！

这是何等伟大的事业！何等辉煌的成就！

## 4，剪辫明志　告别满清

中国是一个有着悠久历史文化的文明古国，历时几千年，有很多个封建王朝。但是，很多是短命的。象清朝这样一个王朝能连续数百年的，屈指可数。在这屈指可数的几个王朝中，从皇帝到平头百姓，走到哪里，都带着这个王朝特征的只有一个：这就是清王朝。什么是清王朝的标记？当然是"辫子"。在清朝统治时期，官员不分大小，人则不分老幼，都得留辫子。在清王朝统治时期，不仅中国人要留辫子，在中国的洋人也留。例如，在毛泽东读书的湘乡东山学堂的日本教员就留着辫子，不过是假辫子，所以人称"假洋鬼子。"

清朝的辫子，有些象人在剃头时留的阴阳头。不过，阴阳头指的是从人的前后将头从正中分为两半，一边留头发，一边剃光。而清朝人留的辫子，是将人头从左往右，将头分为前后两半，头的前半部分剃光，后半部分留头发。这就是清王朝留给社会的标记。

据当年在明德中学读初二的学生，后来成为大记者的长沙人陶菊隐说："剪辫子是光复后最早形成的一种风气，大家认为不剪辫子就是甘心当亡国奴的明显标志，于是在学校中剪掉同学的辫子，当街剪掉路人的辫子。施者每每引以为乐，受者亦或啼笑皆非。有些遗老和顽固派害怕没有辫子见不得皇帝，就把辫子盘在头顶上用帽子遮盖起来，或者索性把头发全部留起来，改作道士装，借以躲过一劫。"

众所周知，满清王朝统治中国266年，人们头上的辫子也保留了同样长的时间，一下子要剪掉辫子，人们心态各有不同，革命者兴高采烈，郑重其事，旧王朝的卫道士垂头丧气，有的人甚至为留辫子辩解，认为《孝经》说："身体发肤，受之父母，不敢毁伤，孝之始也。"由此可见，社会的风俗习惯影响是多么之深。要想改造一种社会习气，又是多么艰巨的工程。

毛泽东到长沙湘乡驻省中学读书的日子，正是中国反满情绪高涨的时候，尤其是青年学生，象干草遇烈火，一点就着。在毛泽东读书的学校，剪辫子的阻力，不言而喻。在长沙，随着革命的高涨和反清浪潮的推进，毛泽东在湘乡中学也搞起了剪辫子运动。他和学生们约定，都以剪掉自己头上缠着的辫子，以表示反对清朝统治的决心。以为辫子剪掉了，清朝就垮台了。

一开始，毛泽东和大家约定好的，都将自己头上的辫子剪掉。事实上，是说起来容易做起来难。只有毛泽东和其中的一个人剪了辫子。于是，毛泽东就和朋友一起，在暗中攻击那些不实行诺言的人，强行剪了他们的辫子。毛泽东自豪的说，“结果有十个人做了我们剪刀下的‘牺牲者’”。这也算是一次反清的实际行动。1936年，毛泽东在接受到延安访问的美国记者斯诺时，不无感慨地说：“政治观念是如何地可以转变一个人的观点啊 ”

清末辛亥革命，革命党兴起，就是从“头”做起的，辫子是革命党人反清革命的目标之一。革命党人陈其美在劝谕民众剪辫子时激昂地说：“剪去发辫，除此数寸之胡尾，还我大好之头颅。”武昌首义后，独立各省，剪辫子明志一时成为风行社会的热潮，辫子的去留，象征着个人和清王朝的决裂，弃旧从新的标志。一时间，辫子的去留，似乎成了国人从社会到家庭，从会议室到餐桌，从保守派到革命党人，茶余饭后的中心议题，……。

辛亥革命后的1911年12月7日，清朝廷迫于革命的压力，批准了资政院提出的剪发、改历两个议案。从此，中国国民终于准许自由剪发，自由留发，不再将头发辫子作为清王朝顺民良民的标志。

看来，中国人头顶上发型的事，无论对于男人还是女人，都的确不是小事，一时之间，从普通学生，到革命党人，从中华民国临时大总统孙中山通令全国，到清朝廷批准“剪发议案”，可谓煞有介事。

在中国近代史上，一条作为清王朝标记的辫子剪掉了，一个统治中国达266年之久的清王朝，也随着辫子的消失而永久的终结了，更标志着一个新时代，一个崭新的社会制度，共和制度的新生！

## 5，弃武从学 彷徨选校

在火热的革命热潮中，毛泽东和许多同学一样，情绪也被鼓动起来了。1911年10月22日，毛泽东毅然投笔从戎，参加长沙的革命军，成为正规军湖南新军二十五混成协(旅)五十标(团)第一营左队的一名列兵。

当时，在参军当兵上，毛泽东选择的是革命军—新军，没有选择参加学生组织的学生军，是因为他的矛盾心理。按毛泽东传记的说法，毛泽东是想摆脱学校生活对他的影响，成为一名真正的军人。同时，也是毛泽东喜欢没有多少文化的士兵把他当成有学问的人。在当兵期间，毛泽东的确体会到读书人的体面和受人尊敬的荣耀。

毛泽东回忆时说：“我能写，有些书本知识，他们敬佩我的博学。”这时候，半拉子知识分子的那种清高，拉不下架子和工农兵打成一片的臭毛病也在毛泽东的身上散发出来。例如，在毛泽东所在第一营左队，当兵的都是自己去白沙井挑水，毛泽东却不愿这样做，宁可从到营房来卖水的挑夫那里买水用。毛泽东回忆说："但我是个学生，不能屈尊去挑水，只好向挑水夫去买。"(斯诺:《西行漫记》)。由此看来，父亲毛顺生虽逼着少年毛泽东在韶山冲做过两年多的庄稼活，并没能将毛泽东培养成一个地道的农民。至少，在毛泽东不满20岁的时候是这样。

当兵期间，毛泽东的军饷是每月7元。在回忆辛亥革命时，毛泽东说："我本人也曾经参加了这次民主革命，当了一名战士，吃七块。"毛泽东家里，经济条件好，算是富裕人家，不需要他积攒钱养家糊口，自己一个人在外，自个赚钱自己花，每月的军饷除开生活的必须开销外，剩余的钱都用来买报纸杂志。毛泽东参军当兵的重要收获之一是，认识了军人生活，交了朋友。毛泽东回忆说："我那个班里有一个湖南矿工和一个铁匠，我很喜欢他们。"解放后，两个兵都与毛泽东取得了联系，"湖南矿工"是湖南衡东人彭友胜；"铁匠"是湖北大冶的朱其升，都得到了毛泽东的适当照顾。

辛亥革命成功了，国民党内部又为领导权发生争斗。湘军参与其中了。毛泽东说："正当湘军准备采取行动的时候，孙中山和袁世凯达成了和议，预定的战争取消了，南北'统一'了，南京政府解散了。我以为革命已经结束，便退出军队，决定回去念书。我一共当了半年兵。"

后来，有人提出在中国谁从列兵做到元帅？说的就是毛泽东。毛泽东在辛亥革命时在新军里当了半年的列兵。毛泽东参军时，轰轰烈烈的革命浪潮已过，并没有真枪实弹，面对面地与敌人干过仗，只是给当官的做些杂事。当毛泽东提出退伍时，一些下级军官连长和排长们都力劝他留下。

说是"回去念书"，究竟学什么？

为叙述方便起见，先将弃武求学的选校经历，毛泽东有兴趣入读的学校顺序，列举如下：

警察学校→肥皂制造学校→法政学堂→商业学堂(录取，未入学)→公立高级商业学校(录取，入学，一个月，主动退学)→省立一中(入学，半年，主动退学)→湖南四师(1913年)→湖南一师(1914年)→毕业(1918年)。

一开始，读什么学校，毛泽东当时心里并没底，只能是骑着毛驴看书，边走边瞧。可以说，选校读书时期，是青年毛泽东最无助，也是最没主意的日子。有人将这段时间称之为：毛泽东的"流浪生活。"毛泽东回忆说：我开始注意报纸上的广告。那时候，办了许多学校，通过报纸广告招来新生。我并没有一定的标准来判断学校的优劣，对自己究竟想做什么也没有明确主见。一则警察学堂的广告，引起我的注意，于是去报名投考。

"但在考试以前，我看到一所制造肥皂的'学校'的广告，不收学费，供给膳宿，还答应给些津贴。这则广告很吸引人，鼓舞人。它说制造肥皂对社会大有好处，可以富国利民。我改变了投考警校的念头，决定去做一个肥皂制造家。我在这里也交了一元钱的报名费。

"这时候，我有一个朋友成了法政学生，他劝我进他的学校。我也读到了这所法政学堂的娓娓动听的广告，它许下种种好听的诺言，答应在三年内教完全部法律课程，并且保证期满之后马上可以当官。我的那位朋友不断向我称赞这个学校，最后我写信给家里，把广告上所答应的一切诺言重述一遍，要求给我寄学费来。我把将来当法官的光明图景向他们描述了一番，我向法政学堂交了一元钱的报名费，等侯父母的回信。

“命运再一次插手进来，这一次采取的形式是一则商业学堂的广告。另外一位朋友劝告我，说国家现在处于经济战争之中，当前最需要的人材是能建设国家经济的经济学家。他的议论打动了我，我又向这个商业中学付了一元钱的报名费。我真的参加考试而且被录取了。” 要说收获，这是毛泽东弃武求学以来，第一次有学校录取了。但是，毛泽东还是不肯罢手。毛泽东接着回忆说。

“可是我还继续注意广告。有一天我读到一则把一所公立高级商业学校说得天花乱坠的广告。它是政府办的，设有很多课程，而且我听说它的教员都是非常有才能的人。我决定最好能在那里学成一个商业专家，就付了一块钱报名，然后把我的决定写信告诉父亲。他听了很高兴。我父亲很容易理解善于经商的好处。我进了这个学校，但是只住了一个月。”毛泽东被录取了，进了学校，只读了一个月，就出来了。主要原因恐怕是语言。那时，毛泽东的英语有限，学校用英语教学，但又不开英语课，显得不适应，退学在某种程度上应该是不得已的选择。

一连串下来，毛泽东先后看好报考的学校有5所：警察学堂，肥皂制造学校，法政学堂，商业学堂，公立高级商业学校。其中，“商业中学”和“公立高级商业学校”录取了毛泽东，而他只在“公立高级商业学校”读了一个月。

在申请一系列职业学校之后，毛泽东把目光投向一所刚刚创立的新式学校—省立第一中学。

## 6，省立一中 绝非等闲

要说，“省立第一中学(省立一中)”很有名， 恐怕不是校史悠久，而是创办学校的人和师资。因为，省立一中是所全新的学校，是由前清秀才，湖南衡山人符定一先生，奉命于1912年（民国元年）春季创办的。当时，校名为“湖南省公立高等中学校”。校址设在长沙紫东园，校舍租赁的是新建并排五开间，三进两层的两所民房，极其简陋。

据称，创办“湖南省公立高等中学校”的动机有二：一是在长沙办一个象样的中学，为全省做示范；二是辛亥革命时期，贡院已办有湖南的优级师范选科，已毕业的博物、理数、英地三科学生有一百四五十人。30余人的教职员中，绝大多数是优级选科毕业的。

毛泽东回忆当年求学一中的经历时说：“我在学业上的第二次冒险是在省立第一中学，我花了一块钱报名，应了入学考试，以第一名被录取。”此言不虚。据当年和毛泽东投考一中的甘融先生回忆，当时报考普通科的考生有“二千余人”，第一场试国文，试题题目是《民国成立，百端待理，教育与实业，应以何者为重》。第二场，试史地、算术理科。录取发榜：普通科取一百五十名，榜首是毛泽东。

入学那天，当毛泽东报到时，大家觉得不可思议，一个在乡村长大，只读了半年小学堂(东山学堂校)的青年，能考出那样好的成绩吗？同样，校长符定一先生也觉得，学校是教育人的地方，不能让“靠关系，走路子”的人，玷污学校的名声，决定为毛泽东加一场面试。

上世纪九十年代，符定一的儿子符立达和周勉德在《师生情谊深—记毛主席和符定一的一些往事》中回忆父亲符定一时说：“1912年在由父亲创办的省立一中招考新生时，国文的考题是‘民国成立，百端待理，教育与实业，应以何者为重。’毛主席在文中阐明两者的重要性及其关系后，强调教育对国家富强所起的基础作用，逻辑严谨，文理豪放，名列第一。父亲喜而见之，然疑其有伪，当面再试。毛主席见老师如此重视，心情激动，提笔疾书，果然妙笔惊人，文采斐然。父亲大喜，联系自己的成长，马上意识到毛主席的将来绝非等闲，要他一定入校。入校后经常向他讲解古典文学作品，贯彻爱国主义思想。有一次父亲解释国（國）字，一人拿戈以卫家土就是国，国和持戈卫士是分不开的。……要他在追求现代科学知识的同时，不要忘记中国古代治理成败的历史教训。”（《人民日报》1994年5月8日第5版）

在省立一中，毛泽东学习成绩突出的仍是文史类，也一直受到老师和校长的重视和培养。现在，一百多年过去了，许多记忆也已经模糊了。但是，文字的记忆，只要地球不毁灭，就会永恒的留下来。当年，省立一中开展的作文竞赛，毛泽东的竞赛作文：《商鞅徙木立信论》，给省立一中留下了历史的见证。

事出有因。1912年春，在1500多名考生中，毛泽东以榜首录取入学，成为省立一中的知名人物。入学后，“文章魁首”的记录也一直保持。因此，符定一校长和老师格外重视毛泽东的培养教育。在毛泽东学习成长过程中，不能不说说省立一中的国文老师柳潜先生。柳潜和符定一一样，也是颇有学问的前清秀才，也一样倾心毛泽东的国文教育，认为毛泽东是位可塑之材。符校长工作繁忙，希望柳潜先生着力培养毛泽东。

近年，梁衡在《文章大家毛泽东》一文中说：毛泽东写作的“那种风格、那种语言、那种气派，是浸到骨子里，溢于字表、穿透纸背的，只有他才会有。中国是个文章的国度，青史不绝，佳作迭出。向来说文章有汉司马、唐韩柳、宋东坡、清康梁，群峰逶迤，比肩竞秀。毛泽东算一个，是历史群山中一座巍峨的高峰。”（梁　衡：文章大家毛泽东。来源：人民网—人民日报）。如果追述来源，至少可以追述至毛泽东在省立一中时的竞赛作文《商鞅徙木立信论》。这是目前能看到的保留下来的，毛泽东最早的文章。

当年，毛泽东进入省立一中不久，学校准备开展一次作文竞赛活动，校方明确规定比赛作文的体裁是论说文，主题是读史用史，题目自拟。符定一校长告诉毛泽东的国文老师柳潜通知毛泽东参加。在比赛的前两个月内，柳潜老师悉心指导毛泽东练习写作论说文，毛泽东几乎每天都要写一篇文章，由柳潜先生批改，提出意见。比赛时，毛泽东不负众望，果然以一篇“《商鞅徙木立信论》”夺魁。

毛泽东的作文仅有600余字，以“立信”立论，紧扣主题，论述国家，百姓，立法三者之间的关系，以商鞅为推行法政“徙木立信”的历史典故，奋笔直指：“此诚我国从来未有之大政策，民何惮而不信？乃必徙木以立信者，吾于是知执政者之具费苦心也，吾于是知吾国国民之愚也，吾于是知数千年来民智黑暗，国几蹈于沦亡之惨境有来由也。”

当柳潜阅读“《商鞅徙木立信论》”后，深为折服，写下六个眉批，一个总评，共计141个字的批语。六个眉批共76个字：“实切社会立论，目光如炬，落墨大方，恰似报笔，而义法亦入古”；“精理名言，古未曾有”；“逆折而入，笔力挺拔”；“历观生作，练成一色文字，自是伟大之器，再加功候，吾不知其所至”；“力能扛鼎”；“积理宏富”。文章末尾的总评计65个字：“有法律知识，具哲理思想，借题发挥，纯以唱叹之笔出之，是为压题法，至推论商君之法为从来未有之大政策，言之凿凿，绝无浮烟涨墨绕其笔端，是有功于社会文字。”(引自：晓桦：现存毛泽东最早的中学作文手稿。解密：现存毛泽东最早的中学作文手稿（全文）。来源：人民网(北京))。可贵的是，符定一校长审定获奖作文时，不仅赞同柳先生的点评，并在毛泽东的作文上写下“传观”二字。凡审阅传观过毛泽东《商鞅徙木立信论》的人，都称赞毛泽东“才气过人，前途无可限量”。

(柳潜批文全文：首先为毛泽东这篇作文叫好的，自然是“第一读者”—国文教员柳潜。这位前清秀才给了如此评语：“实切社会立论，目光如炬，落墨大方，恰似报笔，而义法亦入古。逆折而入，笔力挺拔。历观生作，练成一色文字，自是伟大之器，再加功候，吾不知其所至。力能扛鼎，积理宏富。有法律知识，具哲理思想，借题发挥，纯以唱叹之笔出之，是为压题（点题）法，至推论商君之法为从来未有之大政策，言之凿凿，绝无浮烟涨墨绕其笔端，是有功于社会文字。”由此，柳潜得出结论：作者“才气过人，前途不可限量”)。

自古英雄出少年。现在回过头来看，梁衡对毛泽东文章的评价，只不过是对柳潜早年点评毛泽东文章“历观生作，练成一色文字，自是伟大之器，再加功候，吾不知其所至”的延伸而已。

# 第八章 求学长沙二，单独求学 自由读书

毛泽东在接触到马克思主义之前，甚至在上湖南一师之前，已接触西方先进的社会学，哲学，伦理学。如果再往前追寻，则是改良主义的思想学派，康有为和梁启超，甚至郑观应。应该说，郑观应在先。当然，毛泽东已是年满16岁以后的事。按陈晋的说法，毛泽东知识的获取顺序，是先古典(孔夫子)，后西方，再马恩列。但是，我认为，必须承认一个历史事实，**接触接受马恩列**，则是**毛泽东的政治思想观初定**之后的事。因为，毛泽东自己说得非常清楚："在湖南师范学校中，我的生活上发生许多事情。在这一时期，我的政治观念开始确定，并且在校中初次得到了社会行动的经验。"(斯诺：西行漫记)。李锐先生撰写的《毛泽东：峥嵘岁月》，比较详尽的介绍了严复译介的西方社会和自然科学最新研究成果对毛泽东的可能影响。陈晋更是将毛泽东受西方影响最深的书籍一一列举，逐本阐述。王凡西非常重视"中国游侠思想"对毛泽东的思想影响。要说明的是，游侠思想和精神是毛泽东在学孔夫子的同时或稍后一起接受的。可以肯定的说，是在接触郑观应和康梁维新改良之前。关于中国游侠小说，古典通俗文学作品对毛泽东思想的影响，本书已有专章述说(请见：第四章 精读邪书，学以致用)。在这里，将着重讲述西方社会科学和自然科学对毛泽东思想形成的影响。需要说明的是，专指非马克思理论学说的西方思想对毛泽东的影响。

如果说，中国古典儒家思想是对毛泽东道德思想的教化，那么西方社会和自然科学知识对毛泽东的影响，就是认识现代社会的钥匙。因为，学孔夫子，学习游侠思想，学康梁改良，革新国民，毛泽东采用的是拿来主义。这一点，毛泽东在入学湖南一师时，国文教员袁大胡子有明确的揶揄。毛泽东在自传中如是说："学校里有一个国文教员，学生给他起了'袁大胡子'的绰号。他嘲笑我的作文，说它是新闻记者的手笔。他看不起我视为楷模的梁启超，认为他半通不通。我只得改变文风。我钻研韩愈的文章，学会了古文文体。所以，多亏袁大胡子，今天我在必要时仍然能够写出一篇过得去的文言文。"国文教员看得出毛泽东写作中梁启超的痕迹。青年时期的毛泽东，很多是采用拿来主义。例如，在《体育之研究》中，毛泽东讲的三育并重也是借用陈独秀和他的恩师杨昌济的观点。再如，毛泽东出乡关前写的《赠父诗》和在东山学堂写的《咏蛙》都是改他人诗作的个别字所为。

托派学者王凡西在《毛泽东思想论稿》中，将毛泽东思想的组成分为三个部分："1，新旧儒家思想，或者可以说，朱熹的孔子主义与杨昌济的孔子主义（后者代表了起自程朱，中经船山，迄于康有为，谭嗣同的孔学），2，传统的游侠思想，特别是由水浒传集中表现出来的劫富济贫主义；3，西方社会主义思想。"(王凡西：毛泽东思想论稿)

在讲毛泽东思想的组成部分时，可不可以这么讲，不言而喻。前两部分是毛泽东思想的重要组成部分。但是，第三部分，王凡西说得不确切。因为，社会主义思想只是西方思想的一部分。王凡西所论述的毛泽东思想组成部分的思想，仅限于马克思主义，这至少是不完全的。因为，在西方思想中，不论过去，直至一次世界大战之际或之前，社会主义思想并不是西方的主流思想，还是现在，指从二十世纪九十年代后，也就是社会主义思想在风行近半个世纪，即从二次世界大战至苏联崩溃，国际共产主义运动成为过去时之后，社会主义思想又从与西方民主自由思想争锋的地位，退出历史舞台，退到次要地位，以致奄奄一息。尽管还有那么几个国家还在坚持"社会主义"，其实质已与马克思，列宁，毛泽东所谓的"社会主义"，相去甚远，大相径庭，甚至发生了根本变革，不复存在了。现在，可以说，马克思，列宁和毛泽东的"社会主义学说"已逐渐褪色，已是过去时了。

1936年，毛泽东在接待斯诺采访时明确无误地说："在湖南师范学校中，……**我的政治观念开始确定，并且在校中初次得到了社会行动的经验。**"毛泽东清楚地告诉我们：毛泽东思想的基本形成—政治观念开始确定，应在他接触到马克思主义之前。我曾多次引述毛泽东于1917年8月23日致梁锦熙先生的长信中的话。在此信中，毛泽东十分看重曾国藩，自称在中国近代史上，令他佩服的人，只有曾国藩一人。为什么？因为，曾国藩以中国的传统思想，孔孟之道，收拾了以天主教为指导思想的洪秀全的太平天国运动。毛泽东写道："愚于近人，独服曾文正，观其收拾洪杨一役，完满无缺。"

毛泽东在五四运动前夕，在国人一片要打倒孔家店，冲破儒家思想学说，甚至全盘西化的大环境下，毛泽东没有随大流，人云亦云，在读和研究中国历史，尤其是中国近代史时，看到了中国传统文化思想的生命力，看到了传统文化思想在中国的特有价值。不容否认，这成为毛泽东立足中国，立足以中国文化思想为核心和基础，改造国民，改造中国的决心和信心。从这个立场上讲，中国革命如果从中国共产党诞生的1921年算起，在中国近代史上，在中国这个拥有四万万人口的肥土沃地上，参与角逐中国的，外有列强，内有军阀，各党各派，一开始，力量最雄厚的是孙中山的国民党，最弱的是中国共产党。毛泽东虽为中国共产党创党建党的代表，但在共产党内，在中国共产党开创时期，毛泽东并不是共产党内引领潮流的人。毛泽东在共产党内能够胜出，并非得益于马列主义，甚至是在同所谓的马列主义的斗争中发展起来的。中国共产党党史也证明了这一点，在1941年开展延安整风以后，从大的方面讲，就是要打掉共产党内的两个宗派，即教条宗派和经验宗派，建立具有中国特色的思想体系—毛泽东思想。从兹始，中国革命才有了新的起色，才在不到十年的时间里，对外赶走帝国主义列强，对内打倒蒋家专制王朝，建立中华人民共和国。大致上分，毛泽东用了大约二十年(1921—1941)时间，战胜党内马列教条宗派，经验宗派和其他一切宗派，才在中国共产党内胜出，建立起属于毛泽东自己的思想体系，并在实质上成为共产党最高领袖。从兹始，在毛泽东领导中国革命后，中国革命才高潮迭起，才在不到十年的时间里，在中国大陆完成了毛泽东共产党一统天下的大业。

再者，在毛泽东领导中国革命的论著里，在1949年以前，毛泽东并没有将马列主义提到无以复加的地步。要说有，也是在1949年以后，尤其是文化大革命时期。现在回过头来看，毛泽东当年独对曾国藩佩服，的确是慧眼独具。简而言之，中国革命的胜利，无疑是毛泽东的胜利，毛泽东思想的胜利！在中国共产党内，后来有人想从中分一杯羹，把自己说成是为毛泽东思想做出巨大贡献的人，要有，也只是执行了毛泽东革命路线，方针和政策，也就是说，这些人并没有对毛泽东思想做出过任何实质性贡献，有些人甚至连毛泽东的面都未见过！别人不论，以邓小平而言，在毛泽东思想体系的形成过程中，并没有做出过任何有实质性的贡献。在斯诺1936年访问延安后写就的《西行漫记》中，连邓小平的名字都没有提到。即便是后来，邓小平也是与毛泽东有隔膜，甚至“装聋作哑”，……。

再三，从接触和接受西方思想学说而言，从顺序上讲，毛泽东也是接触和接受资产阶级的自由，民主，人权，平等思想在先，而后才是马列无产阶级革命学说和一党专政的无产阶级专政的社会主义制度理论。毛泽东最早接触马克思主义理论是在1920年左右。但这并不妨碍毛泽东接受西方思想。甚至还可以说，毛泽东在一生的革命斗争中，在各个历史时期，还在一直应用西方社会先进的民主，自由，人权和平等思想同落后的，专制的，独裁的统治思想和制度作斗争。这是我们必须承认的历史事实。

今天，我们谈论，评价毛泽东，不能不提及改变毛泽东人生命运的两本书。因为，这两本书不仅改变了毛泽东的命运，也改变了中国的命运，甚至还改变了世界的走向。这两本书是：1，《盛世危言》。2，《御批通鉴辑览》。毛泽东接触和认识西方社会和先进思想就是由这两本带入门的。

毛泽东的急转弯，说起来极具戏剧色彩，在常人看来可能“不可思议”，而在毛泽东那里，则是再应该不过的事。这样的事，不大可能发生在任何其他人身上。不要说是百多年前，即便是今天，毛泽东的举动，恐怕也不是人人都可以做，人人都敢做的事。要举其例，可以信手拈来。这里，仅以书本改变命运为例，阐述毛泽东伟人气魄，敢做敢为的大无畏精神。

## (一)，郑观应

### 1，盛世危言　点石成金

在毛泽东13岁的时候，被父亲毛顺生停学，回家一心归门地干农活。农活的艰苦，没有使毛泽东一颗视读书为命的性格稍有松懈，学校不能上了，但书不能不读。在停学两年多的时间里，毛泽东尽可能地找书读，凡在韶山冲及其附近能找到的书，都借来读。毛泽东自己回忆说：“我还是能够继续学习，贪婪地阅读我能够找到的除了经书以外的一切书籍。”这段话里，至少透露了两个信息：1，读了“经书以外的一切书籍”。2，坚韧不拔的读书精神，“贪婪地阅读”。即“经常在深夜把我的房间的窗户遮起，好让父亲看不见灯光。”因为，毛泽东父亲毛顺生，刻薄吝啬，怕儿子晚上读书，浪费灯油。

一次，毛泽东意外的读到一本名叫《盛世危言》的书，立刻受到书的感染，爱不释手，读了又读。用毛泽东的话说：“我当时非常喜欢读这本书。”是什么东西使毛泽东迷上这本书？

《盛世危言》作者郑观应（1842—1921）是广东香山（今中山）人。1858年，他弃学从商，赴上海投奔叔父，进入宝顺洋行当学徒，一生不问仕途，专心经商。1867年，郑观应所任职的英商宝顺在和美商旗昌的激烈商战中失败，宣告破产后，他开始创业，办茶栈，做轮船航运，投资盐业，逐渐做大，最后做到任太古轮船洋行总买办。郑观应是一个极其精明能干的商业资本家。但是，他痛恨“商女不知亡国恨”，不被纸醉金迷的景象所迷惑，一面经商做实业，一面潜心读书，思考、写作，关注社会和民生。在《盛世危言》之前，先后印行出版了《救时揭要》和《易言》，提出解决中国根本问题的两条路：一是变法，“由今之道，变今之俗”；二是全面“向西方学习富强之道”。后因太古洋行债务问题在香港被拘，公司宣告破产，理清债务，自由离开香港。郑观应回澳门后，幽居澳门郑家大屋，三年卧病在床，心力交瘁，自叹“家惟千卷书，囊空无一钱。弟兄交相责，妻孥涕泪涟。”

在历经早年得志，中年拘留，公司破产，病魔折磨的痛苦中，郑观应并没有一蹶不振，虽以“蜷伏乡间，灰心时事”自称，却在痛定思痛，思考中国的问题。1891年，郑观应又谋得开平煤矿粤局总办一职。1892年春，他撰写完成洋洋三十万言巨著《盛世危言》，1894年刊印问世。湘军名将彭玉麟为《盛世危言》写的序言说：郑观应“少倜傥有奇志，尚气节。庚申（1860年）之变，目击时艰，遂弃举业，学西人语言文字，隐于商，日与西人游，足迹半天下，考究各国政治得失利病，凡有关于安内攘外之说者，随手笔录，积年累月，成若干篇，皆时务切要之言。”郑观应以经商之事，“考究各国政治得失利病”，言中国之“时务”，敢言他人之不言，直呼：“富强之本，不尽在船坚炮利，而在议院上下同心”，政治体制革新，发展繁荣经济。

郑观应在《盛世危言》自序中说：六十年来，万国通商，中外汲汲，然言维新，言守旧，言洋务，言海防，或是古而非今，或逐末而亡本，求其洞见本原、深明大略者有几人哉？孙子曰：“知己知彼，百战百胜。”此言虽小，可以喻大。应虽不敏，幼猎书史，长业贸迁，愤彼族之要求，惜中朝之失策。于是学西文，涉重洋，日与彼都人士交接，察其习尚，访其政教，考其风俗利病得失盛衰之由。乃知其治乱之源，富强之本，不尽在船坚炮利，而在议院上下同心，教养得法。兴学校，广书院，重技艺，别考课，使人尽其才。讲农学，利水道，化瘠土为良田，使地尽其利。造铁路，设电线，薄税敛，保商务，使物畅其流。郑观应引用张靖达的话说：西人立国具有本末，且“其驯致富强亦具有体用。育才于学堂，论政于议院，君民一体，上下同心，务实而戒虚，谋定而后动，此其体也。轮船火炮，洋枪水雷，铁路电线，此其用也。中国遗其体而求其用，无论竭蹶步趋，常不相及。就令铁舰成行，铁路四达，果足恃欤！”我认为，郑观应为《盛世危言》写的自序序言，直指清王朝在舍本求末，简直就是讨伐封建体制，专制社会的檄文。

1894年，《盛世危言》正式出版发行之时，正是中日甲午战争爆发之际，中国战败，举国上下一片哗然，一个泱泱大国竟输给了小小的邻国—日本，国人无不悲愤和反思。《盛世危言》的出版发行，给清朝朝野，上下内外，无比的震撼。光绪皇帝读后大加赞赏，命总理衙门印行2000部，分发众大臣。晚清名臣，洋务派的主要代表人物张之洞认为，《盛世危言》在当时是独树一帜：称当时"论时务之书虽多，究不及此书之统筹全局，择精语详，可以坐而言即以起而行也。"

毛泽东读《盛世危言》的时候是十四五岁，虽被《盛世危言》所吸引，振奋，尤其是教育救国思想激发了他"要恢复学业的愿望"，但那时的毛泽东并没有真正读懂郑观应写《盛世危言》的真正用意。1936年，毛泽东在接受斯诺采访，回忆自己儿时读这本书的感想时说：《盛世危言》"这本书我非常喜欢。作者是一位老派改良主义学者，以为中国之所以弱，在于缺乏西洋的器械—铁路、电话、电报、轮船。"毛泽东的"以为"，正是郑观应对当时历史潮流的批判，正是郑观应对当时统治者的质疑！郑观应要做的，不是魏源等人专讲"师夷长技"，也不是洋务派官僚的"船坚炮利"的主张，而是"君主立宪制"，全国上下同心，民主体制，认为这才是"富国之本。"

不论怎么说，是郑观应的《盛世危言》点燃了毛泽东"恢复学业的愿望。"这正是书本的力量，知识的力量之所在。如果郑观应有幸知道，他的书给未来中国，指引并造就了一个改造中国的毛泽东，他在九泉之下也该自叹三生有幸了，是他的书—揭开了改写了中国近代历史的序幕。

## (二)，乾隆皇帝

### 1，御批通鉴 退学自修

在辛亥革命时参军的毛泽东，眼看大局已定，就从军队退出来，继续求学。中间虽一波三折，但还是进了心想神往的省立一中。毛泽东偏科的毛病，在校长符定一和老师们那里，也没有受到任何责难。相反，在省立一中，毛泽东受到了王子般的欢呼！尤其是毛泽东的比赛作文，《商鞅徙木立信论》夺得比赛冠军，国文老师柳潜评语极力赞赏，说："历观生作，练成一色文字，自是伟大之器，再加功候，吾不知其所至"。校长符定一也在毛泽东的《商鞅徙木立信论》比赛作文上批阅："传观！"这些对于毛泽东来说，无疑是最高的奖赏。

校长符定一对毛泽东的重视，始于入学对毛泽东举行的单个当面再试。按照符定一之子—符立达的说法，当时，毛泽东见老师如此重视，倍感机会难得，心情异常激动，提笔疾书，果然妙笔惊人，文采斐然。校长符定一大喜："马上意识到毛主席的将来绝非等闲，要他一定入校。"

毛泽东入学后，学业大有长进，特别是毛泽东擅长的文史。一篇论说文《商鞅徙木立信论》，鹤立鸡群，使毛泽东一下子成为省立一中的名人。当然，校长符定一更是关爱有加，"便把自己圈点过的一部'御批通鉴辑览'送给毛主席，要他在追求现代科学知识的同时，不要忘记中国古代治理成败的历史教训。"（符立达和周勉德：《师生情谊深—记毛主席和符定一的一些往事》。《人民日报》1994年5月8日第5版 ）。（关于谁给毛泽东《御批通鉴辑览》一事，有多种说法。如李锐先生在《毛泽东：峥嵘岁月》一书中说是国文教师胡汝霖借给。也有说是国文老师柳潜所为。我在本书中采用符定一送给毛泽东一说。我认为，这个说法，比较可信。特此说明。作者注）。

一本书，又是一本书。所不同的是，不是讲述现代的书，而是一本讲述中国古代帝王治理国政的历史书—《御批通鉴辑览》。正是这本书，改本了毛泽东的求学道路：在校读书，“还不如自学更好。”这恐怕是任何人都没有，也不可能想到的结果。至少，校长符定一本人就没有想到。当毛泽东向他(符定一。作者注)提出退学自学时，符定一曾一再挽留，讲明在校学习的优点，但毛泽东还是执意退学自学。符定一只好表示，任何时候都欢迎毛泽东回来。如有任何困难，都可以去找他。事实上，毛泽东也这样做了。在后来选择师范学校读书时，就征求过符定一先生的指导。这是后话。

1936年，毛泽东在谈到这次退学自学时说：国文老师“因为我有文学爱好而很愿接近我。这位教员借给我一部《御批通鉴辑览》，其中有乾隆的上谕和御批。……我不喜欢第一中学。它的课程有限，校规也使人反感。我读了《御批通鉴辑览》以后，得出结论，还不如自学更好。我在校六个月就退学了，订了一个自修计划，每天到湖南省立图书馆去看书。”

## (三)，单独求学 自由读书

这是毛泽东第二次主动退学。第一次是公立高级商业学校录取后，上学一个月，毛泽东就主动退学了。

如上所述，这次退学与前两次父亲强迫退学也不同。因为，前两次是被父亲勒令停学，是被动行为。而且，也与毛泽东第一次主动从公立高级商业学退学不同。原因是当时退学后，做什么并没有明确目标。这次从省立一中退学，既是毛泽东自己的主意，是主动行为，更是毛泽东有了自己学习目标。当然，退学原因是多方面的，如课程太简单，校纪太繁琐。但最主要的还是，在学校里不能自己想学什么，就学什么！在学校，即使是自己不想学的，也不能不学。还有一点值得一提，这次退学自修，不是一时冲动，是在读了校长符定一送给他的《御批通鉴辑览》，自己还做了学习规划，应该是灵性，智慧，救国忧民心愿的驱使。

毛泽东自学的地方选在长沙定王台的湖南省图书馆。说起定王台，还有一个历史典故。相传，西汉景帝与宠姬的侍婢生有一子叫刘发，被封为定王，封地则在遥远的长沙。定王刘发，人在长沙，心里却时刻牵挂，思念在远方长安的母亲，时常派人给母亲运长沙的大米去，再从长安运回泥土。久而久之，将从长安运回的泥土筑成一座高台，名曰定王台。这样，定王刘发可每天在太阳落山的时候，登上高台，遥望西北方，寄托对母亲的思念。清朝末年，在定王台的地方盖了一栋两层楼的小洋房。辛亥革命后，改办为湖南省图书馆。1912年下半，毛泽东就在这个新办不久的湖南省图书馆，开始了有生以来，一心一意，专心致志地自学读书生活。

## 1，驻足地图 放眼世界

小时候的毛泽东，世界长什么样？有多大？并不是很清楚。但是，这一切在他退学自修后发生了根本变化。

这得从毛泽东第一次看到世界地图说起。在毛泽东自学的湖南省图书馆，大厅挂有一幅世界地图—《世界坤舆大地图》。就是从这时起，毛泽东第一次看到地图，而且是世界大地图。毛泽东每天一早到图书馆读书，都要经过挂有世界地图的地方，也总是停下来，驻足在世界地图前，审视，沉思。

在世界地图面前，毛泽东一下子明白了许多：原来，中国的天下，并不能与世界划等号。中国只是世界的一小部分。湖南就更小了。在世界地图上，根本找不到韶山在哪？！毛泽东思绪万千，世界太大了。要改变人生，改造世界，必须先了解世界，认识世界。毛泽东顿时觉得，自己身上的担子加重了。孟子曰，“天降大任于斯人也，必先苦其心志，劳其筋骨，饿其体肤”。做大事的人，必须磨练心性意志。从此，毛泽东更加自觉地按照自己的读书计划，刻苦读书。毛泽东住的地方—湘乡试馆，离图书馆很近。每天早晨，毛泽东总是等着开门，第一个进馆，中午吃两块米糕，晚上直到闭馆才回来。天天如此，风雨无阻。这是何等的自觉，何等的意志。做事，坚持不懈，持之以恒，才是最难能可贵的。后来，毛泽东在回忆在湖南图书馆自学时，不无感触地说：“我正象牛闯进了菜园，初尝菜味，就大口大口吃个不停。”这个“不停”，就是人的意志力在行动上的表现。

俗话说，有志者事竟成。这何尚不是一种精神力量，责任与义务的动力。放眼世界，立足当前，“不旁骛(毛泽东语)”，做什么都全身心的投入，岂有不成的道理？！

1912年，毛泽东退学自学，为什么每天都要在世界地图前站一会儿？定王台湖南省图书馆的那幅普通的世界地图，给毛泽东的震撼是什么？上世纪30年代，毛泽东在陕北回忆那段自修经历时，说了一句令人捉摸不透的半头话：“我在那里第一次看到一幅世界地图，怀着很大的兴趣研究了它。”当时，毛泽东没有说出他研究世界地图的兴趣是什么？后来，毛泽东终于说出了他心中的答案。

1951年秋，刚建国不久，毛泽东在北京与几位湖南老同学拉家常时，才讲出他看到世界地图时的内心心境和震撼。说来，真令人震惊，难以置信，在毛泽东本人的记忆里，在长达半年的自学期间，内心深处受到冲击最大的，不是别的，竟是一幅挂在定王台湖南省图书馆大厅的世界地图。

毛泽东说：“说来也真好笑，我读过小学、中学，也当过兵，却不曾看见过世界地图，因此就不知道世界有多大。湖南图书馆的墙壁上，挂着一张世界大地图，我每天经过那里，总是站着看一看。过去我认为湘潭县大，湖南省更大，中国自古就称为天下，当然大的了不得。但从这个地图上看来，中国只占世界的一小部分，湖南省更小，湘潭县在地图上没有看见，韶山当然更没有影子了。世界原来有这么大!”

“世界既大，人就一定特别多。这样多的人怎样过生活，难道不值得我们注意吗?以韶山冲的情形来看，那里的人大都过着痛苦的生活，不是挨饿，就是挨冻。有无钱治病看着病死的；有交不起租谷钱粮被关进监狱活活折磨死的；还有在家庭里、乡邻间，为着大大小小的纠纷，吵嘴、打架，闹得鸡犬不宁，甚至弄得投塘吊颈的；至于没有书读，做一世睁眼瞎子的就更多了。在韶山冲里，我就没看见几个生活过得快乐的人。韶山冲的情形是这样，全湘潭县、全湖南省、全中国、全世界的情形，恐怕也差不多!”

“我真怀疑，人生在世间，难道都注定要过痛苦的生活吗? 决不! 为什么会有这种现象呢? 这是制度不好，政治不好，是因为世界上存在人剥削人、人压迫人的制度，所以使世界大多数的人都陷入痛苦的深潭。这种不合理的现象，是不应该永远存在的，是应该彻底推翻、彻底改造的! 总有一天，世界会起变化，一切痛苦的人，都会变成快活的人，幸福的人! ”

“世界的变化，不会自己发生，必须通过革命，通过人的努力。我因此想到，我们青年的责任真是重大，我们应该做的事情真多，要走的路真长。从这时候起，我就决心要为全中国痛苦的人、全世界痛苦的人贡献自己全部的力量。”(转引自：王立华大校：毛泽东早年“极有价值”的自修生活)。

从一幅世界地图，毛泽东面对世界之大，联想到世界上生活的人。以自己亲身经历的家乡人的痛苦和人世间的纷争，感悟到人生的疾苦与社会的不公正，人剥削人的制度的关系，人民要过上好生活，必须通过革命，改造社会制度。由此，毛泽东觉得责任重大，必须加倍努力，为全中国痛苦的人、全世界痛苦的人贡献自己全部的力量。这时，毛泽东只是一个十八九岁的青年，内心已开始承担起拯救劳苦大众的责任，是多么的难能可贵? !

## 2，严复译作 西学启蒙

### 严复其人 学贯中西

在清朝末年，严复是个另类。严复一生最令人称道的学问是西学，尽管他的中学功底深厚。因此，在中国近代史上，正是严复这种特殊的文化造诣，成就了他“在中国共产党出世以前向西方寻找真理的一派人物”。

常言道，歪打正着。如果说有的话，严复应该算一个。严复是中国政府派遣的第一批到西欧留学的留学生。1877年，原本到英国学习海军业务的严复，却对英国的政治，经济，法律和文化产生了浓厚的兴趣，矢志探求中西之间的本质差异和中国富强之道。回国后，严复虽在海军任职，却对“洋务运动”不甚感兴趣。中日战争爆发，民族危机加剧，严复开始在报上撰文抨击封建顽固派的谬论，提倡“鼓民力”、“开民智”、“新民德”，主张资产阶级改良，系统介绍西方社会政治，思想，科学和文化。

毛泽东比严复小30岁，小时候并不知道严复其人。正是这次自学，毛泽东认识了严复，也开始认识西方，学习以前闻所未闻的西方政治，经济，文化和思想。

严格讲，在到长沙以前，毛泽东接受的基本上是中国传统的教育。在当时，中国真正懂外语，不要说能听懂，就连只能看懂外语的人(如现在中国，只能借助字典读外文文献的人，俗称哑巴外语的人。作者注)都不多。别人不说，象清末康有为梁启超这样名声鹊起，能呼风唤雨的大名人都不能直接读懂西方的著作。毛泽东自然也不例外。16岁以后才开始学外语，那已是在东山学堂的事了。可是，这并不妨碍学习西方政治，经济，思想和文化。因为，毛泽东求学那时，已有译作可读。如果说，毛泽东从《盛世危言》书里间接了解到一些西方社会的术语的话，那么在湖南图书馆的自学，则是对西方政治，经济，思想和文化的系统学习。这一点，毛泽东回忆说得非常明确："我这样度过的半年(单独自学。作者注)时间，我认为对我极有价值。"因为，"在这段自修期间，我读了很多书，学习了世界地理和世界历史。"

现已查明，毛泽东说的"我读了很多书"，除了卢梭的著作之外，都是刚出版不久，风行中国的严复译作。严复译的苏格兰经济学家、哲学家亚当•斯密所著的《原富》，赫胥黎的《天演论》，穆勒（即密勒）的著作《逻辑学的体系：演绎和归纳》（严译本名《穆勒名学》）和《论自由》（严译本名《群己权界论》），斯宾塞的《社会学研究法》（严译本名《群学肄言》），孟德斯鸠写的一本关于法律的名著《论法的精神》（严译本名《孟德斯鸠法意》），等等。

在那个时代，毛泽东的确是幸运的，一是有译作可读，二是能自己做主，拿出半年时间专门读自己想读的书。这是非常罕见的。这恐怕是现在的学生连想都不敢想，更谈不上去做了。正好是这段时间的自学读书，严复进入毛泽东的视线，成为影响毛泽东"早期文化观的形成与民主主义立场的确立"的重要人物。严复也因此被毛泽东称为中国近代史上"先进的中国人"，永远载入史册。

本来嘛，世界各国之间，各民族之间就是一个相互影响，学习和共同发展的关系。中国当然也不例外。在严复之前，或说从鸦片战争起，中国人既看到，也承认西方的强盛，并试图学习。向西方学习，可以说已成为当时中国的共识，而且也已成为不争的事实，开启了中国近代史的先河。从事后诸葛亮的角度讲，严复也是向西方学习的受益者。

## (1)，做天演论  激励国人

先让我们看看严复译著《天演论》的由来：

赫胥黎氏此书之旨，本以就斯宾塞任天为治之末流。其冲所论，与吾古人有甚合，且于自强保种之事，反复三致意焉。

以天演为体，而其用有二：曰物竞，曰天择，此万物莫不然，而于有生之类为尤著。物竞者，物争自存也。以一物以与物物争，或存或亡，而其效则归于择。天择者，物急焉而独存。则其存也，必有其所以存，必其所得于天之分。自致一已之能，与其所遭值之时与地，及凡周身以外之物力，有其相谋相济者焉，夫而后独免于亡，而足以自立也。而自其效观之，若是物特为天之所厚而择焉以存也者，夫是之谓天择。天择者择与自然，虽择而莫之择，犹物竞之无所争，而实天下之至争也。斯宾塞尔曰，天择者，存其最宜者也。夫物既争存矣，而天又从其争之后而择之。一争一择，而变化之事出矣。

复案：物竟天择二义，发于英人达尔文，达著《物种由来》一书，以考论世间动植物类所以繁殊之故。古者以人类为首出庶物，肖天而生，与万物绝异。自达尔文出，知人为天演中一境，且演且进，来者方将，而教宗传上之说，必不可信。盖自有哥白尼而后天学明，亦自有达尔文后生理确也。斯宾塞尔者，与达同时，亦本天演。(摘自严复译赫胥黎《天演论》)

严复一直被称为思想家，启蒙家和教育家，很少有人称他为政治家。事实上，思想和政治从来都不分家。启蒙，启什么蒙？是教3岁小孩识文断字吗？显然不是。因为，严复应该算是职业军人，留学归国后一直在福州船政学堂和天津北洋水师学堂执教达20年之久。甲午海战，中国战败，举国悲愤。清朝学士康有为梁启超忙着维新变法。严复誉为“中国西学第一者”，似乎置身事外，一心扑在《天演论》翻译上。严复译述的进化论著作《天演论》，1897年首刊于《国闻报》增刊《国闻汇编》上，1898年4月22日，分别由湖北沔阳卢氏慎始基斋木刻出版和天津嗜奇精舍石印出版。《天演论》出版发行，象是晴天霹雳，震惊华夏。

或许有人会问，严复留学回国执教20余年，一直未有翻译大著问世，为什么偏偏在甲午战争中国失败后才有《天演论》问世？难道是为了给后人留下一个翻译家的美名吗？非也！了解《天演论》的都知道：《天演论》不是一部简单的译作，而是严复毕生思想政治学识的倾心力作，反应的是严复的政治渴望和立场。《天演论》的翻译也不是一字一句的照本直译，是将达尔文、赫胥黎、斯宾塞三人的观点，揉合起来，重新译写，且在每一节或每一段译文后都加上长长的按语，比较中西文化异同，学术渊源，逐一评介述说，突出强调赫胥黎“与天争胜”的思想，宣扬进化论的“物竞天择！”“优胜劣败！”“适者生存！”

当时的中国，正在受世界列强的侵略，凌辱，瓜分和宰割。严复试图用进化论的原理唤醒和激励国人，奋发图强，救亡图存。《天演论》一出，朝野震撼，仁人志士纷纷响应，以进化论为天地公例，推动维新改良，以致号召展开革命斗争。一时间，“物竞天择”和“适者生存”几乎成为中国家喻户晓的公理，有志中国革新除旧的最有力的思想武器。一向目空一切的康有为看了《天演论》译稿，称《天演论》是“为中国西学第一者也”。鲁迅不顾本家长辈反对，“一有闲空，就照例地吃侍饼、花生米、辣椒，看《天演论》。”鲁迅在《热风》中说，严复“是一个19世纪末年中国感觉敏锐的人”。中国大名鼎鼎的胡适或胡适之，原名叫胡洪梓，是在读了《天演论》后，才改名为胡适或胡适之。在当时，可见读《天演论》已成为社会风尚，成为反抗帝国主义，反对封建制度的思想武器，加速了封建王朝—清朝的灭亡。正如胡适所说：“在中国屡次战败之后，在庚子辛丑大耻之后，这个‘优胜劣败，适者生存’的公式，确是一种当头棒喝，给了无数人一种绝大的刺激。几年之中，这种思想像野火一样，延烧着许多少年的心和血。”(金柱：“盗火者”严复：　转型时代的启蒙先驱。来源：福建日报)。

在受《天演论》激励的人中，青年毛泽东是最突出的一位。可以说，《天演论》影响了毛泽东的一生。早年，毛泽东接受了天演论里在斗争中求生存，在变化中求发展的自然观和改造国民素质以适应世界竞争潮流的思想。举例说，1917年8月23日，毛泽东在致一向尊为良师益友的黎锦熙的信中说："天下亦大矣，社会之组织极复杂，而又有数千年之历史，民智污塞，开通为难。欲动天下者，当动天下之心，而不徒在显见之迹"。这里，毛泽东遵循严复启蒙思想，注重教育，"变化民质"，造就"身心并完"的新民，藉以实现挽救国家危亡的历史大任。

毛泽东对《天演论》的关注，延续了他的一生，经常用以教育党员干部。1957年，在讲《关于正确处理人民内部矛盾的问题》时，毛泽东钦佩达尔文的创新精神，说："历史上新的正确的东西，在开始的时候常常得不到多数人承认，只能在斗争中曲折地发展。正确的东西，好的东西，人们一开始常常不承认它们是香花，反而把它们看作毒草。哥白尼关于太阳系的学说，达尔文的进化论，都曾经被看作是错误的东西，都曾经经历艰苦的斗争。"

1974年，毛泽东已步入晚年，年过八旬，在会见来访的英国首相希思时，希思送给毛泽东一张有达尔文签名，和达尔文写有"这是我的确十分喜欢的一张照片，同我其他的照片比，我最喜欢这一张"的照片，以及达尔文著的《人类原始及类择》第一版。毛泽东收下后说：达尔文，世界上很多人骂他。

希思说：但我听说，主席很钦佩达尔文的著作。

毛泽东点点头，说，嗯！我读过他的书。帮他辩护的，叫Huxley（赫胥黎）。

希思点头，说：他是十分杰出的科学家。

毛泽东：他自称是达尔文的咬狗。（引自龚育之、逄先知、石仲泉《毛泽东的读书生活》第90页）。

(2)，中西比较 推陈出新

在自然界，物种在长期的生存竞争，自然选择与淘汰，遵循优胜劣汰规律，是达尔文发现和总结的生物进化的核心学说。达尔文《物种起源》学说一问世，欧美两大洲"学术政教一时斐变"，强烈冲击"上帝创物论"和"物种不变论"，是对传统神学世界观的反动。中国与西方不同。中国没有上帝，但有一个抽象的"天。"传统上一直以天为正宗，正义，理所当然。在良心道德上，以遭"天打雷劈"作为誓言，作为对作恶的惩戒；皇帝以"天子"自居，"奉天承运，皇帝诏曰"，治理朝政；更滑稽的是，不满朝廷统治，揭竿而起的造反者也同样以"天"行事为自己正名，叫做"替'天'行道"。在思想上维系统治的是"天不变，道亦不变。"可笑的是，即便是叫花子当上皇帝，也以"天子"自称，开始新一轮的铁腕专制。这种怪圈循环，社会国家一直停留在原地打转。新朝廷建立，人民得到的不是宽松和福祉，而是更加严厉的禁锢和压榨。以明朝为例，开国皇帝朱元璋，虽是一介叫花子，应该了解百姓的生活疾苦。可是，他一登基，统治人民的严厉不亚于历史上的任何一个朝代。中国就是从明朝起，与世界的差距越拉越大，被世界远远地抛进落后的行列。明朝灭亡，清朝继立，又夜郎自大，不思进取，以天朝自居，禁海，锁关闭门，对西方的发展变化，不闻不问，自以为强大无比。

不料，洋人一来，支起洋枪洋炮一轰，就连与中国一衣带水的邻国—日本也敢在中国这个“太岁”头上，舞枪弄棒。甲午海战，“天国”朝野哗然，清朝过去的那种自信，一下子，连逞口舌之能的勇气，都丧失得一干二净，成了只能在丧权辱国，不平等条约上签字赔款，不堪一击，被动挨打的，可怜巴巴的王朝。

严复留学欧洲，看到西方，秉承进化和竞争是自然界生物生存发展和社会历史发展规律的思想观念，不拘泥于陈腐陋习，敢于创新，勇于实践，不仅思想政治，文化科技面目一新，西方人民的经济生活也日益进步，国家随之强大起来。有比较才有鉴别，有鉴别，才能开窍。严复看在眼里，痛在心上，感觉到一份救国忧民，振兴中华的历史重担落在了自己肩上。

中国青年学者杜艳华在《严复思想对毛泽东早期文化观形成的影响》一文中做了比较翔实的论述，尽管仍保留着历史时代的特征。在谈到严复的基本立场和观念时，认识和评价还算是公允。正是严复先生译介西方先进的思想理论和恰如其分的评述，引起社会共鸣，得到青年毛泽东的认同。从严复的译著里，毛泽东比较系统的学习了西方的思想文化，在毛泽东早期思想的形成和构建上起到积极的作用。

A，厘清体用　解放思想

毛泽东深受中国传统教育，中国文化的根扎得很深。西方思想文化的介入，毛泽东开始是震惊。在严复译介传入西方文化思想之前，已有不少西方的学说在中国流行。尤其在科学技术层面上，不只是重视，而且已在贯彻实施，“洋务运动”就是向西方学习的产物。中国这种“善于吸收学习”，或许是世界之冠。这种吸收学习，在不算长的时间里，也已形成一套独树一帜的理论，用于指导中国的发展建设。这个理论就是“中学为体，西学为用。”在当时的历史大环境下，严复成为清王朝向西方派遣的第一批留学生的一员，回国后执教的北洋水师学堂，自然也是学习西方的产物。“中学为体，西学为用”的核心就是以统治者利益之“体”，以西方“技术”来做些亡羊补牢之事。一句话，是从表面着手，不动根基。是不是“体”或“用”有什么过错？当然不是！

中国“体”的核心是什么？学贯中西的严复就十分反对“中学为体，西学为用”之说。严复立场鲜明的指出说：“体用者，即一物而言之也。有牛之体，则有负重之用；有马之体，则有致远之用。未闻以牛为体，以马为用者也。中西学之为异也，如其种人之面目然，不可强谓似也。故中学有中学之体用，西学有西学之体用，分之则并立，合之则两亡”（注：严复：《与〈外交报〉主人书》，《外交报》第9期）。

中学和西学，是两种截然不同的思想体系，何以嫁接到一起？！这里，自然要弄清楚，什么是中国的“体”？晚清末年，康有为倾其毕生心血，写就一部中国版本的乌托邦—《大同书》。《大同书》以孔子提出的三世学说，将人类社会分作三世：据乱世、升平世、太平世。可是，康有为本人也没有自信，成书后不敢拿出来示人，死前只公开其中的甲乙两部。原因应该是多方面的，最主要的恐怕是康有为对人类社会的基本立足点是什么？康有为也没有搞清楚。诺贝尔奖评委马悦然通观康有为逝后8年出版的《大同书》全文后认为：大同理想学说的根基是封建圣人孔孟宣扬的儒家思想“仁。” 如果真是马悦然所指出的“仁”是中国社会赖以生存的根基的话，那么中国未来的希望就可想而知了！因为，孔孟的“仁”学已在中国推行了数千年，给中国人带来的是一轮又一轮的战乱，贫穷，落后。鸦片战争是中国丧权辱国的开始，中国人经过百多年的努力，最终是毛泽东以阶级和阶级斗争理论为指导，为国人争回独立的颜面。这是中国近代史无法掩饰，无法摆脱的伤痛。毛泽东将中国近代史称之为“血迹斑斑的图画”。

毛泽东说：自19世纪 40 年代起的百年时间中，全世界几乎一切大中小帝国主义国家都侵略过我国，都打过我们，除了最后一次即抗日战争，由于国内外各种原因以日本帝国主义投降告终以外，没有一次战争不是以我国失败、签订丧权辱国条约而告终。其原因：一是社会制度腐败，二是经济技术落后。(梁柱：抗日战争是近代中国伟大的历史转折。光明网-《光明日报》)。说这话时，毛泽东是以一个胜利者的身份说的。几分心酸，几多惆怅，自然是别有一番滋味。这只有他本人知道。

严复赞赏西方社会“自由为体、 民主为用”模式，认为自由和民主是促使西方社会发展的基本动力。在自由民主的大旗下，社会上下能够“捐忌讳，去烦苛，决壅敝，人人得以行其意，申其言，上下之势不相悬，君不甚尊，民不甚贱，而联若一体”（注：严复：《原强》，1895年3月6日《直报》）。

当年，在定王台湖南省图书馆自学，毛泽东初读严复译著，心也随严复的心而动，跟着反思中国的现实。象严复一样，毛泽东承认中国之所以落后，不只是坚船利炮不好，而是中国文化也比西方文化落后。毛泽东认为，“中学为体，西学为用”是抱残守缺，不能面对现实的一种“自大的思想”，“以孔子为中心的思想”的产物(注：《毛泽东早期文稿》，湖南出版社1990年出版，第362～363页）。因此，毛泽东尖锐地指出，自以为“中国是一个声名文物之邦，中国的孔教甲于万国，西洋只有格致枪炮厉害，学来这点便得”的思想，是一种浅薄，学到的只能是西方文化的皮毛，学不到西方文化的精华，“设若议论稍不如此，便被人看做‘心醉欧风者流’，要受一世人的唾骂了”（注：《毛泽东早期文稿》，湖南出版社1990年出版，第363页）。

1940年1月5日，张闻天在延安举行的陕甘宁边区文化界救亡协会第一次代表大会上做报告时，也旗帜鲜明地批判说：“中华民族的新文化，也决不像‘中学为体，西学为用’的‘中国本位文化’论者那样，只吸收外国的自然科学的技术，来发展中国的物质文明。它要吸收外国文化中的一切优良成果，不论是自然科学的、社会科学的、哲学的、文艺的。而‘中国本位文化’论者，却正在以中国的陈旧的、保守的、落后的思想，反对外国先进的、革命的思想。”(转引自：刘浦江：太平天国史观的历史语境解构—兼论国民党与洪杨、曾胡之间的复杂纠葛。《近代史研究》2014年第2期)。张闻天讲这话的时候，已不是共产党的总书记，能这么讲必然得到毛泽东的首肯。应该可以看作是毛泽东对待西方文化思想态度的一种表述。

## B，文化比较 崇尚自由

什么是文化？文化是人类社会价值观的取向与认同的集中体现。越古老的国家，文化的沉积越深厚，越沉重，越保守。诚如鲁迅先生所说，哪伯是移动一张桌子，也要付出血的代价。严复，作为中国“真正睁开眼睛看世界”的第一人。说起来，也真有意思，和严复一起留学的人，惟有严复不安分，不仅努力学习海军专业知识，而且面对繁荣富强的大英帝国，严复开始思考自己国家，学英语，大量阅读西方名著，一有时间就走进社会大课堂，数次到英国法庭现场考察其诉讼，利用机会访问法国，近距离观察了解东西方在制度习俗、文化教育、思想观念上的巨大差异。严复将中国与西方英法两国完全不同的社会状况进行比较，发现中西根本区别在于人民在社会中的地位。

从文化层面上，个人有无平等自由，是造成西方富强与中国贫弱差距的根本原因。1895年2月4日，严复在报上撰文指出，“彼西人之言曰：唯天生民，各具赋畀，得自由者乃为全受。故人人各得自由，国国各得自由，第务令毋相侵损而已。侵人自由者，斯为逆天理，贼人道。其杀人伤人及盗蚀人财物，皆侵入自由之极致也。故侵入自由，虽国君不能，而其刑禁章条，要皆为此设耳。”（注：严复：《论世变之亟》，1895年2月4日《直报》）。在严复看来，“自由”是人生天赋的个性，“得自由者乃为全受”，“侵人自由者”，就是坏“天理”，不人道。在当时，严复的看法，犹如万钧雷霆，直捣社会本质。伸张个性，鼓励自由发展，成为社会文化以致制度发展的重要标志。追求自由是欧洲人或西方人的最高思想境界。人生“自由”的价值，早在1848年3月，匈牙利著名诗人裴多菲就写下这样千古绝唱：“生命诚可贵，爱情价更高，若为自由故，二者皆可抛。”

反观中国，恰恰相反，以儒家思想作为统治中国的根基是“服从”二字，正所谓“君要臣死，臣不得不死。”中国有一套严格的等级制，具体说来，就是以“三纲”即君为臣纲，父为子纲，夫为妻纲，“五常”即仁、义、礼、智、信，规范人在社会生活中必须遵从的道德伦理关系和行为准则。尊卑分明，主从有序，不得违背。值得指出的是，中国人不仅行动上必须循规蹈矩，言论也必须一致，说什么话必须统一“口径。”如严复所言：“中国最重三纲，而西人首明平等；中国亲亲，而西人尚贤；中国以孝治天下，而西人以公治天下；中国尊主，而西人隆民；中国贵一道而同风，而西人喜党居而州处；中国多忌讳，而西人重讥评”（注：严复：《论世变之亟》，1895年2月4日《直报》）。

严复对中国文化的认识，不仅只是思想认识，而且严复本人也是这种文化的受害者。论才学，论资历，严复要比他同时代的人高出一大截，可在仕途上却一直不得志，军阶级别一直不能得到晋级，甚至比他学生的级别都要低。在北洋水师学堂执教期间，严复曾四次参加科举考试，都名落孙山。这或许“中国多忌讳”，一向崇尚自由的严复，“说的话”得罪了他的上司李鸿章之故。正是这种生不逢时，造就了一代思想家，政治家严复，并成为在中国极力鼓吹“自由”，反对“奴性”，发展个性的第一人。

毛泽东在早期思想形成过程中，受到严复自由思想的明显影响。这在毛泽东青年时代的读书笔记和通信中多有表述。毛泽东从“无我”到“惟我”的思想转变，便是受严复思想影响的具体证据。毛泽东说：“吾从前固主无我论，以为只有宇宙而无我，今知其不然，盖我即宇宙。若除去我，即无宇宙，各我集合，即成宇宙。……是故宇宙可尊者惟我也，可畏者惟我也，可服从者惟我也，我以外无可尊。……无可畏。……无可服从，行之，亦由我推之也。”(转引自：李平贵：从“精神个人主义”看青年毛泽东的理想人格追求)。毛泽东“惟我”主张思想是对中国社会只以“服从”为铁律的叛逆。

世界上没有任何一个只以服从做人的思想家，革命家。应该说这是毛泽东革命家气质形成的起点，自我意识的觉醒。传统儒家文化泯灭个性，自由，是为社会培养输送顺民，以维护统治制度。毛泽东的“惟我”，将个人置于无可替代的地位，认为“个人有无上之价值，有百般之价值，精神个人主义，使无个人(或个体)则无宇宙，故谓个人之价值大于宇宙之价值可也。”很显然，这时的毛泽东在思想上与严复是相通的。毛泽东“独立所有者主观之道德律。吾人欲自尽其性，自完其心，自有最可宝贵之道德律”。人生的自我实现是人生的最高境界。其实，毛泽东崇尚自由，和尚打伞，无法无天，不是一天一时的冲动，恐怕多少有些与身俱来。毛泽东不止一次的说过，他自己是“性不好束缚”。毛泽东虽没有到过西欧，可在思想上已与西方人无异，每个人的自由发展，都能做自己想做的事，实现自我的人生目标，民众面貌必然焕然一新，社会进步，国家富强，就有希望。

## C，民主为用 反叛专制

近三百年来，人类社会主要出现过三种社会发展模式：

1，民主自由，法国的民主自由；
2，共和革命，美国的共和革命；
3，无产阶级专政的社会主义，俄国的十月革命。

三者都是直接决定过世界命运的模式。法国和美国的革命几乎是同时发生，都在十八世纪中下叶。俄国的社会主义革命稍晚，发生在二十世纪初叶。近百年的发展已充分证明，曾经风靡半个多世纪，世界人口一半以上的人都受过马克思列宁主义思想理论的教育，经历社会主义的洗礼，那时多么风光，多么令人称羡。可是，半个世纪在历史的长河中只是一瞬间。无产阶级专政的社会主义也只是昙花一现。如辛若水所说：当年，“十月革命，一声炮响，一种崭新的社会制度变成现实，这是我们所熟知的，用当时的说法，叫做‘震撼世界历史的十天’。可到七十多年后呢，镰刀斧头的旗帜从克里姆林宫上空黯然飘落，没有任何人游行，没有任何人示威。这不正是所谓的‘其兴也勃焉，其亡也忽焉’吗？”(辛若水：“由天下大乱，达到天下大治”的悖谬。2012-09-28 13:18 来源：中国南方艺术)。这些恐怕连马克思列宁做梦也没有想到，虽然没有奢望自己的理论流芳百世，但万万没有想到的是，在不到一百年的时间里，在呼啦啦顷刻之间，万劫不复，一下子随风而去了！世界又回归到应有的轨道—自由民主的大道上！

这里，不能不说说1912年下半年毛泽东首次读到的，奠定当今世界民主与共和社会模式的卢梭《民约论》。

卢梭的《民约论》，又名《社会契约论》或《政治权利原理》，是近现代西方民主政治的奠基之作。1778年，卢梭逝世。卢梭创建的举世惊骇的西方民主政治，可在他有生之年，却没有看到自己创建的自由民主政治理论在世界各地开花结果的繁荣景象。不过，可以欣慰地说，世界自由民主政治并没有让卢梭等得太久。在卢梭逝后十年，仅10年功夫，震惊世界的法国大革命在1789年爆发了，接着席卷欧美大陆。欧洲废除君主绝对权力运动，北美反抗英国殖民统治斗争，都受到卢梭《民约论》思想的引导，美国的《独立宣言》、法国的《人权宣言》和两国宪法，都是卢梭自由民主思想的再现和发展。晚清思想家梁启超说得非常中肯贴切：卢梭的《民约论》，在“欧洲学界如旱地起一霹雷，如暗界放一光明，风驰云卷，仅10余年，遂有法国大革命之事。自兹以往，欧洲列国之革命纷纷继起，卒成今日之民权世界。《民约论》者，法国大革命之原动力也；法国大革命，19世纪全世界之原动力也。”

卢梭对年轻的毛泽东来说，并不陌生。在湘乡东山学堂读书时，毛泽东就是梁启超的崇拜者，还读过卢梭的传记。卢梭学说和法国大革命应该是如雷贯耳。卢梭的《民约论》是开启一个时代，一种新型社会，引导资产阶级革命的“圣经”。当时，中国辛亥革命是成功了，可中国还是一个半封建半殖民的社会，国穷民弱，以救国安民，探求社会变革，国家富强的知识分子把目光自然投向西方，尤其是法国大革命。毛泽东是其中的一员，受到卢梭思想和法国革命的激励和洗礼。

卢梭《民约论》的思想核心：

其一，“主权在民” 反对专制。

梁启超撰写《卢梭学案》，就“民约”的要义说得十分透彻：“然主权当常在于国民中而无分散。……是故主权之用可分，而主权之体不可分，是民约论之旨趣也。”用今天的话说，“民主”的核心是分权和权力制衡。一切专制者为什么害怕“民主”，实质是害怕自己专制独裁的权力被分散和监督。同一个道理，一切在为个人或集团，或政党利益争斗的人，都会是“民主”的鼓吹者，以“民主”为武器，反对专制。古今中外，概莫能外。一切最热衷“民主”的个人或政党，一旦打倒对手，获得权力，立马将“民主”丢掉，制定并执行比原来更加严厉的专制。这似乎成了社会发展的公例，这必须引起人们的警惕，不要被打着民主之旗帜，行欺骗人民之实的骗子所迷惑，从制度上保证人民民主的权力。还权于人民，让人民真正有参与和选举国家领导人的权力，有监督国家机关的权力和自由。卢梭所謂“群之权利，以公约为之基”，就是与人民群众的参与联系在一起。意即当人民的权力被剥夺时，人民有权起来反抗剥夺他们权力的人，不论这个人是谁！

应该说，“主权在民”的思想，在毛泽东思想学说中占有重要地位。毛泽东一生一直到晚年都坚持“主权在民”的思想。1966年3月4日，毛泽东说：“我历来主张，凡中央机关做坏事，我就号召地方造反，向中央进攻。各地要多出些孙悟空大闹天宫。凡是有人在中央捣鬼，我就号召地方起来反对他们，叫孙悟空大闹天宫，并要搞那些保玉皇大帝的人。”

毛泽东常说：我不怕你们造反，我自己也是造反的，造了多少次反。袁世凯当皇帝逼出了个蔡锷造反。如果中央出了军阀，出了修正主义，你们就可以造反。

其二，卢梭所讲的自由，多指社会自由，而不是单纯地的“自然自由。”

卢梭撰写《民约论》的开山之言就是：“人生來是自由的，但却无往不在枷锁之中。”（卢梭：《民约论》，法律出版社，1958年，第6页）。因此，一些专制主义的卫道士多拿卢梭的这句话做文章，认为卢梭大错特错。因为，人生来就是不自由的，需要人喂养，呵护，教育。……这是明摆着的事实。卢梭提出的自由，旨在紧扣《民约论》一书的主题。人这种与生俱来的自由，是人其为人的最宝贵的权力。（转引自：严复与卢梭的《民约论》）。在卢梭看来，在自然界，政治权威并不起主导作用。但是，在人生存的社会，政治权威却无处不在。因此，这就需要契约来规范。在社会里，人人都是平等的，没有特殊例外。契约是一切合法权威的基础。契约的重要作用就是保证人在社会上的独立人格和人生自由，不受政治权威的侵犯。卢梭非常痛恨封建君主专制，一生的努力就是为恢复人民的自由权力，建立民主共和。

1789年7月14日，法国巴黎人民攻占巴士底狱至1830年7月革命，史称法国大革命，历时41年，其道路之漫长，其斗争之复杂，其规模之宏大，其革命之惨烈，对民主自由之渴望的法国人民群众，面临的不只是法国的专制统治者，而且是整个欧洲专制统治者的围剿。在大革命的三次转折关头，法国人民三次举行起义，一步步推动革命向前发展。法国大革命以著名的《人权宣言》，向全世界庄严宣布了“人身自由，权利平等”的原则。人民实现了卢梭“人生來是自由的”箴言。法国大革命的胜利，是人民群众为了民主自由积极参与革命的胜利！是伟大的法国人民，成就了法国大革命，成就了法国民主自由建国的世界典范地位。

19世纪，法国思想家托克维尔写过一本名叫《旧制度与大革命》的书，是一部被公认的，研究法国大革命的经典之作。托克维尔在《旧制度与大革命》中明确指出：法国大革命“绝不是一次偶然事件。的确，它使世界措手不及，然而它仅仅是一件长期工作的完成，是十代人劳作的突然和猛烈的终结。即使它没有发生，古老的社会建筑也同样会坍塌。……只是它将一块一块地塌落，不会在一瞬间崩溃。大革命通过一番痉挛式的痛苦努力，直截了当、大刀阔斧、毫无顾忌地突然间便完成了需要自身一点一滴地、长时间才能成就的事业。这就是大革命的业绩。”（转引自：法国大革命（历史革命）_百度百科）。这段话很是精辟，向世人宣告，法国大革命不是别的原因，乃是旧制度下社会演进的结果。值得重视。

二十世纪，无产阶级专政的社会主义制度的分崩离析，亦应做如是观。纵观历史，一切阻碍社会发展的人，制度，不管一时多么强大，不可一世，一切想阻止社会潮流发展的行为，在人民面前，都会被打碎，被抛弃。这是历史发展，并被历史证明了的不可巅复的真理。不论这个阻碍历史发展的势力多么强大，可能得势于一时，但不能得势于永远。中国明朝统治者的爪牙，鹰犬—东厂，极尽随意打压，杀戮之能事，也未能长久，也未能保住明朝灭亡的命运。斯大林的专制独裁，不惜代价地清洗一切对手，也未能挽救苏联帝国分崩离析的国运，在苏联建国不到七十五年的时间里就寿终正寝了。这不能说明别的，只能说明任何专制独裁的制度，没有人民民主权力的制度，越是专制独裁，越是不顾人民的死活，就灭亡的越快。苏联帝国的灭亡，就是前车之鉴！历史的教训，值得深思！

还有一点值得说明，法国人的浪漫在世界上是出了名的。在缺乏自由政治制度的国度里，人民身受旧制度种种弊端之苦，政府管理无能，人民看不到医治具体社会病的药方。普通中国人的人生哲学说：“好死不如赖活着。”法国人则不同，是为了自由，一切都可以不顾的人。卢梭和那个时代思想睿智的人，给法国开出了醒世良方：“民主与自由！”这使普通法国人看到了希望。因此，全体法国人还是愿意抛弃“现实社会，沉湎于虚构社会。人们对现实状况毫无兴趣，他们想的是将来可能如何，他们终于在精神上生活在作家建造起来的那个理想国里了。”这就是法国人，这就是法国人的伟大精神！法国人用行动向世界证明：民主，自由，人权，是人类的普世价值，是什么也阻挡不了的历史潮流。

毛泽东从湖南图书馆自学起，一直在学习西方历史，关注西方社会发展，用西方有益的思想学说，研究中国，指导革命实践。毛泽东更是以极大的兴趣研读法国的历史。毛泽东在定王台自学时研读孟德斯鸠的《论法的精神》和卢梭的《社会契约论》等著作，颇受教益。在参加革命几十年后，仍回味无穷。1944年，在回答英国记者斯坦因的提问时，毛泽东意味深长地说：“我们信奉马克思主义是正确的思想方法，这并不意味着我们忽视中国文化遗产和非马克思主义的外国思想的价值”，“其中有我们必须接受的、进步的好东西”。

1965年8月5日，在会见外宾时，毛泽东引用列宁的话讲得更为明确：“不读资产阶级唯物主义的书，不能成为共产主义者。”

1973年9月12日，毛泽东在会见法国总统蓬皮杜时说：“法国人的历史，我们感兴趣，特别是对法国大革命。”这足见毛泽东对法国历史，尤其是法国大革命的独钟之情。

关于法国的英雄拿破仑，也是毛泽东经常谈论的人物。毛泽东说，拿破仑只是豪杰，并非圣贤，用毛泽东的话说，只是“办事之人”。陈晋认为，从1910年到1973年，毛泽东谈拿破仑，不下40次。毛泽东对拿破仑名字的了解，应该是从郑观应的《盛世危言》和《世界英杰传》(斯诺：西行漫记)开始的，后来一生不缀，以致对拿破仑的认识甚至比法国人还清楚。

1970年10月14日，法国驻中国大使马纳克陪同法国前总理德姆维尔和毛泽东见面时，毛泽东说，英国人曾经占领法国的土伦港。

马纳克则说，英国和西班牙军队“没有占领土伦”。

毛泽东坚持说："我看到的拿破仑的传记上说，拿破仑是攻下土伦的，那时候英国人已经占领了。"

马纳克也坚持说："我记得英国是从海路上攻打土伦的，包围了它，但好像没有占领。还要再核实一下。"

双方各持己见，法国前总理德姆维尔打圆场说："将来我们大使就此写一个备忘录交给中国政府。"(陈晋：毛泽东为什么喜欢读谈法国近代史)。

经查证，事实上，毛泽东的记忆是对的。

马克思是德国人。马克思的理论学说产生于英国。而法国对马克思学说的贡献却具有特殊的历史地位。法国的空想社会主义思潮是马克思社会主义学说的来源之一。法国巴黎公社的实践，更是马克思理想学说的希望之光。毛泽东多次讲，没有空想社会主义，就没有科学社会主义。巴黎公社是工人阶级建立第一个政权的尝试。1968年法国发生"五月运动"，是年6月3日，毛泽东在一次谈话中说：法国是巴黎公社的传统，你们搞点参考资料看看(陈晋语)。这些表明，法国具有光荣革命传统，而且法国人民更是民主，自由，人权，平等的向往者和践行者。十九世纪中叶至二十世中叶近一百年间，马克思的思想学说，巴黎公社起义，列宁无产阶级一党专政的建国理论，曾风靡欧亚非，却未能在法国落户，未能改变法国人民的历史走向，应该说是有深层原因的。因为，法国人民向往民主自由，人权平等，哪里容得了专制独裁的社会制度。我们不能不说，法国人民为世界人民，为人类社会的发展做出了十分可贵的贡献！法国人民是一切为民主自由奋斗的光辉典范！

## (3)，学习逻辑 求真求实

在中国，以往没有专门的逻辑学。因此，英文"logic"一词，翻译时参照中国古代的名家或明辨之意，译为名学，这大概是《穆勒名学》译名的来历。这当然是意译。若按字面译，应为(原名为"A System of Logic，Ratiocinative and Inductive"，宜译为《逻辑学体系》)。原书作者是英国人约翰•斯图亚特•穆勒，今译弥尔•密尔（1806—1873），故译为《穆勒名学》。《穆勒名学》是19世纪西方经验主义思想的代表性著作，由严复翻译，1905年出版。据说，英文"logic"一词被译为"逻辑学"由章士钊首倡，开始并没有流行，故斯诺在采访毛泽东后写的《西行漫记》译成中文时，沿用《穆勒名学》。

《穆勒名学》是讲逻辑，逻辑思维，开启心智，认识世界的科学。严复译的《穆勒名学》，只是《逻辑学体系》的节译本，所译部分是：导言。第1、2卷和第3卷的前13章，以研究归纳法为主，尤以关于契合法、差异法、求同求异并用法，共变法、剩余法等确定现象原因的归纳方法，译述简明通达，颇有建树。

人的知识来源是多方面的，但主要是两个：一个是从已有的文献中找灵感，做演绎推理。一个是求诸事物事实，亲自观察调查研究，总结归纳，从中找出带规律性的东西。中国文人是前者为多，后者绝少。几千年来，中国文人习惯于演绎推理，舞文弄墨，以致编造歪曲和学术造假，误国殃民，弊端丛生。这是中国历史重文轻理，以文章求功名，入仕途的痼疾所在。这也或许是中国进入近代，科技建树鲜见的重要原因之一。所以，严复借用西方的观点说：“读书得智，是第二手事。唯能以宇宙为我简编，各物为我文字者，斯真学耳”。严复认为，书本知识是第二手知识，只有以世界万事万物为学习对象，探求其中的奥秘，找出存在的规律，才可以获得有用的知识。由此可见，严复译书，是在挑战中国传统，试图改变中国学术空气，开创求真求实的新风，以资“一理之明，一法之立，必验之物物事事而皆然，而后定之为不易。其所验也贵多，博大；其收效也必恒，故悠久；其究极也，必道通为一，左右逢源，故高明。”

在严复看来，“西学与国学相比，之所以知识翔实，自然规律不断被认识，人的智慧被开发出来，并用于造福人类，正是因为掌握了逻辑学。在西学中，每一原理和法则，必须用事实和实验反复证明，而后确认为不变的公理，否则便不被承认。其实验可多次重复，其收效也持续稳定，其学问追究源头根本，揭示了宇宙普遍规律，这种治学方法非常高明。”（王立华：毛泽东早年“极有价值”的自修生活）。在十九世纪末，严复不仅已看到中国与西方的差距，还指出了造成两者巨大差距的由来，的确有先见之明。

可惜，严复的用心，当时并没有得到国人和社会应有的重视。因为，逻辑学对中国人来说是一门新学问，加之译文艰涩，内容深奥，能读懂的人不多。但是，具有深厚古文基础的毛泽东，不仅读懂了，学习逻辑学的兴趣一生不减，还应用逻辑学指导革命活动。在湖南一师求学时，利用暑假游学 ，亲自到乡村，城镇了解人民疾苦，社会生活。毛泽东时常自觉的应用逻辑学，检查自己的思维和表达。例如，1920年11月26日，毛泽东给新民学会会员罗学瓒写信，谈论四种常见的“论理的错误”，包括以感情论事，时间上以偏概全，空间上以偏概全，以主观概客观。毛泽东说：“我自信我于后三者的错误尚少，惟感情一项，颇不能免。我于后三者，于说话高兴时或激烈时也常时错误，不过自己却知道是错误，所谓明知故犯罢了”（进化论与救亡图存（读严复译赫胥黎《天演论》）。

参加革命后，毛泽东多次被马克思主义理论家排挤，打击，指责为“经验主义”，革命也因此受到挫折。毛泽东反而更加坚定到社会中去，到实际生活中去，向实践学习，做调查研究，进行符合客观规律的逻辑分析，总结经验教训，提出没有调查研究就没有发言权的论断。经过土地革命时期，也称第二次国内革命战争时期（1927年—1937年），毛泽东脱颖而出，带领中国工农红军走出困境，打出来属于自己的一片天地，在陕北延安建立起革命根据地。

据记载，1938年3月25日，在延安凤凰岭窑洞，毛泽东收到一本刚出版的《逻辑与逻辑学》，即刻放下正在研读的克劳塞维茨的《战争论》，开始读《逻辑与逻辑学》，一天就读了93页，仅用3天时间就读完了这本书。在延安整风时期，毛泽东提出改造我们的学习，尖锐地批评教条是“连屎都不如，狗屎可以肥田，人屎可以肥狗，脱离实际的学习只会害人，一害组织、二害自己。”反对党员干部死读书，读死书，把书本当教条，要求他们联系中国革命的实际学习马克思主义理论，坚持实事求是的思想路线，提高思想认识和理论水平。

建国后，毛泽东虽工作繁忙，仍十分关注中国学术界逻辑学的争鸣和发展。那时，中国作为社会主义阵营的一员，深受苏联学术思想的影响，逻辑学成为热烈争鸣的议题。一派认为，逻辑学也有阶级性和党性，形式逻辑是形而上学的基础，反对甚至否认形式逻辑，只承认辩证逻辑。后来，又把二者看作低级与高级的关系。

1956年，著名学者周谷城发表文章，提出不同见解，认为形式逻辑没有阶级性，也没有党性之分，只是对推论过程的形式规定，更不同意辩证逻辑的"高低级关系说"，并提出自己的"主从关系说"，认为在认识活动中，辩证法是主，形式逻辑是从，主从虽有别，却时刻不能分离。文章一出，周谷城成了众矢之的，引来众多批评，压力很大。据说，毛泽东则欣赏周谷城的观点，但又不宜公开表达，以免造成干涉学术争鸣的不良影响。毛泽东只能私下里鼓励支持周谷城，并风趣地夹用英语说：formal logic本来就是for-mal的，它是一门独立的学问。在随后的十年里，毛泽东一直很关注并多次召集有关领导、逻辑学和哲学界人士座谈争论，倡导谈科学研究也必须实事求是、独立思考，不能人云亦云，不能让自己脖子上长着别人的脑袋，即使对老师也不要迷信。(王立华：毛泽东早年"极有价值"的自修生活)。

据毛泽东身边的工作人员回忆，由毛泽东建议布置中央政治研究室负责编辑出版的《逻辑丛刊》，将1953年后发表的逻辑学论文、苏联译文、数理逻辑和中国逻辑思想史论文，旧中国出版的11部代表性著作，包括《穆勒名学》，几乎全部编入在内。这套《逻辑丛刊》，毛泽东一直保留在身边，即使外出视察，也经常带上，学习参考。

### (4)，王者兴法 群学肄言

在十九世纪末和二十世纪初叶，严复翻译介绍西方文化思想名著，计有八本，俗称八大名著：英国生物学家赫胥黎的《天演论》、亚当•斯密的《原富》、斯宾塞的《群学肄言》、约翰•穆勒的《群已权界论》和《名学》、甄克斯的《社会通诠》、孟德斯鸠的《法意》、耶芳斯的《名学浅说》。从此，严复奠定了他在中国近代史上的学术思想定位。后人评价严复认为：严复对中国近代翻译文学有两大贡献：一是他翻译的西方社会科学名著，二是他提出的翻译理论。其实，依我看，这根本不是严复翻译的初衷。

现在，评介严复不仅要站在当时历史的高度，还要站在对历史的推进和影响上公平公正地评价严复。后来，人们普遍认为，严复译的《天演论》、《原富》、《法意》和《名学》最著名，影响最大，其余如《群学肄言》等次之。当然，《天演论》自不必说。因为，《天演论》是严复着手翻译的第一部西方名著，倾注的心血，可想而知。鲁迅的一句话，概括了严复的用心。鲁迅说，是严复做了《天演论》(李锐：毛泽东：峥嵘岁月)。严复的《天演论》问世，象一道闪电划破中国长空，"物竞天择"、"适者生存"、"优胜劣败"的进化论，象一声炸雷，震撼中国人的心灵，成为当时与封建顽固派进行斗争的思想武器，指导维新变法、救亡图存的理论基础。一句话，是严复的《天演论》唤起中国民众，使不计其数的中国人站出来，敢对腐朽没落的清王朝和帝国主义列强的侵略说："不！"赢回了中国人的尊严，赢得了中国独立自主的国格。……这已是不争的历史事实。由此，严复也赢得了中国近代史上启蒙家和思想家第一人的美誉。

据称，在严复翻译的八大名著中，毛泽东在早期思想形成中受影响最大，且仅次于《天演论》的名著，首推《群学肄言》。后人研究表明：严复翻译《群学肄言》所倾注的精力和心血，不亚于他翻译《天演论》，甚至更多。由此可见，《群学肄言》在严复心目中的特殊地位和翻译的良苦用心。因此，我实不敢怠慢，必须给予应有的重视和说明。因为，严复的译文，不仅语言有别，名词名称与现在的也有差别，于现代人读起来实有些味同嚼蜡的感觉。我曾找来严复翻译时用的原版《Study of Sociology》，对照严复译文，仔细译阅，给我的感觉是，阅读斯宾塞的英文版原著《Study of Sociology》，比阅读严复译本《群学肄言》，理解起来要容易多了(如若不信，或有意愿读英文版原著者，我可提供照相版。当然仅供学习参考用。作者注)。为方便读者，在此特将《群学肄言》的中英文目录对照引述如下，看严复翻译与今人之理解的天壤差别，以飨读者：

全书共分16章：

1，Our Need of It.（严复译作：砭愚第一）我们需要社会学
2，Is there a Social Science?（倡学第二）有社会学吗?
3，Nature of the Social Science（喻术第三）社会学性质
4，Difficulties of the Social Science（知难第四）社会学之难
5，Objective Difficulties（物蔽第五）客观之难
6，Subjective Difficulties Intellectual（智絯第六）主观之难：心智
7，Subjective Difficulties- Emotional（情瞀第七）主观之难：情绪
8，The Educational Bias（学诐第八）教育偏见
9，The Bias of Patriotism（国拘第九）爱国偏见
10，The Class Bias（流梏第十）阶(层)级偏见
11，The Political Bias（政惑第十一）政治偏见
12，The Theological Bias（教辟第十二）宗教偏见
13，Discipline（缮性第十三）素质培训
14，Preparation in Biology（宪生第十四）生物学认识
15，Preparation in Psychology（述神第十五）心理准备
16，Conclusion（成章第十六）结论

必须明白：斯宾塞的英文版原著《Study of Sociology》不是一部学术著作。所以，译著《群学肄言》也不应当一部学术专著读。本来，英国学者斯宾塞（Herbert Spencer，1820—1903）所著Study of Sociology(最好译为《社会学研究》)，据斯宾塞自己称，是他应美国朋友Youmans教授之约，为《国际科学丛书》（International Scientific Series）撰写的一种有关社会学的小册子，是一种科普性质的读物。看似普通读物，可并不普通。当时，社会学在西方虽已诞生经年，可一直处在边缘状态，歧视乃至否定的也大有人在。一开始，斯宾塞似乎并不十分看重，也不十分热心。斯宾塞说："我感到自己手头所从事的工作已经够多，必须全力以赴，方能应付，故很久都没有应允"。

在投入写作后，斯宾塞思想认识起了变化，认真负责，力求从理论上论证“人类社会象需要自然科学一样需要社会科学，社会科学可以象自然科学一样成为严格的科学。”

斯宾塞不愧社会学大家，他以自己之所长，以平时收集积累的实例，分析社会科学的特点，阐述社会科学与自然科学的特殊性所带来的特殊困难，因为社会科学研究的对象主体是人。人，不仅是自己研究的客体，同时还是实施对自己研究时的主体。在研究自然科学时，一般不会遇到这样的困难。斯宾塞敏锐地感觉到，社会科学的复杂性，必要性，重要性，着力针对研究中可能出现的偏差或偏见(bias)提出预防，借鉴自然科学和相关学科的经验，建立社会科学研究所需的科学措施和方法，促使社会学真正成为一门独立的科学或学科。可以毫不夸张地说，斯宾塞做到了。斯宾塞的《群学肄言》成了欧美近代新式社会科学诞生的宣言书。从此，标志着一个新学科—社会学—的真正诞生(王宪明：严译名著与中国文化的现代化—以严复译《群学肄言》为例的考察)。

严复象翻译《天演论》一样，与其说是翻译《群学肄言》，不如说是用中国传统文化思想重写《群学肄言》。王宪明认为，从严复译本的侧重点与思想倾向等看，《群学肄言》与斯氏原作有明显不同，甚至有违斯氏的本意。这样说，应该说不过分。原因如下：

其一，《群学肄言》不是照本翻译。不少段落根本忽略不译。有的段落是几句话一带而过。

其二，对照严复译本与斯宾塞的原文，严复译本有的内容，原文则完全没有。虽然，严复译本保留了斯宾塞原文的框架，据研究表明，约1/4的内容为严复所写。有些译文，是严复对原文的拓展和延伸，在原文中找不到对应的文字。

其三，在翻译时，严复明显地是在以中国文化价值观改写或/和重写《群学肄言》。严复翻译时使用的关键性观念，与斯宾塞的原文“出入相当大。”斯宾塞对社会(society) 和社会学(sociology) 给有特定的内涵。严复在翻译时则有意改写，重塑社会和社会学，以合中国传统之道。

据王宪明先生研究表明，严复在界定“社会”和“社会学”上，与斯宾塞有显著不同。斯宾塞在所著《社会学原理》一书中，给出的“社会”定义是“社会可以说不过是由若干个人所组成的一个集体”，个人之间的关系是稳定、持久的，而且“其成员之间的相互关系，决定组成其成员整体的特性，以与其成员个人的特性相区别。一旦一个统一的群体分裂为不同的部分，则这一群体也就不复存在。社会是有机体，在发展过程中不断整合，由小变大，由简单变复杂，由部落发展为部落联盟，由部落联盟发展为文明国家，成员相互之间的关系也越来越紧密，管理机构分工也越来越细。‘社会学’的任务之一，就是要研究其结构和功能的发生、发展和变化。”(转引自：王宪明：严译名著与中国文化的现代化—以严复译《群学肄言》为例的考察)。

严复在译《群学肄言》时，没有沿袭斯宾塞的界定，将社会和社会学的重心放在其本身的研究上，而是采用中国古代荀子关于“国”和“国家”的概念，从“君”，“国”和“道”上，论述关乎“国家”的“存”与“亡”。这显然与斯宾塞以自由主义为基调，提出以个人和社会为本位（而非以国家为本位）的“社会”

思想研究学说背道而驰。这是一个基本立场问题。无论是严复生活的时代，还当今世界，中国与西方的根本不同或本质区别之一，就是人民与国家的关系：中国重集体，轻个人，西方重个人，轻集体；相反，西方则重人民，轻国家。中国重国家，轻人民。孔子在《论语•泰伯篇》中说："民可使由之，不可使知之。"荀子主张的"性恶说"，都是在为人的管理与控制提供思想基础或理论依据，也是严刑峻法，专制统治由来的根基。中国社会，几千年的思想政治学说都是在围绕同一个问题，国家的"存"与"亡"做文章(张京华：从理想到现实—论孔孟荀韩"仁""义""礼""法"思想之承接)。严复也没有脱出中国传统文化的桎梏，尽管他目睹了西方社会，也看到西方社会发展的景象，但还是没有悟出西方社会发展，进步，繁荣的奥秘，也没有直接译出西方社会思想学说的本来面目。相反，严复脱出斯宾塞的原有本意，以中国荀子的思想为基调翻译，甚至曲解斯宾塞关于社会和社会学应有的历史责任和义务，为"国"和"国家"代言。

严复在《〈群学肄言〉译余赘语》中宣称：

荀卿曰："民生有群。"群也者，人道所不能外也。群有数等，社会者，有法之群也。社会，商工政学莫不有之，而最重之义，极于成国。尝考六书文义，而知古人之说与西学合。何以言之？西学社会之界说曰：民聚而有所部勒东学称组织祈向者，曰社会。而字书曰：邑，人聚会之称也。从口，有区域也，从卪，有法度也。西学国之界说曰：有土地之区域，而其民任战守者曰国。而字书曰：国，古文或，从一，地也，从口，以戈守之。观此可知中西字义之冥合矣。

由上可知，严复将斯宾塞的"society"译为荀子的"群。"由所谓的"群"，即社会，包括商、工、政、学等，渐次推而广之，直到社会的最高组织—国家。《群学肄言》作为一门学科是什么？严复称："群学何？用科学之律令，察民群之变端，以明既往测方来也。肄言何？发专科之旨趣，究功用之所施，而示之以所以治之方也。"(摘自严复《译〈群学肄言〉自序》)。用现代话说，就是用科学方法，监察人民群众的一举一动，掌握社会动向，研究以往的治乱兴衰机制，预测社会未来发展趋势，为统治者提供治理社会的大政方针之良方。

当然，这不是后人的牵强附会自作多情，而是严复自己的刻意之作。严复自己宣称，所译《群学肄言》与《大学》和《中庸》的"精义"甚相吻合。《大学》，《中庸》，《论语》和《孟子》统称四书，是中国儒家文化经典。但是，四书问世以来，一开始并没有被奉若圣明。即使是汉武帝罢黜百家，独尊儒术后的数百年间，四书也没有提高到无以复加的地步。这一切，自南宋朱熹集注四书以降，四书的地位才凸显出来，发挥着不可替代的重要作用，真正成为儒家思想的经典。

为什么？宋代朱熹的贡献是创立了自成体系的"理学。"有人认为，朱熹一生在"立言"，不在"立功。"此言差矣！

朱熹"理学"同所有往圣一样，同样是在追求"内圣外王"的至高境界。汤用彤在谈及"理学"时说，"朱子之言则最切其学，大抵穷理以致其知，反躬以践其实，而以居敬为主，全体大用兼综条贯，表里精粗交底于极，谓圣人之学，本心以穷理，顺理以应物，是则尽心之外又有功夫焉。"(转引自：林怡：以学为政：从朱熹到严复—论"理学"实践品格的历史传承及其当代启示)。

朱熹在集注《大学》和《中庸》中阐发的一个重要思想是“治国平天下”的“大义微言”，将其称之为“大人之学”。《大学》称：“古之欲明德于天下者，先治其国；欲治其国者，先齐其家；欲齐其家者，先修其身；欲修其身者，先正其心；欲正其心者，先诚其意；欲诚其意者，先致其知；致知在格物。物格而后知至，知至而后意诚，意诚而后心正，心正而后身修，身修而后家齐，家齐而后国治，国治而后天下平。自天子以至于庶人，一是皆以修身为本。其本乱而末治者否矣，其所厚者薄，而其所薄者厚，未之有也！”

《中庸》称：“唯天下至诚，为能尽其性；能尽其性，则能尽人之性；能尽人之性，则能尽物之性；能尽物之性，则可以赞天地之化育；可以赞天地之化育，则可以与天地参矣。”“至诚之道，可以前知。国家将兴，必有祯祥；国家将亡，必有妖孽；见乎蓍(shi?)龟，动乎四体。祸福将至：善，必先知之；不善，必先知之。故至诚如神。”

看看，在叙述上，《大学》与《中庸》文字虽有不同，但中心内容都以修身，从自身做起，格物致知，诚意正心，以期“治国平天下”。

严复自幼接受的是中国传统文化的教育，这一点颇与毛泽东小时候学习孔夫子的经历相似。只不过毛严在十四岁以后，各自选择了不同的求学道路。严复从七岁至十四岁学习“治经，有家法，饫闻宋、元、明儒先学行”，后因父亲得霍乱去世，家境困难，无力聘请老师特别教授，遂报考了正在招生的船政学堂，学习海军。在船政学堂和英国留学期间，清王朝明确要求学生学习中国的传统经史。在留学归国后，严复任职北洋水师学堂。李鸿章和清政府又明确要求严复等人“于闲暇时，宜兼习史鉴等有用之书，以期明体达用。”不仅如此，严复在任职北洋水师学堂时，曾四次参加“乡试。”有人认为，参加乡试是严复的个人行为。其实不然，严复参加乡试是清朝政府行为。因为，在光绪十三年，李鸿章上奏朝廷，并获准水师学堂等学生就近参加乡试的国家行为。可惜，满腹经纶，学贯中西的严复却屡试不中，个中缘由只有严复自己清楚。据说，可能是严复口无把门的，在不自觉中得罪了上司。虽贵为李鸿章部下，而致不受李鸿章重用之故。严复虽未中功名，中国传统文化修养却在突飞猛进，尤其是官方为“乡试”指定的必读之书—朱熹集注的四书，可谓融入到了严复的灵魂深处。严复明确表示赞同，接受朱熹对四书的解释。

这么一来，严复以惊人之举，不顾世俗之见，我行我素，顶天立地，象先圣朱熹一样“立言”，就有了思想理论基础。严复倾注翻译《群学肄言》的用心，以往没有引起人们足够的重视。近年来，随着对《群学肄言》的深入研究，尤其是以严复译的《群学肄言》与斯宾塞原文的比较研究，严复“立言”的秘密，渐渐浮出水面，

刘桂生等人研究发现，严译名著是一种复杂的文化产品(参见刘桂生：《在纪念严复逝世八十周年大会上的讲话》，福建省严复学术研究会编：《严复逝世八十周年纪念活动专辑》，2001年，第13页)。近年来，王宪明的研究，为揭示严复翻译《群学肄言》的用心提出了可信证据。如前所述，除了在翻译上删繁就简，深入说明，名词选择，还在文化价值取向上，更脱出斯宾塞原文的中心议题，用中国儒家思想做主线，以自己的语言构建撰写社会学。

据王宪明研究表明：

第一，斯宾塞编撰《社会学研究》，旨在试图以科学方法论证：社会的个人特性决定社会的特性及其发展。斯宾塞甚至认为，国家连教育也不应干预，即便干预，也有如拔苗助长，也不会达到提高国民素质的目的。严复在翻译时，融入儒家思想学说，重点强调国家，认为国家的富强与否，进化与否，与构成国家的每个个体的素质息息相关。国民素质高，国家就会随之强盛。孟子云，人皆可以为尧舜。毛泽东是认同孟子思想的。在湖南一师时，毛泽东在《伦理学原理批语》中写道："故吾谓天下无恶，有之则惟次善；天下无恶人，有之则惟次善人也"。上世纪五十年代，毛泽东又写诗云：六亿神州尽舜尧。由此可见，毛泽东对人的看法是乐观的。关键在思想改造。正所谓，国民的素质，教育学习是关键。可藉每个个人的格物致知、诚意正心等修身(斗私)的功夫，一步步达到齐家、治国、平天下的目的。在严复这里，国家与个人这对矛盾体达到几近完美的统一。这是严复融会贯通的高明之处。严复高就高在使斯宾塞的思想和中国儒家"诚心正意修身齐家治国平天下"的思想学说，在译本《群学肄言》中近乎完美地融合在一起。这难道不是严复自己在"立言"吗？！

第二，严复似在自己撰写"政治学教科书。"

从上述的严复翻译基调看，《群学肄言》给人的整体印象，已经不再是斯宾塞苦苦求索的社会科学的合理性问题及其研究方法，而成了一部严复讲解社会天演进化"公理"、"公例"的政治学教科书。这一点，严复在《译〈群学肄言〉序》中并不讳言。严复说："今夫士之为学，岂徒以弋利禄、钓声誉而已，固将于正德、利用、厚生三者之业有一合焉。群学者，将以明治乱盛衰之由，而于三者之事操其本耳。""乃窃念近者吾国，以世变之殷，凡吾民前者所造因，皆将于此食其报。而浅譾剽疾之士，不悟其所从来如是之大且久也，辄攘臂疾走，谓以旦暮之更张，将可以起衰而以与胜我抗也。不能得，又搪撞号呼，欲率一世之人，与盲进以为破坏之事。顾破坏宜矣，而所建设者，又未必其果有合也，则何如其稍审重，而先咨于学之为愈乎！"通观全书，严复在翻译中谨守"国家"这个基调，将译文与政治和国家挂靠。因此，严复的译著《群学肄言》比起斯宾塞的原著《社会学研究》，政治意味更浓郁，更强烈。

严复翻译《群学肄言》的政治意图，还可以严复自己拟定，由郑孝胥手书写的对联为证。严复自拟曰：

"有王者兴必来取法，虽圣人起不易吾言"。

严复将其常年挂在室内，足显严复"立言"的远大宏愿。

严复身处风雨飘摇的晚清，国势颓废，每况愈下，人心思变，中国向何处去？严复忧心如焚。孟子讲，500年必有王者兴，其间必有名世者。严复倾心译著《群学肄言》，不只是在寻求研究社会和社会学，也是在为"敢叫日月换新天"的"王者"：做思想理论准备，为救世圣贤建言。

应该说，严复实现了他要做"前无古人，后绝来者"的大事。严复站在世界的前沿，以中国传统文化思想为基调，将近代世界的新知识，引申拓展、融为一体，建立了"一切科学之汇归"的"中国群学"—中国社会学，一种新的"大学"—"大人之学"。

1903年，严复为“王者”准备的“大人之学”—译著《群学肄言》问世。严复所期待的，改天换地的“王者”也已出世，也正在一步步走来。这可能是严复始料未及的—来的这么快。因为，严复期待来取他译介的“王者兴”之法—《群学肄言》—的王者，已经在向他招手致敬！这个王者不是别人，就是改写中国近代史的毛泽东。

毛泽东最早读到《群学肄言》的确切时间不得而知。据推测，1912年下半年，在长沙定王台湖南图书馆自学时，毛泽东应该已读过《群学肄言》(李锐：毛泽东：峥嵘岁月)。1913年，在湖南第四师范学校读书时，毛泽东在《讲堂录》中记有：“美谚曰：曲乎直乎，是吾国已”，即来自严复译《群学肄言•国拘》：“曲乎直首，是吾国已，此美利坚之民所常常称道者也。”由此可见，这仅仅只是推测而已。当时，毛泽东即便是读了，似乎也只是泛泛而读，并没有特别留意。

因此，《群学肄言》引起毛泽东关注的时间，当是在1915年七月间。毛泽东的老师兼挚友黎锦熙日记记载：一九一五年七月十五日星期四。上午读《群学肄言》“教辟”竟。与润之说研究法。七月十九日星期一。上午与润之、章甫说读书自习法。七月二十日星期二。上午坐门间阅《群学肄言》“缮性”，竟，甚爽适，润之亦移坐此室。七月二十三日星期五。上午与润之、章甫讲学，告以“缮性”一篇，以自试其思考力及学识程度。这里透出两个信息，一是黎锦熙此时正在读《群学肄言》。二是在7月23日，黎锦熙给毛泽东(润之)和章甫讲学，要他们读“缮性”一篇，以自试其思考力及学识程度。这是最过硬的有文字可循的，证明毛泽东读《群学肄言》确切时间的证据。(转引自：为学之道在是矣（读严复译斯宾塞《群学肄言》）。

黎锦熙是毛泽东最尊重的老师之一。黎的日记，是证明毛泽东接触和学习《群学肄言》的可靠证据。这是其一。

其二，黎锦熙只比毛泽东大3岁，没有代沟，两者之间无拘无束。毛泽东视黎锦熙为兄长，且十分敬重。毛泽东曾在1917年8月23日致信黎锦熙时说：“弟自得阁下，如婴儿之得慈母。”敬重之情跃然纸上。遵照黎锦熙的建议，毛泽东不仅读了《群学肄言》中的“缮性”篇，还读了《群学肄言》全文。

1915年9月6日，毛泽东在致肖子升的信中谈读《群学肄言》的心情说：黎君邵西“又介仆读《群学肄言》‘缮性’篇。仆因取其书观之，竟，乃抚卷叹曰：为学之道在是矣！盖是书名《群学肄言》，其实不限于群学，作百科之肄言观可也。”这次再读，毛泽东似有醍醐灌顶，茅塞顿开之感。

因为，毛泽东从小有个臭毛病，读书偏科，读书喜欢一心扑在文史科学上，不大重视其它学科的学习。李京波在“探求为学之道”中说：在当时的毛泽东看来，在学校目前污浊腐败的情况下，怎么求学问呢？似乎只有隐身深山幽泉，潜读古籍，以建基础；仿效康有为、梁启超，然后下山涉新。但是“劭西不谓然”，并认为这是先后倒置。黎锦熙认为：“盖通为专之基，新为旧之基，若政家、事功家之学，尤贵肆应曲当。”即是说，学问的基础不是先古后新，而是相反：先通后专，先新后旧。因此，作为政治家、事功家，明白这些做学问的道理，尤为重要。那次谈话中，毛泽东还问到做学问的下手功夫。于是黎锦熙又说到国文、历史、地理、报章杂志、体操、图画、音乐、手工等等，这些都是系统的通识，都是君子的为学善生之道。黎锦熙特别告诫青年毛泽东“观中国史，当注意四裔，后观亚洲史乃有要；观西洋史，当注意中西之比较，取于外乃足以资于内也。”

学习(读书)偏科，其实是所有读书人的通病。但是，一个以救亡图存为己任的毛泽东，开始也不能例外。黎锦熙的指点，不仅解决毛泽东的疑惑，更鼓足了毛泽东读书的信心。这正所谓“有王者兴必来取法，虽圣人起不易吾言。”

1915年9月6日致信萧子升，毛泽东情深意切地谈读《群学肄言》心得说：为学奚假乎是？是须有条理有秩序，紊之则无以为条理秩序，以娉吾心而缮吾性，为学之道孰大焉。故诸科在学校为不可阙。邵西所宫各科下手方法及其用如此。于是又介仆读《群学肄言•缮性篇》，仆因取其书遍观之竟，乃抚卷叹曰，为学之道在是矣！盖是书名《群学肄宫》，其实不限于群学，作百科之肄言观可也。其旨以谓为学之难三：其一在物，其一在心，其一心物相对。在物者曰物蔽，在心者曰情音智絯，心物相对者曰学诐、国拘、流梏、政惑、教辟。是三难者，将欲祛之，则必缮性。缮性在学，学有三科，曰玄间著。玄科者，名、数二学属之；间科者，物理学、化学属之；著科者，博物学属之。三科习，而后三难祛。心习娉，性灵缮，于是乃可言学，络之以心理生理，关于群学者大也，吾谓此岂惟学也，德即寓乎其中矣。于此有人焉，不蔽于物，瞀于情，絯于智，而又无学诐、国拘、流梏、政惑、教辟诸弊，其人之为君子，尚特言哉！近每与人言及为学，即介以此书，以其所言者切也。足下有暇，可览观焉（章甫近阅此书）。以上所陈，凡分三者：初论专通之先后，次言诸科之研法，次述“群肄”一书之可珍。(摘自毛泽东1915年9月6日致萧子升信。见《毛泽东早期文稿》第2版，第23—24页)。

毛泽东当时还联系中国的教育，痛陈旧教育制度的弊病：“试一观当世诸老先生，若举人、翰林、秀才之属，于其专门之业，不可谓不精，若夫所谓常识，求公例公理，绳束古今为一贯，则能者不甚寡哉。斯宾塞尔云，专攻之学，每多暗于通宗，岂不然哉！”

1920年6月7日，毛泽东致信黎锦熙，对照检讨自己说：“我对于学问，尚无专究某一种的意思，想用辐射线的办法，门门涉猎一下。颇觉常识不具，难语专攻，集拢常识，加以条贯，便容易达到深湛。斯宾塞尔最恨国拘，我觉学拘也是大弊。”

常言道，知识就是力量。书本改变人生。这些话，用在毛泽东身上再也合适不过了。以往一向偏科的毛泽东，读了《群学肄言》，真是春风化雨，不仅自己振作起来，还要求同学，同志好友也一起行动起来，共同努力。

# 第九章 求学长沙三，立志人生 救国安民

## (一)，立志引言

认识毛泽东，不能只从成功后的的丰功伟绩中去找成功的线索和秘诀，是要从小，从娃娃研究起。从小时候的一言一行中去体察，分析，发现出一些有意义的事，线索和活动规律。因为，望子成龙和望女成凤是世人作父母对子女的希冀。毛泽东一生的伟大，必定有其特有的亮点。毛泽东在祖父毛翼臣一脉时，已家道衰落，没有任何可圈可点和可值得渲染炫耀的事迹。毛泽东出世前，曾祖父毛祖人已仙逝。毛祖人与毛泽东无一面之缘。毛泽东出生时，家境贫寒，自小被送到外婆家寄养。俗话说，隔代亲。可是，毛泽东在外婆家，也没有享受到任何特殊的优待。外婆是个忙人，要做活，又不便带着小小的毛泽东在身边，便把小小的毛泽东交个毛泽东的表兄看管。实则是娃娃带娃娃。用现代人的心态，这可是谁也不会放心的大事。可是，毛泽东的外婆却就是这样做的。

外婆的“粗心”，倒也从另一个角度培养了毛泽东自由自在的个性，也就是小时候的毛泽东自己想怎么野就可以怎么野，无羁无束的天性。毛泽东晚年说身上有两股气，其中一股就是猴气。孙猴子敢大闹天空，敢搅东海龙宫，拿走龙王定海神针的气魄，在毛泽东身上大显神通。毛泽东对同学老师说自己“性不好束缚”(毛泽东致黎锦熙先生信，1917年8月23日)，恐怕就是在外婆家给贯出来的“臭毛病。”中国人常有福也祸也的辩证说辞。外婆家贯出来的“不知天高地厚”的性子，也成就了毛泽东后来干大事业的刚毅，倔劲，说得文雅一些，叫执着精神。

## (二)，立志类型

毛泽东说：“人谁不思上进？”

毛泽东在《讲堂录》中写道：“人为之人，以贤圣为祈向，而孝义廉耻即生焉。”“孔子尝言志矣，曰：志于道，善于德，依于仁，游于义。曰：老者安之，少者怀之，朋友信之。曰：士志之道，而耻恶衣恶食也，未之有也。”由此可见，立志似乎是每个人人生的必经之路。例如，毛泽东入学东山学校前的入学试题，就是《言志》是也。但是，在毛泽东的字典里，立志又有着截然不同的区别和解读。通常所谓的立志，讲的就是人为自己人生立的奋斗目标。所以，毛泽东说，做人要有远大的志向。什么是志向？志向就是理想。

1913年，毛泽东在《讲堂录》里记有这样的话：“立一理想，此后一言一动，皆期合此理想。”在“讲堂录”里，毛泽东还录有孟子的话：“如欲平治天下，当今之世，舍我其谁也。”

首先，什么才是立志？

毛泽东将立志分为两种，以作区别。：1，仿效立志；2，自我立志。

## 1，仿效立志

仿效立志，不是真正的立志。毛泽东认为，现实社会生活中，许多人动不动叫子弟先要立志，或说某人已有志。以我之见，这恰是最没有道理的。因为，有志者，应有宇宙之真理，以此可定我心者，才算是立志。毛泽东举例说，“今人所谓立志，如有志为军事家，有志为教育家，乃见前辈之行事及近人之施也，羡其成功，盲从以为己志，乃出于一种模仿性。”这就是说，这些立志者，不算是立志，最多只是对周围人的模仿而已。在日常生活中，这样的立志者，至今仍大有人在。

## 2，自我立志

说到“自我立志”，也可分为两类。

⑴，无效立志

又有一种立志者，一开始就没有把立志当回事，或者说是说说而已。一些孩子也常对父母说，自己想将来做什么，如何如何。毛泽东说：这样的立志，“只可谓之有求善之倾向，或求真求美之倾向，不过一种之冲动耳，非真正之志也。”毛泽东认为，这种“志”，很容易立。十年无所获，即是十年无志；如果终身未得，即是终身无志。

⑵，意志立志

意志立志，就不那么容易了。不是说说，而必须学习哲学，伦理学，弄清道理，并作为自己言行的准则，不是盲目行动。确立可行的前途目标，再计划好相应的措施，全力去做，实现自己志向。这样的立志，才是真正的立志。(以上所言，均来自毛泽东致老师黎锦熙信，1917年8月23日)。毛泽东不仅这样认识，还要求自己“只将全幅工夫，向大本大源处探讨。”

据说，一天，在湖南一师上学的毛泽东在长沙天心阁的顶楼上俯瞰长沙，三个学友也来了，大家一起去喝茶，吃瓜子。三个学友都有来头，社会地位都比毛泽东高出一节。其中，一个还常借钱给毛泽东。一位姓谭的学友是大官的儿子，很直白地说：君主制的废除就意味着“我们都可能当总统”。毛泽东很感兴趣。当另一个学友说俏皮话揶揄他时，毛泽东打破沉默不语，激动地说，“让他说，我很感兴趣，让他说吧！”谭继续解释，对一个政治领袖来说，学问是次要的，而重要的是斗争意志。这时，毛泽东听得入了迷。(特里尔：《毛泽东传》)。说者无心，听者有意。从此，“斗争意志”，人生成功的法宝，给毛泽东留下深刻的烙印。的确，毛泽东不仅听了，而且真真切切地听进去了，更加坚定人生意志的磨练。……为此，毛泽东提出了自己的人生哲学：与天奋斗，其乐无穷。与地奋斗，其乐无穷。与人奋斗，其乐无穷。坚持斗争的顽强意志，成为毛泽东克敌制胜的法宝。毛泽东还将斗争引入共产党内，概括为：共产党的哲学就是斗争的哲学！

## (三)，毛泽东志向人生

1，立志救国

那是在私塾停学的日子，毛泽东回到韶山冲上屋场一边生产劳动，一边找书看。一本名叫《论中国有被列强瓜分之危险》，讲述日本占领台湾等地的小册子，震撼了毛泽东，以致时时不忘，从此在毛泽东的脑子里种下忧患意识。1936年，毛泽东对到延安访问的美国记者斯诺说："我甚至现在还能记得这小册子的开头第一句：'呜呼，中国将亡矣！'" "我读了这本书之后，我为祖国的将来痛心，开始明了大家都有救国的责任。"这是记录毛泽东"忧患意识"的最早证据。当时，毛泽东只是个16岁的青少年。

1912年春，毛泽东以第一名的成绩考入刚刚创办的湖南全省公立高等中学校（后改名省立第一中学）。半年后，毛泽东决定退学，自己单独到湖南图书馆自学。在湖南图书馆自学的日子，给毛泽东留下深刻印象。毛泽东回忆说："在湖南图书馆自学了半年，我读的书不少，但我最大的收获不在此，而在于我看见了世界地图。""我每天经过那里，都要站住看它一看。""从这时候起，我就决心要为全中国痛苦的人、全世界痛苦的人贡献自己全部的力量。"

1915年，乙卯（民国四年），是中国的又一个灾难年。1月18日，日本以支持袁世凯称帝为要挟，提出灭亡中国的"二十一条"。 5月7日，日本发出最后通牒，限袁世凯在48小时内答复。消息传到长沙，群情激昂，反日情绪高涨，一浪高过一浪。毛泽东非常义愤，挥毫在《明耻篇》批写道： "五月七日，民国奇耻。何以报仇？在我学子！"

1916年，日本内阁行将改组，有些中国人又乐观起来，剃头挑子一头热，一厢情愿地认为日本对华政策会趋向缓和。毛泽东并不乐观，告诫警示国人，不要幻想，应该做好抗击日本侵略的准备。是年7月25日，毛泽东在致肖子升的信中说：日本"无论何人执政，其对我政策不易。思之思之，日人诚我国劲敌！感以纵横万里而屈于三岛，民数号四万万而对此三千万者为之奴，满蒙去而北边动，胡马骎骎入中原，况山东已失，开济之路已为攫去，则入河南矣。二十年内，非一战不足以图存，而国人犹沉酣未觉，注意东事少。"毛泽东清楚地表明要立足于战，"非一战不足以图存"告诫朋友，中国应"磨励以待日本"。毛泽东立志救国之心跃然纸上。

同时，毛泽东不仅自己严阵以待，也愿朋友一起关心。毛泽东在信中对肖子升说："吾愿足下看书报，注意东事，祈共勉之，谓可乎？"毛泽东在利用一切机会和可能宣传自己的主张和思想，愿一切有志救国的仁人志士，做好随时打击侵略者，拯救国家民族于危难之际的思想准备。

这一时期，毛泽东的志向，集中体现在救亡图存上。这是毛泽东早期立志的基本特征！值得注意的是，毛泽东随着年龄增长，学识的突飞猛进，人生志向又在向更高层次发展。

2，立志圣贤

纵观毛泽东的求学经历，每一点点进步都离不开学校老师的教诲。说实在的，毛泽东的求学历程，也是一路坎坷。

在上湖南一师前，在韶山，从私塾学堂起，总是不停地转学，仅私塾学堂就换了6个，分别是：南岸、关公桥、桥头湾、钟家湾、井湾里、乌龟井、东茅塘六处私塾。转学原因很多，主要原因是，毛泽东是个“问题”学生。

问题之一：毛泽东爱提问题，老师招架不住。在关公桥私塾，私塾先生毛咏生是个苍老，古板的老学究，不喜欢学生问问题。而毛泽东又恰好是一个爱打破砂罐问到底的“主”，私塾先生常被问得哑口无言，半年后就把毛泽东给辞退了。

问题之二，时不时的制造点麻烦，弄得先生很难办。毛泽东在南岸私塾就是例子。毛泽东在延安对斯诺回忆时提到的“逃学离家出走”事件，就发生在毛泽东在南岸私塾读书的时候。私塾先生邹春培就感觉教不了毛泽东，对毛泽东的父亲毛顺生说：“润之了不得啊，他(毛泽东。作者注)的才学比我高，我已经教不了啦。你还是另请高明吧！”这理由之勉强，读者可以玩味一二。毛顺生文七妹只好给儿子转学。

出乡关后，从东山学校到湘乡驻省中学，参军弃武后，毛泽东曾报考公立高级商业学校，被录取，入学读书只一个月，就退学了。很快，毛泽东将目光投向省立一中，以第一名成功地进入省立一中。也就是说，毛泽东从东山在初到长沙的一年多时间里，历经：东山学校→湘乡驻省中学→公立高级商业学校→省立一中。

为什么？毛泽东每次都是高兴入学，后又不满意学校的规矩太繁和课程不够而扫兴退学。入学湖南一师，毛泽东开始是秉性不改，只想读自己喜欢的文史，只上感兴趣的课，甚至也想退学专攻与社会有关文史之类的课，是湖南一师比他大三四岁的历史教员黎锦熙先生改变了他，使毛泽东安心学了下来。这使我联想到上大学时，老师对我的影响。那时，我在武汉上医学院。素有火炉之称的武汉，寝室里既无电扇，更无空调，火热难耐。可我们的病理生理学教授冯新为见我和我的同学周义成学习努力，在烈日炎炎似火烧的晚上，手拿芭蕉大蒲扇到我们自习的寝室，将他多年来珍爱的英文版“西氏内科学”拆开，分成两半，分给我和周XX学习。我们的感激之情，实在难用语言来形容，只能以努力学习，来感激老师的良苦用心。我毕业留校做老师，也秉承冯新为老师的精神，帮助鼓励我的学生。1978年，在中国恢复高考和招收研究生制度之际，我就鼓励我的学生报考研究生。我的学生之一金XX同学，在我的鼓励帮助下，参加了中国文化大革命后的第一批研究生的报考，并被录取。现在，金XX已是中国药学界的著名专家教授。我认为，大学老师应为人师表，发现有培养前途的学生，尽可能提供一切可能的鼓励和帮助，使他们早日成为国家和人民的栋梁之材。在这方面，湖南一师老师：袁仲谦，杨昌济和黎锦熙应是我们大学教师的典范。

在湖南一师，毛泽东不仅安下心来，刻苦学习，人生观也发生了深刻变化。

1915年9月6日，毛泽东在给萧子升的信中谈到探索历史发展规律时指出："历史者观往迹制今宜者也，公理公例之求为急。一朝代之久，欲振其纲而挈其目，莫如觅其巨夫伟人。巨夫伟人为一朝代之代表，将其前后当身之迹，一一求之至彻，于是而观一代，皆此代表人之附属品矣。"巨夫伟人是圣贤的同义词。什么是圣贤，毛泽东也有自己特有的分野："圣人，既得大本者也；贤人，略得大本者也；愚人，不得大本者也。圣人通达天地，明贯过去现在未来，洞悉三界现象，如孔子之'百世可知'，孟子之'圣人复起，不易吾言'。孔孟对答弟子之问，曾不能难，愚者或震之为神奇，不知并无谬巧，惟在得一大本而已。"

以上这段话，引自1917年8月23日毛泽东致老师黎锦熙先生的信。在目前，在所有能找到的，1919年前毛泽东所写的信中，毛泽东在1917年8月23日致老师黎锦熙先生的信，是毛泽东内心深处世界的自我表白，是我们观察理解毛泽东圣贤观的窗口，也是我们审视毛泽东一生思想脉络的最早最有力的证据。我想，毛泽东在信中写的每一字一句都是毛泽东心灵心境的写照。在湖南一师，袁仲谦，黎锦熙和杨昌济虽都是毛泽东的老师，都是"师"字辈份的人。但是，黎锦熙只比毛泽东大3岁，又同是湖南湘潭老乡，因此在信中毛泽东以弟自称。这似乎有亲情的意味，又似乎有些亦师亦友的纠葛。然而，若细品信之，毛泽东对黎锦熙的称呼有如父母，能诉说掏心窝子的话，如毛泽东在信中说："弟自得阁下，如婴儿之得慈母。"由此可见，毛泽东对黎锦熙先生的心境是视如父母，兄长，师友于一体。这该是多么的难能可贵？！我不知道，这世界上，还有没有这样的老师？还有没有这样的学生？若有，真是人类之大幸也。

毛泽东在这信中说："言天下国家之大计，成全道德，适当于立身处世之道。"以前，我一直为毛泽东提的"大本大源"的含义纠诘。后经揣摩，推敲，所谓的"大本大源"基本上就是"人心道德"的同义词。在这个意义上讲，圣贤—传教之人，就是改造人心道德之人。以此而论，毛泽东与李大钊陈独秀的"言教倡学"的思想一脉相承，别无二致。

中国两千多年的封建历史，孔子创建的儒家思想学说，自汉武帝独尊儒术以来，中国一直在封建漩涡里打转转，没有多大的进步，毛泽东用八个字概括了不能使中国繁荣昌盛的"思想道德"之根源："伪而不真、虚而不实。"要使中国富强，就要摧毁这种几千年"流传到今，种根甚深，结蒂甚固"的思想道德，而且"非有大力不易摧陷廓清。"可惜，"今之论人者，称袁世凯、孙文、康有为而三。孙、袁吾不论，独康似略有本源矣。然细观之，其本源究不能指其实在何处"。"今之天下纷纷"，归根到底是"今人无学"之果也。

至此，毛泽东认为，"欲动天下者，当动天下之心"。因此，"当今之世，宜有大气量人，从哲学、伦理学入手，改造哲学，改造伦理学，根本上变换全国之思想。"谁是这"有大气量人？""天下者我们的天下。国家者我们的国家。

社会者我们的社会。我们不说，谁说？我们不干，谁干？”（毛泽东：《民众大联合》）。

这时候，毛泽东的圣贤已呼之欲出。是的！毛泽东在“讲堂录”中以孟子的话“如欲平治天下，当今之世，舍我其谁也”为座右铭，立圣贤之志。毛泽东以这种方式向天下宣告自己改造社会与国家的宏大抱负，这不是第一次。第一次，应该是毛泽东走出乡关到东山学校前留给父亲毛顺生的是七言诗—“学不成名誓不还。”但也不是最后一次。1945年，毛泽东应蒋介石之邀到重庆谈判。毛泽东将1936年写的《沁园春•雪》书赠柳亚子。柳亚子将毛诗和自己做的和诗交给《新华日报》。1945年10月11日，毛泽东离开重庆当天，《新华日报》只刊发柳亚子和诗。11月14日，吴祖光在《新民报晚刊》上首次公开发表毛泽东《沁园春•雪》。

同年11月28日，《大公报》同时发表毛唱柳和的两首咏雪词。作家吴组缃在当时的日记中谈及读《沁园春•雪》的感想时写道：“‘数风流人物，还看今朝。’意与蒋先生争胜，流露踌躇满志之意。说山河壮丽，所以古今英雄都要争霸，逐鹿，他亦自居于此类英雄之一。”（《沁园春•雪》的解读之争。原载《炎黄春秋》2014年第2期）

追忆起来，这时—在湖南一师读书时，毛泽东立志圣贤，不仅已成定式，而且心目中的圣贤榜样也已确立。这个榜样就是曾国藩。毛泽东在致老师黎锦熙先生的信中写道：“愚于近人，独服曾文正，观其收拾洪杨一役，完满无缺。”这么说来，毛泽东曾经尊从敬佩的人，康有为，梁启超等已被抛弃，被遗忘，他们在毛泽东心中的位置已完全被曾国藩取代了。谁都知道，曾国藩是清朝的中兴名臣，是镇压太平天国的刽子手。何以受到毛泽东的青睐？究其缘由，主要是曾国藩的圣贤品格和外王功业。曾国藩生活在风雨飘摇的晚清王朝，曾国藩力挽清朝正在倾覆的大厦，临危受命，组建湘军，训练湘勇，领衔镇压太平天国军，终于使岌岌可危的清王朝又苟延残喘了五十年。曾国藩对于清王朝是何等功臣，自然不言而喻了。毛泽东看重曾国藩，根子恐怕就在于曾国藩“会抓人心、抓学术，掌握了‘大本大源’”。所以，毛泽东愿以曾国藩为楷模，决心“只将全幅工夫，向大本大源处探讨。”是曾国藩的出现，改变了毛泽东的生活和社会轨迹，开始了以曾国藩为榜样，立德、立功、立言，追求“传教之人”和“做事之人”为一体的圣贤之志。

王学泰先生说：“历史上称得上思想家的，大概都得有些特立独行的精神，没有人云亦云的思想家”。“独立思考是‘特立独行’的思想基础。古圣先贤、开宗立派的大师往往都是不见容于时的。‘圣’‘贤’之类的封谥大多是后代人所为”。毛泽东选择做圣贤，就等于选择了一条充满艰难险阻和必定要抱有九死一生思想准备的人生道路。这才刚刚开始。

# 第十章 求学长沙四，读无字书 认识社会

## (一)，游学社会 考察民情

社会本身就是一部书，最有学问的书。一个志在做大事的人，不读懂社会这部书，不可能做成大事。不懂社会，在西方是不能，也不可能做政客，不可能为民代言，根本不可能从政，当议员，当总统。在中国，可以说除了开国皇帝之外，几乎个个继位当皇帝的人，都是饱读经书，学富五车，才高八斗的饱学之士。只可惜，书是死的，社会是活的。远的不说，仅以中国近现代史上的风云人物蒋介石和毛泽东为例，就足以证明，毛泽东胜过蒋介石，不是在中国上了多少名牌大学，也不是留学哪个国家，而是对中国社会的认识和理解。在中国历史上，有很多由平民到皇帝的人，都是没有读过多少书的人。最显著的例子，就是中国第一个封建王朝的秦始皇，当政时期，害怕秀才造反，保秦家基业，不惜焚书坑儒，以保天下永远姓秦。为什么秦始皇死后不久，就被陈胜、吴广、刘邦、项羽这些文化不高的人，带头造反推翻了。这正是："坑灰未冷山东乱，刘项原来不读书。"

在中国历史上，明朝的开国皇帝朱元璋也没有读过多少书，几句话写下来，错别字连篇!

请问，朱元璋为什么能推翻元朝？根本原因是，朱元璋认识和懂得他所生活的社会！知道人民的疾苦。毛泽东熟读史书，是他的强项。这些历史上有作为的人物，毛泽东历历在目。应该说，是毛泽东思索良久的议题，也是参悟透了的议题。不然，中国共产党内，为什么毛泽东能胜出？历史学家唐德刚说过：论文史，毛泽东不如陈独秀。论留学经历，他不如周恩来。论马列主义理论，他不如张闻天王明。这也是被公认的历史事实。但是，这些人都有一个共同的致命缺陷：就是这些人没有读好中国社会这部无字书。

中国共产党的创始人之一的张国焘说，在中国，只有毛泽东读懂了中国，毛泽东看到的是，中国的现实是"满山遍野的农民。"谁能为农民代言，为农民办事，谁就掌握了中国革命的主动权。毛泽东在1927年初写的《湖南农民运动考察报告》中就已一针见血的指出，孙中山先生辛亥革命的失败，就在于没有将人民群众发动起来。毛泽东的原话这样说："孙中山先生致力国民革命凡四十年，所要做而没有做到的事，农民在几个月内就做到了。"这里讲的孙中山先生要做的事是什么？毛泽东说得很清楚，这就是，打倒中国的"封建势力。"(毛泽东：《湖南农民运动考察报告》。《毛泽东选集》合订本，第15页，1968年)。毛泽东所写的《湖南农民运动考察报告》首次发表在1927年3月的《战士》周刊第三十期上。因此，根本不是什么秘密。不论共产党还是国民党的要员，如陈独

秀，蒋介石想读的话，不可能读不到。如果读了，我们当然不理解当事人读毛泽东这篇文章的心境。不过，有一点可以明确指出：就是陈独秀和蒋介石都没有读懂这篇文章，更没有读懂中国社会！正可谓：不识庐山真面目，只缘身在此山中。这就是历史，活生生的历史。

早在东山学堂读书时期，毛泽东已读到梁启超的《新民丛报》和《世界英杰传》，读到了拿破仑、彼得大帝、华盛顿、林肯等人的传记，认为中国需要华盛顿这样的人。毛泽东读顾炎武的《日知录》（《日知录•正始》），就以“天下兴亡，匹夫有责”为座右铭，决心以拯救天下为己任。

1913年春，毛泽东入学湖南四师，1914年并入湖南一师。在湖南一师期间，毛泽东对学习已有一套属于自己的见解。毛泽东在读书笔记《讲堂录》中记录说：“闭门求学，其学无用，欲从天下国家万事万物而学之。”可以说，入学湖南一师伊始，毛泽东已有“从天下国家万事万物而学之”的意愿。这里面，自然含有“读无字书”的成分。

要说读无字书，最早影响毛泽东的莫过于司马迁。司马迁在20岁的时候，已开始他的读无字书学习，游历中国各地名山大川，考察史迹，收集史料，增加对历史的感性认识，后来终成大事，给后人留下一部《史记》。但是，毛泽东在湖南一师，真正将“游学”付诸实践的直接原因是受到报章的启发。1936年，毛泽东和美国记者斯诺谈话时回忆说：“有一天我读到一份《民报》，上面刊载两个中国学生旅行全国的故事，我想效法他们的榜样。”这是其一。

其二，湖南一师是个比较开放开明而有特色的学校，不仅在湖南，在当时的中国，恐怕也是数一数二，思想活跃的学校。湖南一师明文规定学校的教育方针是：“除照部定教育宗旨外，特采取最新民本主义（即民主主义）规定教育方针。所谓民主主义的教育包括：一、道德实践；二、身体活动；三、社会生活以及职业训练。”

在湖南一师，毛泽东比较大的游学有两次。“第一次是在1917年的暑期，第二次在1918年春，毛泽东和蔡和森以到同窗好友陈昌、陈绍休、罗章龙家乡走访为由，沿洞庭湖南岸和东岸，经湘阴、岳阳、平江、浏阳几县考察，观赏，游历半个多月。”

1917年暑期，是毛泽东第一次，也最大的一次游学。毛泽东邀请学友肖子升一道“游学”，走访了长沙、宁乡、安化、益阳、沅江五县的许多地方，历时一个多月，行程九百余里，走乡窜户，徒步考察了湖南广大农村和一些城镇历史和发展现状，调查社会现实，人民生活疾苦，访名人，会学士，小业主，乡绅官员，住寺庙，进农家，体察民情，咏诗做赋，写对联，了解风土人情，生活习惯，宗教信仰，查阅县志，地方志，地理，地貌，政治经济发展变化，尤其是农民的生活水平，看人情事态，做游学笔记。一路走来，极大地丰富了在书本上学不到的知识。君不见，毛泽东当列兵时，曾不愿与士兵为伍，拉读书人的臭架子。时隔六年，1917年到社会中去游学，毛泽东同普通百姓的距离拉近了，愿意和生活在社会底层的工人农民做朋友，听他们的倾诉，了解他们的生活疾苦。

据毛泽东的女儿李敏回忆：1917年7—8月间，毛泽东身穿白色旧上衣，带着一把雨伞和一个布包，布包里有一套换洗衣服、毛巾、笔记本、毛笔和墨盒。他从楚怡出发，直奔宁乡，一路上肖子升同行。在一个宁乡杓子冲，毛泽东和肖子升见到了友人何叔衡。经何叔衡介绍，去访问了一个贫苦的农民家庭。这家是个佃农，一年到头，收的粮食七成要交给东家，自己所剩无几，生活极苦，在遇灾荒年，日子就更难了。在一个叫宋家潭的村里，又访问了一位老农和一位青年农民。毛泽东都仔细了解具体生活状况，做笔记。毛泽东离开时，何叔衡坚持要送些钱给毛泽东和肖子升，被他俩拒绝了。

一次，毛泽东和肖子升遇到一对年龄较大的夫妇，双方的对话很有意思。老人问：你们两个小伙子看上去不是乞丐，为什么要饭呢？

毛泽东回答：我们想旅行，看看农村的情况，又没有钱，只好"游学"。

老人说：当叫花子没什么不好，叫花子总比强盗好得多。那些当官的，多数都不廉洁。我在县衙里当守卫时知道，县太爷满脑子想的都是钱。每审一个案子，谁给的钱多，谁就赢官司。求情是没有用的，除非你花大钱贿赂。毛泽东一听，非常气愤地说：这是什么世道！(转引自：何新：毛泽东生平重大事件编年纪事（1912—1917））

一路上，毛泽东和肖子升一边走访，一边根据被访问的不同对象，帮助做些力所能及的事，或写上一副对联，等等，换几个钱。1936年毛泽东对斯诺回忆当时游学情形时说："我们开始在湖南徒步旅行"，"没有花一个铜板。农民们给我们吃的，给我们地方睡觉，所到之处都受到款待和欢迎。"毛泽东说：游学时，萧子升却"放不下架子，只写对子，不送对子，我帮他听差，只好去送对子。人家舍钱一块也好，一串也好，我总不争，不受对子只拿钱的我就不要。一共搞得光洋八十多块。"(斯诺：西行漫记)。

据肖子升回忆，在这次游学中，毛泽东和肖子升来到沩山密印佛寺。肖子升记录下一段毛泽东同方丈的一段很有意义，值得回味的对话。

"佛教何以在中国千年不衰？"方丈问毛泽东，"中国宗教何以能和谐共处？"

毛泽东说："中国没有像其他国家那样的宗教战争，一打就是几百年；几种宗教能和谐共存，对中国来说不是坏事。"

"阿弥陀佛！"方丈望着毛泽东，加重了语气说，"只望毛施主这句话，日后不要被忘记。"方丈又说，"毛施主日后如能到得山、陕二省，可去五台山和白云山。五台山乃我佛家圣地，白云山上有贫僧一个小师弟在那里住持，还望毛施主善视之！"

这年秋天，毛泽东游学的不平凡经历，极大地丰富了对生活在社会底层人和社会的认识，回到湖南一师后，积极参加学校学友会改选，并当选为学友会的总务兼教育研究部部长。这是首创—毛泽东首次打破学生担任此职的先例。因为，这两个职位原先都是由学校的学监和教员担任。

## (二)，拜谒孔庙 心诚笃行

在毛泽东的小时候，中国教育还是旧式教育，重文轻理。在毛泽东上的私塾学堂，没有音乐，图画，体育，地理，只是一味地要学生背书。从《三字经》、《论语》、《孟子》和《诗经》，不管你懂不懂，只要能记会背就行。这些儒家的道德说教，就是通过旧式私塾学堂，一代一代的灌输给下一代人的。那时，这样的说教，一直被延续下来，没有任何实质性变化。

六年下来，私塾学校的"孔夫子"教学，不只是练就了毛泽东非凡的记忆，而且也的确给毛泽东灌输了孔夫子的儒家思想学说。在毛泽东以后的生活实践，革命实践，对敌斗争，处理党 政，军，文，方方面面的大小事务，都带来极大的影响，以致毛泽东晚年都还在念念不忘儒家思想。纵观毛泽东的一生，毛泽东谈话写文章，每每涉及和引用孔子、孟子、道家思想家庄子、墨子以及其他一些先秦思想家的语录远超过对马列语录。

英国作家肖特在撰写的《毛泽东传》中，有一段专门论及儒家思想对毛泽东的影响。这是从《三字经》中的引文开始的。肖特认为，《三字经》中总结了儒家思想的精要。《三字经》说儒家学说就有"载治乱，知兴衰，读史者，考实录，通古今，若亲目。"肖特认为，从儒家学说中，毛泽东汲取了三个精髓：

1，治家治国，必须有一个道德规范。

2，"善"子当先。善是指言行一致的"善"。

3，自我修养。

儒家思想对毛泽东的影响究竟有多深，恐怕除了毛泽东自己，没有人能够说出个所以然来。后人的评判，自然多是以"君子"之腹，度"小人"之心。我个人认为，儒家思想对毛泽东的影响，应该远远超出后人的想象力。虽然，毛泽东自称是"马克思加秦始皇"。我认为，毛泽东应该是"孔夫子加秦始皇"多于马克思加秦始皇。毛泽东不仅深受孔夫子思想熏陶，而且对孔夫子的一切都十分有兴致。这里，我们不妨看看毛泽东是怎样做的。

让我们把历史的镜头推到1919年。这一年，可以说是毛泽东命运的转折点。用现在的术语说，叫"拐点。"为什么？当时的毛泽东，虽然生活寒酸，囊中羞涩，但也有光明曙光展现在眼前：

1，去法国勤工俭学。毛泽东在1918年8月第一次上北京，用现代的术语说，叫"北漂。"初衷是送湖南青年学子到北京，组织培训学习，为去法国勤工俭学做准备。

2，在北京，毛泽东是幸运的。由于恩师杨昌济教授的介绍，李大钊在北大图书馆安排了一个月薪8元大洋的图书管理员的工作。一般人来说，也应算是有稳定收入。

3，在这次北漂中，一个韶山冲出来的"乡巴佬，土包子"，攀龙附凤，成了北大教授杨昌济的准乘龙快婿。可以说，第一次北漂也可以算是毛泽东人生最得意的时候之一。

可是，这些都没有使毛泽东一颗非凡的心安宁下来。毛泽东自己也说，"**我对于政治的兴趣继续增高**，同时我的头脑愈来愈激烈。"但一切又是不定式，毛泽东"还在彷徨，还在'找出路'"。说到这里，象是青葱炒豆腐，一清二白了。所以，1919年3月，当准备到上海去为法国勤工俭学的青年学子送行的时候，毛泽东"只有到天津的车票，也不知道怎样可以走下去。"似乎是钱阻碍了毛泽东去上海的行程。在事实上，这是说不通的。因为，毛泽东在借到10块钱后，毛泽东没有直接去上海，而是改变了行程，取道山东，去拜谒中国的圣人—孔夫子。一提起这段历史，毛泽东历历在目，兴致勃勃。在事情过去27年后的延安，毛泽东还能如数家珍，讲给在延安访问的斯诺听。毛泽东说：在"旅途中，我在曲阜下车访孔子墓。我去看了孔子和门徒濯足的溪水，圣人幼时所居的小村，我看见孔子手植的树。我又访问颜回的住处和孟子的生地。在旅途中，我还登游过泰山，就是冯玉祥将军退隐时写爱国诗的地方。"(西行漫记，斯诺)。

在私塾学堂学"孔夫子"，只见思想灵魂，不见实物，多少有些虚无缥缈之嫌，实地参访，定是心潮澎湃，翻江倒海，别有一番滋味。所以，英国作家在撰写的《毛泽东传》中直言不讳地指出，儒家思想贯穿毛泽东的一生，在毛泽东晚年的最后几年里，儒家思想再次上升，甚至占优势地位。

# 第十一章 求学长沙五，读有字书 藉史启智

## (一)，读活古书 启迪心智

毛泽东比同时代的同龄儿童读书的时间都早。这得益于他在外婆家生活。当毛泽东还小的时候，就跟着表哥到二舅文正莹开办的私塾学堂读书。这位舅老爷很是喜欢他。虽然，毛泽东不到读书的年龄，二舅文正莹就让毛泽东旁听。在没有压力的条件下，毛泽东可以随心所欲，无拘无束，可是毛泽东竟能静静地听讲，读书认字，背诵课本。

在毛泽东8岁多的时候，从外婆家回到自己出生的地方—韶山冲，开始接受正规的私塾教育。这种教育的主要学习形式是识字，大声朗读，背诵经书，10岁以前，私塾先生不做讲解，只是死记硬背，象填塞喂鸭子一样，只顾往学生脑子里“灌”。10岁后，私塾先生才注意讲解经文。

从语言文字的角度讲，中国字，是单个的字。这与英文的单词不同。就中国字而言，如果一个人能认识3000左右的中国字，就可以读书读报了。这恐怕是世界上任何一种语言文字都无法比拟的。中国语言文字的特殊，为有求知欲望的人提供了不可多得的，学习知识的工具和便利。

童年时的毛泽东，的确尝到了读书学习的甜头，不仅孜孜不倦，而且逮到什么书就读。自然，都是些文学书籍，甚至私塾先生认为的“闲书邪书”，不让学生读，而毛泽东并不在意私塾先生的告诫，照读不误。当然不是明目张胆的对抗，而是偷偷摸摸地。用毛泽东的话说，“当教师走过面前时，就用一本经书来掩盖着。”

这些“邪书”令毛泽东和同学津津乐道，其中的故事，常常是同学在一起时一再谈论的话题。毛泽东说，“我们读了许多故事，差不多都能够背诵出来”。不只是在学堂里，同学们相互谈论，回到村子里也念念不忘，与村子里的老年人交流，交换地讲听。其实，读书的过程，就是一个人与人的交流过程。在交流中，举一反三，加深理解，提高认识，以致灵活应用。毛泽东读的这些书，大多是从小时候就开始，并且一直不间断。毛泽东读书有个特点，就是领悟性极高，不是一般的读，而能结合社会生活，人民疾苦，联想到书中的人物。这就是毛泽东与众不同的地方。

当毛泽东还是一个十四五岁，翩翩美少年的时候，读着读着，毛泽东突然眼睛一亮，“我在这些故事中偶然发现一件可注意的事，即这些故事中没有耕种田地的乡下人。一切人物都是武士、官吏，或学者，从未有过一个农民英雄。这件事使我奇怪了两年，于是我便进行分析这些故事的内容。我发现这些故事都是赞美人民的统治者的武士，他们用不着耕种田地，因为他们占有土地，显然是叫农民替他们工作的。”

这里，我不禁想起了鲁迅先生的《狂人日记》。《狂人日记》是1918年鲁迅先生所著的中国历史上第一篇白话小说，被尊为新文化运动向旧礼教挑战的檄文，是批判“仁义道德”，虚伪说教，揭露“仁义道德”本质的武器。在《狂人日记》中，鲁迅先生写道：“我翻开历史一查，这历史没有年代，歪歪斜斜的每页上都写着’仁义道德’几个字。我横竖睡不着，仔细看了半夜，才从字缝里看出字来，满本都写着两个字是‘吃人！’”

毛泽东从所读过的书中，看出来书中写的是“赞美人民的统治者的武士”，“故事中没有耕种田地的乡下人。”这是读书者自己悟出来的，没有谁提示！的确是了不起的发现。这比鲁迅翻开中国历史，从满篇的“仁义道德”说教，却在本质上是“吃人”的发现，还要早出10多年。毛泽东读书熟读到这个份上，岂止熟读，而且读出了读者的用心，也读出了读者的思想境界。毛泽东承认，“我想我也许深受这些书的影响。”

在从事革命斗争的战争年代里，这些被私塾先生禁读的“邪书”也一直陪伴着毛泽东，走到哪里，带动哪里，读到哪里，用书中的故事教育干部，以致指挥战争。毛泽东写的《矛盾论》就是一例。毛泽东在《矛盾论》一书中说：“《水浒》上宋江三打祝家庄，两次都因情况不明，方法不对，打了败仗。后来改变方法，从调查情况入手，于是熟悉了盘陀路，拆散了李家庄、扈家庄和祝家庄的联盟，并且布置了藏在敌人营盘里的伏兵，用了和外国故事中所说木马计相似的方法，第三次就打了胜仗。”(毛泽东：矛盾论。《毛泽东选集》合订本，第288页，人民出版社，1968年12月)。

书人人在读，但能真正读出书中的意味，并不是一件人人都能做得到的事。以中共党内高层领导来说，留洋的洋学生枚不胜举，满口马列，可是一到关键时刻，就掉链子，解决不了实际问题。以中央红军第五次反围剿为例，红军还是毛泽东指挥并取得过第一，二，三次反围剿胜利的红军部队，只是留学法国的周恩来取代毛泽东，做红军总指挥，留学苏联伏龙芝军事学院的刘伯承任参谋长，在反对国民党蒋介石的第五次围剿时，竟被打得溃不成军，不得不全线败退，进行长征。可是，这些留洋的人以为读了几本马列的书，就了不起，又不肯承认现实，还说别人狭隘，不懂马克思主义。在这方面，毛泽东倒是吃了不少只会背诵马列辞藻人的苦头。读书，读活书，读懂书，懂得书中的真谛，是毛泽东个人领悟，也是毛泽东能站得高，看得远，比其他人高明的精妙所在。

可见，书，人人在读。但是否读懂，读活，融会贯通，并在实际行动中得心应手地应用，就有天壤之别了。在当时，在中国共产党内，唯有毛泽东做到了！并且，毛泽东做得比他同时代的任何人都高超，都成功。这是不争的，为历史所证明了的事实！

## (二)，读有字书 以史为鉴

毛泽东的青少年时期是在偏僻的韶山冲度过的。韶山的乡土气息，培育了毛泽东吃苦耐劳，做事执着，凡是自己想做的事，九头牛也拉不回来的倔犟劲。研究表明，要问韶山对毛泽东的最大贡献是什么？应该就是养成了少年毛泽东爱读书的习惯。1936年，毛泽东在回忆儿时的读书情景时说："白天做—个全劳力的活，晚上替父亲记帐。尽管这样，我还是继续读书，如饥如渴地阅读凡是我能够找到的一切书籍，经书除外。这教我父亲很生气"。"我常常在深夜里把我屋子的窗户遮起，好使父亲看不见灯光。"

在从私塾停学干农活的两年多时间里，可用两句概括毛泽东的生活：努力干活，拼命读书。一天，毛泽东读到一本名叫《盛世危言》的书，改变了毛泽东的人生观："《盛世危言》激起我想要恢复学业的厚望. 我也逐渐讨厌田间劳动了。不消说，我父亲是反对这件事的。为此我们发生了争吵，最后我从家里跑了。"(斯诺：西行漫记)。这是毛泽东的第二次离家出走。

这时，即 1910年春，毛泽东遇到一位博学多才，为人谦和的私塾先生毛麓钟。毛泽东走进了毛麓钟在韶山本地开办的东茅塘私塾学堂念书。在毛麓钟的指导下，毛泽东开始读《纲鉴易知录》。这是毛泽东有生以来读到的第一部中国通史。如果说，《水浒》和《三国演义》等历史小说使毛泽东认识了中国隐性社会的历史的话，那么《纲鉴易知录》则是将毛泽东引入中国主流社会历史的第一部书。

1912年春，毛泽东以第一名的考试成绩进入湖南省立一中。校长符定一和国文老师柳潜对毛泽东寄予厚望，校长符定一还将自己珍藏的《御批通鉴辑览》拿给毛泽东读。毛泽东作为一个学生，这是莫大的荣幸。《御批通鉴辑览》是乾隆皇帝主编的《四库全书》里的《御制评鉴阐要》一书的别名。用现在的话说，《御批通鉴辑览》是清王朝皇帝钦定的官方史论集。目的是"用定千古是非之准，而破儒生迂谬之论"。这部书是清朝用以整饬文化统治政策的一部分，制造文字狱的依据。梁启超在《新民说•论私德》中说："及夫雍（正）乾（隆），主权者以悍鸷阴险之奇才，行操纵驯扰之妙术，摭拾文字小故以兴冤狱，廷辱大臣耆宿以蔑廉耻，又大为四库提要、通鉴辑览诸书，排斥道学，贬绝节义，自魏武以后，未有敢明目张胆变乱黑白如斯其甚者也。"(《毛泽东早年读书生活》2.4 从《纲鉴易知录》到第一篇史论)。

在省立一中开展的作文比赛中，毛泽东以《资治通鉴》卷二"商鞅徙木立信"的故事为依据，以《商鞅徙木立信论》命题，以改革家商鞅与老百姓之间的互动，纵论政府与百姓理应互信。可惜，社会现实却不是这样，以致改革家不得不"悬赏徙木"，才能取信于民。毛泽东在作文中，不能不叹息国民素质太低，认为"国几蹈于沦亡之惨境"的原因，是人民太愚昧落后。毛泽东写道："吾于是知吾国国民之愚也，吾于是知数千年来民智黑暗，国几蹈于沦亡之惨境有由来也。"

毛泽东的比赛作文：《商鞅徙木立信论》，被阅卷老师打了100分，校长批示"传观"。作文只有600字，老师的眉批和评语有150字之多，称赞作文："有法律知识，具哲理思想，借题发挥，纯以唱叹之笔出之，是为压题法。至推论商君之法为从来未有之大政策，言之凿凿，绝无浮烟涨墨绕其笔端，是有功于社会文字。"在评语中，特别称赞这个学生说："自是伟大之器。再加功候，吾不知其所至。"这真是一言成箴。这个学生，就是37年后在中国建立中华人民共和国的缔造者—毛泽东！

1936年，毛泽东在延安接受斯诺采访，谈起这段往事时说："我下一个尝试上学的地方是省立第一中学。我花一块钱报了名，参加了入学考试，发榜时名列第一。这个学校很大，有许多学生，毕业生也不少。那里的一个国文教员对我帮助很大，他因为我有文学爱好而很愿接近我。这位教员借给我一部《御批通鉴辑览》，其中有乾隆的上谕和御批。……我不喜欢第一中学。它的课程有限，校规也使人反感。我读了《御批通鉴辑览》以后，得出结论，还不如自学更好。我在校6个月就退学了，订了一个自修计划，每天到湖南省立图书馆去看书。"这里，毛泽东只提到《御批通鉴辑览》，究竟是书中的故事，还是乾隆的批语？无人知晓。但有一点我们很清楚，是《御批通鉴辑览》使毛泽东"退学了。"是《御批通鉴辑览》改变了毛泽东求学的历程—毅然退学—自由读书。正如钱学森所说：《御批通鉴辑览》中"帝王总结出的历史经验，正是那时的毛泽东在冥冥之中苦苦寻找的指路明灯"。因此，毛泽东"按照乾隆的指点，毫不犹豫地纵身跳进了浩瀚的历史海洋。"(钱学森：毛泽东成为千古伟人的机理初探。 2007年12月26日 )。

如果说，毛泽东在韶山养成了读书的习惯，那么长沙省立一中的校长老师培养了毛泽东读史书成瘾的嗜好！在中国，据说描述中国主流社会的历史著作主要有两部：

其一：《资治通鉴》。由宋代著名历史学家、政治家司马光和他的助手刘攽、刘恕、范祖禹、司马康等人历时十九年编纂而成。全书294卷，考异、目录各三十卷，约300多万字。历史跨度：上起周威烈王二十三年(前403年)，下迄后周显德六年(959年)，前后共1362年。内容以政治、军事和民族关系为主，兼及经济，文化和历史人物评价。据说，《资治通鉴》原名为《通志》。宋神宗继位后，认为书中所编，有"鉴于往事，有资于治道"之意，故赐书名，曰《资治通鉴》。毛泽东评价《资治通鉴》说："这是一部难得的好书噢！ 我读了十七遍，每读一遍都获益非浅。"

在毛泽东与孟锦云的对话中，关于秀才造反的讨论，颇有意思。这里，引述如下。

毛泽东说："《通鉴》里写战争，真是写得神采飞扬，传神得很，充满了辩证法。它要帮助统治阶级统治，靠什么？能靠文化？靠作诗写文章吗？古人说，秀才造反，三年不成。我看古人是说少了，光靠秀才，三十年，三百年也不行噢。"

孟锦云请教说："古人这么说，现代人也这么说，为什么秀才就不行呢？"

毛泽东说："因为秀才有个通病，一是说得多，做得少，向来是君子动口不动手；二是秀才谁也看不起谁，文人相轻嘛！秦始皇怕秀才造反，就焚书坑儒，以为烧了书，杀了秀才，就可以一劳永逸了，可以二世三世地传下去，天下永远姓秦。结果是'坑灰末冷山东乱，刘项原来不读书'，是陈胜、吴广、刘邦、项羽这些文化不高的人，带头造反了。"

据称，孟锦云曾问毛泽东："为什么那么一部大书，写政治军事的那么多，写经济文化的那么少呢？"

毛泽东说："中国的军事家不一定是政治家，但杰出的政治家大多数是军事家。在中国，尤其是改朝换代的时代，不懂得军事，你那个政治怎么个搞法？

政治，特别是关键时刻的政治，往往靠军事实力来说话。”（《人物春秋》：令人惊讶 毛泽东为何将《资治通鉴》读了17遍？2013 03 11）。

由此说来，毛泽东是革命家，自然是政治家加军事家。不仅是，而且是当时最高超的政治家军事家。这些来自毛泽东对历史经验的总结和应用。如《汉书》中的《赵充国传》，就是毛泽东学习和娴熟应用的范例之一。在革命战争中，毛泽东比他同时代的政治家军事家棋高一筹，就是毛泽东能始终掌握战争的主动权，牵着对手或敌人的鼻子走，而不是被对手或敌人牵着鼻子走。毛泽东自己的说法叫："你打你的，我打我的。"这就是由赵充国的"善战者致人，不致于人"演变而来。上世纪三十年代初，毛泽东在中央苏区指挥的第一，二，三次反围剿，就是毛泽东对古代军事思想的理解和在热兵器时代出神入化的应用！时代变了，但不论怎么变，指挥作战的军事思想和原则，还是有历史承传，可以借鉴之用武之地的。

1949年，中国走到了向何处去的历史关头？！是年4月，蒋家王朝已日薄西山，企图施缓兵之计，挽救败局，苟延残喘，向毛泽东提出以长江划江分治，斯大林也给毛泽东施加压力。毛泽东想起了历史典故：楚汉相争的历史。当时，楚汉两军相持于荥阳。刘邦一度占优势。当项羽的楚军切断刘邦的粮道后，刘邦惊恐万状，一边请求休战，一边表示愿意让出荥阳来换取项羽承认荥阳以西为汉的领土。本已江山垂手可得的项羽，不顾谋士范增的反对，接受了刘邦的提议。和约签订，项羽以为天下大吉，引兵东去。刘邦缓过劲来，最后打败了项羽，成就了刘邦的一统天下。

毛泽东深谙中国这段历史，绝不做项羽第二。1949年4月21日，毛泽东主席和朱德总司令向全体人民解放军发出《向全国进军的命令》，要求"奋勇前进，坚决、彻底、干净、全部地歼灭中国境内一切敢于抵抗的国民党反动派，解放全国人民，保卫中国领土及主权的独立和完整"。在随后不到半年的时间里，人民解放军"横扫千军如卷席"，彻底打败了蒋家专制王朝，建立了中华人民共和国。这段历史，毛泽东在《七律•中国人民解放军占领南京》的著名诗篇中写道："宜将胜勇追穷寇，不可沽名学霸王。"这是毛泽东应用楚汉相争典故的经典应用之一。当然，也是对自古"穷寇莫追"之定理予以否定的经典案例。

其二，《二十四史》。这本书是由乾隆皇帝钦点撰写的大型历史巨著，上起传说中的黄帝（约前2550年），止于明朝崇祯十七年（1644年），时间跨度前后共4194年，计3213卷，约4000万字，可以说是无所不包，系统完整地记录了中国明清以前四千余年各朝各代兴衰更迭的沧桑历史，也是中国唯一一部影响最大，流传最广，涵盖内容最多的官修史著，更是毛泽东一生最爱读的一部史书。

在建国后，从1952年至1976的24年里，毛泽东一直与《二十四史》相伴相随，走到哪里带到哪里，不论是在办公室里，还是在外出的火车上，总有毛泽东读《二十四史》的倩影。有时，毛泽东还将两种不同版本对照着读。从中读出了作者的用心或不同。

举例说，《前汉书》和《后汉书》、《旧唐书》和《新唐书》、《南史》和《北史》等。在读了《前汉书》和《后汉书》之后，毛泽东写道："《后汉书》写的不坏，许多篇章，胜于《前汉书》。"更有甚者，经将《南史》和《北史》与《旧唐书》放一起比较读，毛泽东还从中悟出："《南史》和《北史》的作者李延寿有倾向统一的思想，比《旧唐书》更好些。"(转引自：光明日报：毛泽东读《二十四史》的几个特点)。

毛泽东读史，读有字书，不为读书而读书，而是联系实际，读出门道来，且用于实际生活和革命斗争。例如，《新唐书》卷一〇三《徐有功传》第7页上这样写道："臣闻鹿走山林而命系庖厨者，势固自然。陛下以法官用臣，臣守正行法，必坐此死矣。"毛泽东就不认同。在这页书的天头上，毛泽东用黑铅笔写批语说："命系庖厨，何足惜哉，此言不当。岳飞、文天祥、曾静、戴名世、瞿秋白、方志敏、邓演达、杨虎城、闻一多诸辈，以身殉志，不亦伟乎！"毛泽东列举人物，时间跨度超过了二千多年，人物包括民族英雄，革命志士，大学教授，共产党人，爱国将领。毛泽东认为，人应该有信仰，为信仰，为真理，为人民利益而死，就是死得其所，就要死得其所。这说明，毛泽东对中国历史不仅了然在胸，而且融汇贯通。

这正应了唐朝著名诗人杜甫写的"会当凌绝顶，一览众山小"的意境。1936年，毛泽东写了著名的《沁园春•雪》，词曰：

惜秦皇汉武，略输文采；
唐宗宋祖，稍逊风骚；
一代天骄，成吉思汗，只识弯弓射大雕。
俱往矣，数风流人物，还看今朝。

如果没有对历史的深刻认识，如果没有深思熟虑的品评，如果没有对中国这部历史有字书的反复精读，毛泽东哪会有这样的千古绝唱！

# 第十二章 倾心体育 意志磨练

毛泽东离我们而去，已近四十五年了。毛泽东一生从小时候的生活到读书学习，革命，建国，建设的谈话，书信，电报，文稿，演说，文章，发表的，未发表的，冒充的，伪造的，几乎被翻了一遍又一遍，

据我所知，毛泽东自出生以来，说过，写过的话，何止千万，但真正发表在期刊上的文章，第一篇非《体育之研究》莫属(《新青年》，1917年4月1日)。

## 一，体育精要 旨在强身

据称，体育一词，是帕来品，指的是“体育是以身体活动为手段的教育。”在中国，正式使用“体育”一词是二十世纪初的事。但这不能说，中国自古没有与体育相关的锻炼和活动。如水浒传写的高球，就爱踢球。恰好宋朝皇帝也是一位踢球爱好者。不过，将个人爱好，个体活动作为一项运动，与国民体质连在一起，中国是起步较晚的国家。

在世界上，以运动会的方式展开大规模群众性运动的体育，应以起源於两三千年前的古希腊的奥林匹克运动会最为著名，且因举办地在奥林匹亚而得名。由于希腊的衰落，奥运停办了1500年左右。直到19世纪末，奥运才又被重新提出，不过不再是希腊，而是法国的顾拜旦男爵，从而创立真正具有奥運精神的现代奥林匹克运动会，自1896年开始，每4年举办一次。

毛泽东撰写并发表的《体育之研究》，不仅论述了体育本身—强身健体，还论述了体育与哲学、生理学、教育学、心理学和社会学等学科，养生，卫国，是中国体育发展的重要篇章。《体育之研究》既是毛泽东发表最早的论文，更是毛泽东一生中唯一一篇专论“体育”的论文。

## 二，体育功效 养生娱心

体育的根本目的是什么？体育的精髓在“动”，运动。这种动，不是漫无目的的乱动，相反是要遵循人体的生理发育，功能需要做有规则的运动。因为，人与动物，虽都能运动。但人是有理性的，不能盲目运动，而要按照健康要求，科学运动。不要高谈阔论，动不动就说大话，为保卫国家而运动。这不是“体育”的本义。体育运动，达到“养乎吾生乐乎吾心”足矣。

众所周知，人体健康，关键在“运动。”毛泽东从科学的角度，论述了体育锻炼，促进人体机能转化的意义。中国古人朱熹主敬，陆九渊主静。老子说“无动为大”，佛教创始人释迦牟尼喜求“寂静”，因是子(名叫蒋维乔)习静坐数十

年，著有因是子静坐法，自称其法之神。毛泽东虽一一列举，却明白表示不予苟同，并反其道而行，坚定地说：“愚拙之见，天地盖惟有动而已。”

从生理上讲，人的身体是一个矛盾体，生命之日，即是新陈代谢之时。吐故纳新是人生命活动的基本特征。人若明白生命，身体体质的矛盾运动，可以相互转化，因势利导，发挥正能量，加速转化，亦可延年益寿。毛泽东说：“又闻弱者难以转而为强，今亦知其非是。盖生而强者，滥用其强，不戒于种种嗜欲，以渐戕贼其身，自谓天生好身手，得此已足，尚待锻炼？故至强者或终转为至弱。至于弱者，则恒自悯其身之不全，而惧其生之不永，兢业自持。于消极方面，则深戒嗜欲，不敢使有损失。于积极方面，则勤自锻炼，增益其所不能。久之遂变而为强矣。”以此而论，做人“故生而强者不必自喜也，生而弱者不必自悲也。”“吾生而弱乎，或者天之诱我以至于强，未可知也。”关键就在于：体育锻炼。以弱转强者，美国总统小罗斯福就是典型，身患小儿麻痹症的他，不以残疾自卑，坚持游泳等锻炼不缀，保持了良好的精神状态，被美国人民选为美国第32届总统，是美国历史上任期最长的总统。当得知日本偷袭珍珠港之时，罗斯福总统竟能从轮椅上站起来。也有人认为，脑力劳动者，身体多欠安，而体魄强健者，又多头脑简单，不善思辩，不善文字。此言亦差矣。中国以儒家学派创始人孔子为例，享年七十有二，未有体格痼疾和身体不恙之说。毛泽东说：“此皆古之所谓圣人，而最大之思想家也。”毛泽东本人也是这样，自小游泳，“自信人生二百年，会当水击三千里”，一生自信，而不大相信医生，享年83岁。这表明，人，只要有心，坚持锻炼，完全能够做到：“身心可以并完。”表明，人的生命并非天命，而全在人自己的努力！

毛泽东论体育之效，以增加知识，调节情感，增强意志，层层递进，说明健康体魄的重要，体育在人生生活的意义，论证体育与人不可须臾怠慢的价值。

1，增加知识

人生在世，文明是社会进步的标志。家庭是社会的细胞。人是家庭组成的基本结构单位。每个人的健康直接关系到社会的文明程度。故毛泽东提倡：“欲文明其精神，先自野蛮其体魄。”十九世纪中叶以来，中国饱受西方列强侵略，凌辱。国家落后，人民穷困。二十世纪，在相当长的时间里，被冠以“东亚病夫。”毛泽东认为，只有野蛮其体魄，才能有文明之精神的可能。

什么是知识？毛泽东认为，知识就是认识事物，理性判断事物。一个人认识世间万物，离不开人体的健全。举例说，人对事物的认识，最直接的感官是耳目，思索，归纳总结有赖于脑筋—人的大脑。耳目脑筋则是人体之谓。身体健全，获取知识方可全面。因此，加强体育锻炼，可间接增进人的知识。

简而言之，身体是知识的载体。当今世界，科学门类繁多，不论在哪，自学也好，上学也罢，必须有体力胜任。力能胜任者，身体健康者也。否则，体质弱，即便想学也力不从心。

2，调节情感

人的生活，不单是生命的延续，且具有横向交往的社会性。情感交流是人生在世的基本特征。当然，感情受制于理性。古人云，心之官则思。理性自然来源于心，“心存乎体。”体弱者，常常成为感情的俘虏，陷入感情的漩涡不难自拔。五官不全及肢体有缺者，多困于一偏之情，或钻牛角尖，而理性不足以救之。身体健全者，不会为感情所困，易于从感情困苦中解脱出来。毛泽东认为，当遇到不快乐的事，受其刺激，心神震荡，难于制止，只要加以严急之运动，可立即淘汰陈旧之观念，使脑子清醒，精神振作，收到立竿见影的功效。例如，毛泽东常把游泳当作调节疲劳，换“脑筋”的重要手段之一。

3，强化意志

毛泽东认为，体育能磨练人生意志。论体育之功效，全在于此。体育的宗旨，就是要练就一往无前，无往不胜的精神，即武勇之谓也。“武勇之目，若猛烈，若不畏，若敢为，若耐久，皆意志之事。”举例说，“如冷水浴足以练习猛烈与不畏，又足以练习敢为。凡各种之运动，持续不改，皆有练习耐久之益。若长距离之赛跑，于耐久之练习尤著。夫力拔山气盖世，猛烈而已；不斩楼兰誓不还，不畏而已；化家为国，敢为而已；八年于外，三过其门而不入，耐久而已。要皆可于日常体育之小基之。意志也者，固人生事业之先躯也。”不可否认，毛泽东一生的成功，坚强的意志是其成功的首要要素。不论是顺境，还是困境，不论是疾病的打击，同志的误解，敌人的围追堵截，一幅强健的身子骨，一个坚定不移的信念，一幅不屈不饶的意志，成就了毛泽东鸿鹄之志。

如今，尽人皆知，毛泽东家族到毛泽东出生时，毛泽东的曾祖父和父亲都是单传，独苗。在毛泽东出世前，曾祖父在毛泽东出生前就辞世了。可以想见，曾祖父是带着莫大的遗憾撒手人寰的，甚至可以说在毛泽东曾祖父眼里，或许是绝望，他这一支毛氏家族，至毛顺生一辈，能不能继续有后，他都没有把握。这些，毛泽东无疑再清楚不过。因此，毛泽东从小学游泳，做各种体育锻炼，24岁就写出《体育之研究》，并发表在杂志上，实在是毛泽东的身心之作，用心之作。用以启迪后人，既具有现身说法的作用，又具有理论指导意义。故而，毛泽东说：“夫体育非他，养乎吾生、乐乎吾心而已。”

有人这样说：“毛泽东在中国共产党内卓著的声望不是一下子就赢得的。”（《历史与意志—毛泽东思想的哲学透视》第一部分 蒙太奇）。远的不说，单就1927年秋收起义上井冈山后，毛泽东不单是受到国民党蒋介石的围追堵截，还受到自己党内同志的打击排挤，甚至开除党籍，有时甚至剥夺毛泽东亲手创建的军队的领导权，被赶出军队。……然而，这并没有减弱毛泽东对革命的坚定信念，不屈不饶的革命意志。正是毛泽东的这种传奇人生，成就了中国共产党，成就了中国革命，成就了中国立于世界民族之林的历史地位。1927年至1945年间的中国共产党，毛泽东离开中国共产党领导岗位，中国革命就受挫折，就打败仗，毛泽东回到领导岗位，中国共产党就有了转机，兴旺发展起来。中国共产党早年的革命斗争证明："毛泽东似乎独自开拓了革命，以至共产主义在中国的胜利成了他个人的胜利，20世纪的中国历史也就成了他的传奇。毛泽东甚至比列宁更加具有革命性。革命的命运就是他的命运，革命的实现就是他的自我实现。当我们进入自己设计的角色时，我们都成了自己虚构的东西。而毛泽东与大多数人不同的地方是，他的形象、经历与历史本身一致。"(ibid 同上)。这正所谓："意志也者，固人生事业之先躯也。"

## 三，野蛮体魄 文明精神

1840年，中英鸦片战争翻开了中国近代史的篇章。从此，中国从一个自以为天国的泱泱大国一步步沦为半封建半殖民地的国家，任外国列强凌辱，宰割，瓜分；而风起云涌的太平天国运动，更是动摇了清王朝的统治基础。中国的民族矛盾与阶级矛盾日益激化。中国上下，从仁人志士到封建皇帝的维新变革，从士兵到将军的奋勇杀敌，从引进西方科技的洋务运动到派留学生到西方学习，中国的一次次努力，迎来的不是胜利的凯歌，而是丧权辱国，不平等条约的签订，……国家沦落，人民成了被人瞧不起的"东亚病夫！"这就是毛泽东出生时的中国大环境。

毛泽东出生的小环境也好不到哪儿去！严格说来，毛泽东出生在一个不幸的家庭，不仅家境贫寒，毛顺生和文七妹婚后的头两胎男婴也都不幸夭折。可以说，毛泽东出生后，毛家为了毛泽东生存和成长费尽了心机，烧香拜佛，拜巨石为干娘，在外婆家寄养。所有这一切，意在保佑幼小的毛泽东健康成长。毛泽东在外婆家和韶山冲生活了16年，目睹了中国农村老百姓体弱，多病，……出乡关后，梁启超在《新民丛报》中提出的"新民说"给毛泽东巨大的启示和震撼。梁启超认为，中国的落后，相对于最腐败的政府而言，最根本的原因是国民弱散。毛泽东颇有同感地说："国民全体是以国民个人做基础，国民个人不健全，国民全体当然无健全之望。"他认为："新民"是实现民族振新，兴邦建国的基础。

1917年春，毛泽东针对家，国，学校现状，潜心研究体育，撰写《体育之研究》论文。写好后，由杨昌济审阅，并推荐给陈独秀发表。1917年4月，毛泽东以二十八画生为笔名，将《体育之研究》发布在《新青年》第三卷第2号上。《体育之研究》开门见山，直书中国体育之现状："国力茶弱(一)，武风不振，民族之体质，日趋轻细。"这实与中国之衰败，"东亚病夫"，何其相似乃尔。为了改造国民体质，振兴中华民族，毛泽东提出了自己独特的体育观。

### 1，三育并重 体育第一

体育第一，是毛泽东一以贯之的重要思想之一。

在湖南一师，毛泽东的体育观，深受杨昌济先生的影响。杨昌济是位教育救国论者，一生以教育为己任。杨昌济说："从政治上求变，变之自上者也；从教育上求变，变之自下者也。变之自上者效速而易迁，变之自下者效迟而可久。高以下为基，吾宁自教育始矣。”并将教育一分为三。他说：“自来论教育者，往往分为智育、德育、体育之三部。”

毛泽东从唯物史观出发，结合个人和学校社会的实际，比杨昌济有更深刻的认识。在《体育之研究》一文中将三育阐发的更为透彻具体，毛泽东写道：“体育一道，配德育与智育，而德智皆寄于体，无体是无德智也。”毛泽东看事物，看本质，抓工作，善于抓纲。他早就指出：“体育于吾人实占第一位置”。在中国，提出体育第一观的人，非毛泽东莫属。这绝不是一时兴起，说说而已。

据说，1950年，刚建国不久，百废待兴，毛泽东针对刚起步的教育事业给教育部部长马叙伦写信时提出“健康第一、学习第二”的要求。马叙伦看信后怕是笔误，曾赶忙致信询问。毛泽东复信明确提出：“关于学生健康问题，前与先生谈过，此问题深值注意，提议采取行政步骤，具体地解决此问题。”“提出健康第一、学习第二的方针，我以为是正确的。”“健康第一”的体育教育观，正是毛泽东三育并重，体育第一思想的最好注释。

2，体育运动 重在行动

千里之行，始于足下。体育运动，说一千，道一万，心动不如行动。在湖湘文化中，从古之屈原忧国忧民，明清时期王船山知行合一，晚清曾国藩“内圣外王”思想的发轫，象体育运动的接力赛，传到了杨昌济这一代。杨昌济最为人称道的是他那坚韧不拔的钢铁意志，“以久制胜”的治学做人精神。杨昌济说：“吾无过人者，惟于坚忍二字颇为著力，常欲以久制胜，他人以数年为之者，吾以数十年为之，不患其不有所成就也。”他的学生将其治学做人大法，奉为“达化斋的法门”。1913年，毛泽东在《讲堂录》中记载这一“法门”说：“以久制胜。即恒之谓也，到底不懈之谓也，亦即积之谓也。”毛泽东在《体育之研究》中说：“凡事皆宜有恒，运动亦然。”这个“恒”，就是“达化斋的法门”的简洁表述。

毛泽东说：体育“不重言谈，重在实行，苟能实行，得一道半法已足。”毛泽东的箴言，是对体育锻炼实践的经验总结。毛泽东本人就是体育锻炼的践行者。

(1)，生命不息 游泳不止

要说毛泽东最钟情的体育运动，非游泳莫属。说游泳是毛泽东最痴迷，最擅长的运动一点儿也不过份。毛泽东自小就在自家门前的池塘里游泳。曾记否，毛泽东的第一次有记载的受老师体罚，就是上私塾时，乘私塾先生不在，带着同学去游泳闯下的大祸，并受到私塾先生的处罚。

自1910年秋，毛泽东出乡关，到长沙，上一师，毛泽东游泳的天地越来越大，长沙的湘江成为毛泽东游泳锻炼的天然“游泳场”，不仅在炎热的夏季，湘江水涨，江面宽广，从东岸横渡游到西岸，即便是在人们已穿上棉衣的寒冷季节，也跳进湘江，劈波斩浪，游上几十分钟。

据说，1918年3月，上海《教育杂志》主编，游泳好手李石岑来长沙出差，毛泽东也不放过学习游泳技巧的机会，专门邀请李石岑主编到湘江水中教授游泳技术。游泳，给毛泽东带来无限的享受和快乐。毛泽东深有体会地说："游泳最大的好处是可以不想事，让大脑很好地休息。吃安眠药、散步、看戏、跳舞都不行，就是游泳可以做到，因为一想事就会下沉，就会喝水。"

毛泽东的一些诗篇就是游泳时的有感而发。《浪淘沙•北戴河》就是其一。

那是1954年夏天，党中央主要领导人在北戴河开会。一天下午，狂风大作，暴雨如注，白浪滔天。毛泽东要去游泳，随行警卫和相关人员都很紧张，劝他等天气好了再去游。毛泽东坚持去游泳，大声说："风浪越大越好，这可以锻炼人的意志，增强一个人战胜困难的勇气。"说着，和随行人员一起下海游泳，汹涌的波涛一下子将毛泽东推到浪尖上，又一下子把他抛入大浪谷底。随行人员紧张不已，毛泽东却怡然自得，兴趣盎然，一首壮丽的诗篇就在这汹涌澎湃的大海里诞生了。在游泳后，毛泽东挥毫写下：

《浪淘沙•北戴河》
大雨落幽燕，白浪滔天。
秦皇岛外打鱼船，一片汪洋都不见，知向谁边？
往事越千年，魏武挥鞭，东临碣石有遗篇。
萧瑟秋风今又是，换了人间。

在诗中，看似毛泽东是在对古人和古代历史的回顾，实则是对自己革命生涯的追寻：1925年，毛泽东在长沙"独立寒秋"，开始"问苍茫大地，谁主沉浮？"1945年，在国民党陪都—重庆，毛泽东自信满满，"俱往矣，数风流人物，还看今朝。"似在告诉世人，过去的辉煌已成为过去，如今虽天下纷争，但大势所趋，似已胜卷在握。

如果说，重庆谈判时还有几分变数的话，那么1954年北戴河的感慨："萧瑟秋风今又是，换了人间。"中国变了，人间换了。诗人毛泽东自然"心潮逐浪高"。前后不过三十年。毛泽东的感慨，不仅是历史的，也是他个人的。

在北戴河游泳归来，毛泽东对身边的人说："站在这里看看、会觉得现在下海很可怕，可是真正下去了，也就不觉得可怕了。干任何事情都是这样，只要有勇气去实践，困难也就没什么不可克服的！"这正是毛泽东一生不畏艰险，敢于斗争，改天换地的大无畏精神的写照。

据说，毛泽东还曾为自己的"游泳"正名。1959年，毛泽东会见美国女作家斯特朗和美国学者杜波依斯夫妇。毛泽东问他们是否会游泳，他们都说会，然后又追问说："听说主席在水中一'泡'就是几个小时"。毛泽东自然不喜欢"泡"这个字。因为，"泡"带有过去"泡澡堂子"的意味，缺乏搏击奋斗精神。毛泽东听了，特别纠正说："错了，那不是泡，是水中击浪，征服惊涛，与天斗其乐无穷，与大自然斗其乐无穷，我那是与水斗，见到狂澜，我总要斗它一斗。"游泳是一种与自然搏斗，不能与"泡"混为一团。毛泽东一生"斗"的性格，在游泳中表现得尤为突出。

当然，毛泽东“斗”的性格，还表现在对人们生活习惯的创新，改造。1956年6月，毛泽东横渡长江，从武昌出发游泳到对岸的汉口。这次游泳，毛泽东留下著名诗篇：

《水调歌头•游泳》

（1956年6月）：

才饮长沙水，又食武昌鱼。
万里长江横渡，极目楚天舒。
不管风吹浪打，胜似闲庭信步，今日得宽馀。
子在川上曰：逝者如斯夫！
风樯动，龟蛇静，起宏图。
一桥飞架南北，天堑变通途。
更立西江石壁，截断巫山云雨，高峡出平湖。
神女应无恙，当惊世界殊。

这是毛泽东唯一一首以“游泳”为题的诗词，发表在《诗刊》一九五七年一月号上。毛泽东在诗中说的“武昌鱼”，那时并不是什么名贵鱼，且刺多。虽肉质细嫩，也并不受人追捧。古三国时期，曾有童谣说：“宁饮建业水，不食武昌鱼”之说。毛泽东一句“才饮长沙水，又食武昌鱼”，一下子将“武昌鱼”推上名贵佳肴之席。

从那以后，“武昌鱼”大打翻身仗，凡到武汉的宾客，都要品尝武汉特产的“武昌鱼。”毛泽东的诗，可以说给湖北武汉经济腾飞，插上“武昌鱼”的翅膀。这也是毛泽东反传统习俗，给事物赋予新意的著名例子之一。

在中国，毛泽东游过泳的地方，遍布大江南北。据称，毛泽东先后游过湘江、长江、珠江、钱塘江、庐林湖、韶山青年水库等大小河流水域，多次到北戴河的大海中畅游，17次畅游长江，领略大自然的美景，感受人生的愉悦：“游泳是同大自然斗争的运动，应该到大江大海中去锻炼。”毛泽东认为， 到大江大海去游泳，至少有三条好处：一是不受任何限制，天高海阔，自由自在，其乐无穷：二是紧张的工作之余，转而全身心地投向大海，动了筋骨，舒了身心，全身得到了放松：三是游泳可以得到很好的体格。再增加一条是，磨练一个人的意志，增强征服大自然的勇气。

⑵，野蛮体魄 挑战极限

关于“野蛮其体魄”一词，说法不一，甚至官方也认为第一个提出者是毛泽东。这一说法，经不起推敲。毛泽东公开提出“野蛮其体魄”的证据，是毛泽东以“二十八画生”为笔名在1917年4月《新青年》第三卷第 2号上发表的《体育之研究》。

事实上，1915年，陈独秀已在《今日之教育方针》中指出：“日本福泽谕吉有言曰：教育儿童，十岁以前当以兽性主义；十岁以后方以人性主义。进化论者之言曰：吾人之心，乃动物的感觉之继续；人间道德之活动，乃无道德的冲动之继续。良以人类为他种动物之进化，其本能与他动物初无异致。所不同者，吾人独有自动的发展力耳。强大之族，人性兽性同时发展。其他或仅保兽性，或独尊人性而兽性全失，是皆堕落衰弱之民也。兽性之特长谓何？曰意志顽狠，善斗不屈也；曰体魄强健，力抗自然也；曰信赖本能，不依他为活也；曰顺性率真，不饰伪自文也。"陈独秀所言的"兽性主义"已显现出"野蛮其气魄"的原旨。

历史是有传承的。毛泽东曾说过：陈独秀"对我的影响也许超过其他任何人"。毛泽东的《体育之研究》是对陈独秀"兽性主义"的阐发："欲文明其精神，先自野蛮其体魄；苟野蛮其体魄矣，则文明之精神随之。"

陈独秀文中提到的日福泽谕吉，是日本明治维新时期最有影响和代表性的启蒙思想家。福泽的原话是这样的：先成兽身，后养人心。福泽认为："文明的真谛在于使天赋的身心才能得以发挥尽致"。毛泽东说："夫体育之主旨，武勇也。"还特别强调："欲图体育之有效，非动其主观，促其对于体育之自觉不可。"入学湖南一师，在教员杨昌济的影响下，毛泽东是全校最顽强，最突出的锻炼者。一提到体育运动，体育锻炼，很多人总是讲缺乏体育条件，体育环境。其实，这些都可能是不积极主动做体育锻炼的托辞！毛泽东不然。搞体育，应该就地取材，因地制宜。在这方面，毛泽东为所有热爱体育的人，做出了表率。毛泽东说："运动之进取宜蛮，蛮则气力雄，筋骨劲。"毛泽东本人就是"野蛮体魄"的践行者。毛泽东参加的体育锻炼项目很多，其中阳光、风、雨、冷水浴是毛泽东体育锻炼最常用的方法。

在西方，阳光、风、雨、冷水浴很常见。在中国，因地制宜，做阳光、风、雨、冷水浴的人并不多。在湖南一师，伦理学教员杨昌济是坚持冷水浴的人之一。受老师的影响，毛泽东开始做起阳光、风、雨、冷水浴，从中受益无穷。毛泽东深有感触地说："冷水浴足以练习猛烈与不畏，又足以练习敢为。"记得，上世纪七十年代中期，那时我20多岁，上大学时，由学校安排到湖北随县厉山区医院实习。在寒冷的冬月，我曾和同学周X X到厉山镇旁河流的大坝下，穿着短裤，迎着冷冽寒风，用脸盆往身上浇冷水，揉搓身子。说实在的，冷水浴真是"练习猛烈与不畏，又足以练习敢为"的最好方法。遗憾的是，我们没有将冷水浴锻炼坚持下来。毛泽东不同，不仅做了，还坚持下来。在湖南一师，毛泽东坚持洗冷水浴，终年不断。每天早上一大早，毛泽东来到井边，从井里打起一桶桶井水往自己身上浇，用浴巾擦身，反复浇冷水，擦身子，以此来锻炼猛烈与无畏的性格。毛泽东说："人必须每天做一件艰苦的事来锻炼自己的意志。冷水浴不仅磨炼意志，还能增强体质。"

毛泽东晚年，身体不再适宜做冷水浴时，也不用热水洗澡，而改用温水洗澡。毛泽东自豪地说："一个经常注意锻炼身体的人，才不会被风雪的寒威所吓倒。我过去练习过冷水浴，现在虽然年纪大了，冬天也还可以不用热水洗澡，小小的寒冻也还经得住。锻炼的确是重要的事情。"

日光浴和雨浴也是毛泽东常常锻炼的体育运动。毛泽东喜欢游泳，游泳后，就躺在沙滩上，沐浴阳光；大雨天，脱去外衣，站在雨下让雨淋。一次，湖南一师正在开运动会，突然大雨袭来，瓢泼桶倒，同学们纷纷躲雨，往室内跑。

毛泽东却站在雨下，一动不动，身子被雨淋得象“落汤鸡。”但是，毛泽东却精神抖擞，高兴地连声说：“好雨，好雨，淋得真痛快！”“我们年轻人，就是应该提倡这种精神，这就叫做：‘文明其精神，野蛮其体魄。’”

在湖南一师，杨昌济先生有两位高足：一个是毛泽东，一个是蔡和森。据蔡和森回忆，一天夜里，电闪雷鸣，狂风暴雨大作，蔡和森见毛泽东全身被淋得透湿跑来，问毛泽东：“这是怎么回事？看你淋成这个样子。”毛泽东笑着对蔡和森说：“我是为了体会《书经》上‘纳于大麓，烈风雷雨弗迷’那句话的情味，并借以锻炼一下自己的胆量。我这是刚从岳麓山上下来。”毛泽东以夜晚冒雨访友，挑战自我极限，“借以锻炼一下自己的胆量。”听起来，实在新鲜。在事实上，毛泽东是在利用一切机会，挑战自己，增强胆识，强化意志。这不能不说是，毛泽东为成就人生伟业，随时随地，都在自觉进行坚韧不拔，大无畏身心素质的自我锤炼。

1936年，毛泽东接受美国记者斯诺采访，回忆在湖南一师坚持冷水浴，雨浴，日光浴等锻炼时说：“这一切都是在锻炼身体的名义下进行的，这对增强我的体质也许有很大帮助，我后来在中国南方的多次行军，以及从江西出发的长征路上，特别需要这样的体质。”（斯诺：西行漫记）。

在延安时期，任弼时曾不无感慨地说：“毛泽东同志有这样强健的身体，真是我们党的一大幸运。”

3，中国人 真正站起来了

体育，从来都不是单纯的甩甩膀子，扭扭屁股弯弯腰，活动一下筋骨。洋人骂中国人是“东亚病夫”，不是政治，是什么？！在毛泽东的辞典里，体育从来都不只是体育，而是同中华民族的图存，复兴，发展连在一起！为了中华民族的崛起，毛泽东在湖南一师响应梁启超的“新民说”，提倡探本求源，倡学，以改造国民思想；倡导体育，以提高国民体质。两者合一，身心并完。这不仅是毛泽东对体育的认识，更是毛泽东引领中国人，完成中国救亡图存，复兴崛起的千秋大业的创举！

在湖南一师，毛泽东为了同学们的健康，将锻炼强健的体魄，与民族国家的兴亡紧密联系在一起。毛泽东在为悼念易昌陶同学的一幅挽联中写道：

胡虏多反复，千里度龙山，腥秽待湔，独令我来何济世？

生死安足论；百年会有役，奇花初茁，特因君去尚非时。

在战争年代，在中央苏区，毛泽东要求红军加强训练，锻炼身体，踢球，学武术，强身健体，提高战斗力。1942年，在延安举行的首届体育节上，毛泽东写下了：“锻炼体魄，好打日本”。

建国后，毛泽东很快就将提高国民素质提到议事日程上来，多次指出：中华民族必须尽快甩掉“东亚病夫”的帽子，树立体育为人民的思想。1952年6月10日，中华体育总会正式成立。毛泽东亲笔题词：“发展体育运动，增强人民体质”。

1953年，在中共中央研讨体育工作时，毛泽东指示说：“体育是关系六亿人民健康的大事。”

1954年，毛泽东又提出了中国体育运动的具体工作方针。毛泽东说：“开展群众性体育运动，使体育运动普及和经常化!!”

在建国后短短的十年时间里，中国体育运动就有了长足发展。1959年9月13日，在贺龙等人的陪同下，毛泽东与刘少奇、周恩来、朱德出席中华人民共和国第一届运动会开幕式，看到运动员们英姿焕发和雄伟壮观的运动队伍，毛泽东兴奋地说："外国人再也不会讲我们是'东亚病夫'了！"

毛泽东起身鼓掌，说："看么，中国人民真正站起来了呢！"

照毛泽东的说法，建国，毛泽东说，中国人从此站起来了，是政治！这次是中国人的身体也站起来了。了不起！

一句"中国人民真正站起来了！"这是令人多么欢心鼓舞的大事！

中国近一百多年的历史，就是先进的中国人，前仆后继，外争独立，内争民主的浴血奋战史。1949年，是中国近代史的一个转折点。是年十月一日，毛泽东在天安门城楼上向全世界宣告：中国人从此站起来了！"我们的民族将再也不是一个被人欺负的民族了，我们已经站起来了。"毛泽东的宣告，象洪钟大吕传遍全世界！这是政治宣言，说的是中华民族的独立自主，所以是"中国人从此站起来了！"这标志着中国被列强欺侮，宰割的历史已成为过去！

1959年9月13日，毛泽东再次向全世界宣布："看么，中国人民真正站起来了！"这句话，这个时刻，中国人等了多少年？没有谁能说得清楚！但，这毕竟是个历史事实！这应该是，中国历史的重写？

如今，在2008年，在奥林匹克举办一百年之际，中国人在北京成功地举办了奥林匹克运动会。从此，中国从此跨入世界体育大国的行列！

这是何等壮丽的大事！

# 第十三章 指挥若定 驱张卫校

## 一，驱逐校长 泽东带头

1914年，湖南由袁世凯的部下汤芗铭主政，担任湖南布政使，督理湖南军务将军，积极支持袁世凯称帝，要求学生写“论袁大总统英明之中日亲善政策”，湖南一师校长孔昭绶带头抵制。因此，汤芗铭公然通缉追捕孔昭绶。不得已，孔昭绶离开了湖南一师，东渡日本。随后，汤芗铭着令张干担任湖南省立第一师范的新校长。

张干（1884年—1967年），字次仑，号攸凰。当时，张干才30岁，也算是青年才俊，正是他大显身手的时候。俗话说：“新官上任三把火。”张干上任后，在校内实行高压政策，没收进步书刊，不准参加校外活动，不准搞一切与上课无关的活动，如读书会，并增加作业和考试次数，体罚违法校规学生，弄得学生怨声载道。

1915年夏，在学期快结束时，张干在第一师范宣布了省议会颁发的一项新规定：从本年秋季起，凡师范学校学生，每人缴纳10元学杂费。这真是一石激起千层浪。原本，湖南一师是一所免费的学校。突然宣布要增收10元学杂费，毕竟是个不小的数目。这对大多数穷人家的学生来说，无疑是雪上加霜。新规定一出，甚至有人说是张干为讨好当局而向政府建议的。这更是火上浇油。就这样，一场驱逐校长的学潮在湖南一师拉开了序幕。

话说回来。毛泽东是反对张干新规定收缴10学杂费。但在一开始，毛泽东没有串连学生一起反对。反倒是九班学生首先自发起来，组织全校学生，宣布罢课，……四处散发传单，揭露张干不忠、不孝、不仁、不悌，……毛泽东事先没有见过传单。当他接过传单一看，觉得没有击中要害，毛泽东对同学们说：“我们不是反对张干当家长，而是反对他当校长，要把他从校长的宝座上拉下来。”

同学们觉得毛泽东的驱张主张有道理，就由毛泽东起草了一份《驱张干书》，经与罢课发起人商量后，立即派人坐守在印刷局连夜印刷，清晨带回学校，广为散发。

张干看到《驱张干书》，气不打一处出，要查办为首“闹事”的学生。当张干得知传单是毛泽东写的，于是自作主张，决定开除毛泽东等17名学生。张干将一纸《开除通告》张贴在公示栏上：毛泽东为首，17个因带头驱张而被开除的学生名单，被公之于众。落款张干和鲜红的校长大印！

这样一来，校方与学生的矛盾不仅不能缓解，反而更加激化。消息传出，毛泽东怒不可遏，挥笔写下《退学申请》。湖南一师的教员杨昌济，徐特立，方维夏，费尔廉，王季范决定从中化解，说服校长张干收回开除学生的成令。他们来到校长办公室。

在校长室里，老师们都望着张干，张干有意避开了大家的目光。几位老师就开除毛泽东学籍一事表达不同意见，大意是以其之矛，攻其之盾：孔校长过去就常说，学校是干什么的？就是教育人的。学生有问题，我们应该教育他们，而不是往校门外一赶了事。一下子开除17个学生，这样搞下去，学校成什么了啦？

张干接过话说："这么说，大家都不同意。"

"是的。"大家异口同声地说。

张干说："噢！看来，我太冲动了。那好，我可以不除其中16人的学籍，但毛泽东必须开除。"

事情虽出现转机，但毛泽东却不能幸免。在校长室内，几位为毛泽东校藉又着起急来，心一下子提到了嗓子眼上。

正在这时，毛泽东的国文老师袁仲谦也得到要开除毛泽东校藉的消息，正往校长办公室赶来！

据说，毛泽东这时已拿着《退学申请》来到校长室外，只听到张干校长激动的说："我身为一校之长，难道开除一个学生的权力都没有吗？"

双方出现了僵局！

常言道，无巧不成书。在这关键时刻，袁仲谦老师来到校长室。校长张干和各位老师都把目光投到袁仲谦的身上。还是张干先打破僵局说："那我们还是听听袁仲谦老师的意见吧！"

"我的意见？"袁仲谦说。

"是的，你的意见！"张干自信地说。因为，张干知道，袁仲谦是个眼睛里揉不得砂子的人。

"大家都听我的？"袁仲谦又说。

"对。"张干校长和几位老师都示意，表示赞同。

袁仲谦觉得事关重大，便冷静下来，又反问说："大家都听我的？！"

"对！都听你的。"

"就请先生定夺！"张干校长说。

袁仲谦清清嗓子说："我没什么多说的。要说开除毛泽东，就连我也开除吧！"

就这样，一场激烈的争辩，就这样平息了。毛泽东保住了学籍。(黄晖：《恰同学少年》)。

1915年，毕竟是中国的多事之秋。袁世凯向日本签订了丧权辱国的二十一条。湖南一师是坚决反对袁世凯的。五月七日，当日本发出最后通牒时，毛泽东在湖南第一师范刊印的《明耻篇》封面上题写：五月七日，民国奇耻，何以报仇，在我学子。毛泽东带头驱赶校长张干的"学潮"惊动了湖南省教育司，也派来了督学来调解，要学生复课。学生不肯，并一致要求："张干一日不出校，我们一日不上课。"

不得已，督学只好答应从下学期起："张干不来了。"

这应了一句古语，赔了夫人又折兵。毛泽东的学籍保住了！张干却将自己“校长”的饭碗弄丢了。

## 二，统帅学生 指挥卫校

1911年春，毛泽东初到长沙湘乡驻省中学读书。是年秋，辛亥革命爆发了，象所有热血青年一样，毛泽东产生了参军的欲望！在当时，湖南也组织了学生军。毛泽东嫌学生军鱼龙混杂，认为要参军就到正规部队去。结果如愿以偿，毛泽东到正规部队当了一名列兵！但是，毛泽东虽然出生农家，也在农村干过几年农活，但在心眼里，那时的毛泽东并没有把自己看成一个道地的农民！相反，而是当作“读书人”看待。

当时，毛泽东当兵的地方，没有自来水。每天日常生活的用水，士兵们都是自己去比较远地方挑水用。毛泽东则不然，他回忆说：“但我是个学生，不能屈尊去挑水，只好向挑水夫去买。”在思想上，一种旧时代的读书人或说知识分子的酸腐味，表现的淋漓尽致。尽管，父亲毛顺生曾经一直想用自己教育儿子的方法将毛泽东培养成为一个能打算盘，会记帐的农民或象他一样的商人，但无疑是都失败了。毛泽东没有按照父亲的意愿做。再者，毛泽东有文化，需要读书，就用军队发的军饷钱去买书报读！平时，毛泽东也能与工农士兵打成一片，帮助士兵。毛泽东自己回忆说：“我能写，有些书本知识，他们敬佩我的博学。”可见，毛泽东的博学也有了用武之地，经常为士兵们写写家信，给他们读读报纸。可是，随着辛亥革命的退潮，当毛泽东觉得军队不再是时代的先锋时，在部队当了半年兵就毅然离开了部队。（《毛泽东传》　作者：［美］ 罗斯-特里尔 出版社：　中国人民大学出版社）。

在当兵的半年时间里，毛泽东并没有真正上战场去打仗，而是做些杂物。要说有什么收获，最多也不过是体验了一下部队的生活，有了些关于军队生活的感性认识。“我以为革命已经过去，”毛泽东在回忆1912年春天的时光说，“于是脱离军队，决定回去念书。”

从此，毛泽东开始了一生以来，又一次人生彷徨和选择！

在人生的十字路口，毛泽东的彷徨，怯弱和无助，陷入了他一生以来的又一次低谷。这时，毛泽东每天白天到处荡悠，看广告，找学校，报名，参加考试，晚上回到自己居住的“湘乡会馆”。但是，革命不仅给他带来激动人心的喜悦，也带来无法无天的悲哀！今非昔比，原本安宁的“湘乡会馆”，也不再宁静。“湘乡会馆”成了兵痞，过路客，学生和流浪闲逛人的场所。据毛泽东回忆，在“湘乡会馆”，打架斗殴的事，也时有发生。这时，毛泽东不满19岁，从毛泽东本人自述的传记看，至少当时他并不象是一个“路见不平一声吼，该出手时就出手”的英雄，反倒象是一个自求“菩萨保佑”，只顾自己小命的懦夫。毛泽东在回忆当时的血腥打斗场面时说：“我躲到厕所里去，直到殴斗结束以后才出来。”（斯诺：《西行漫记》）

说来，令人难以置信。这一切，毛泽东在上湖南一师读书后，事情起了变化，发生了天翻地复的转变。

1917年9月18日，孙中山为维护《中华民国临时约法》，反对北洋军阀的独裁专制统治，发动了第一次以“护法”为名的战争，又称“护法战争”，是中国近代史上的大事。当时，响应孙中山号召，参加护法的军队有湘、桂、粤军等约十五万人以上，组成联军，10月在湖南与北洋军接战，拉开了护法战争的序幕。11月护法联军转为优势。北洋政府军队开始溃败，从湖南衡宝一线沿铁路线向北溃退。湖南一师位于长沙南郊，紧靠粤汉铁路，是溃军必经之地，随时可能遭受北洋溃军的劫掠。

俗话也说，秀才遇到兵，有理说不清。面对北洋军随时可能的袭扰，学校当局已准备将师生疏散到城东暂避。这时，正担任校学友会总务的毛泽东说，不要惊慌，可以让正在受军事训练的学生自愿军负责守卫。这是一个大胆的设想，校方同意了他的建议。果然，开始虽有一些零散溃兵途经校门口，也都不敢轻易闯入。11月18日，一支三千多人的北洋溃军，怕中伏击，在湖南一师以南的猴子石一带徘徊，不敢向长沙挺进。兵法有云：两军相逢智者胜。一方是溃不成军的散兵游勇，一方是没有正式武器配置的学生自愿军。这次，毛泽东临危不惧，将几百个学生自愿军分成三队，拿着木枪，布置到猴子石附近几个山头上，由学生自愿军大放鞭炮，设阵迷惑北洋军。一方面和附近的警察分所联络，由他们鸣枪呐喊，双方紧密配合。本已人心涣散的北洋溃兵，在突然袭击下，惊慌失措，……毛泽东立刻派人去交涉。

在强大“攻势”面前，溃军全部被缴了枪。事后，同班同学邹蕴真问毛泽东：“万一当时败军开枪还击，岂不甚危？”

毛泽东说：“败军若有意劫城，当夜必将发动，否则，必是疲惫胆虚，不敢通过长沙城关北旧，只得闭守于此，故知一呼必从，情势然也。”

一场可能引发长沙陷入灭顶之灾的兵祸，由毛泽东带领学生军，在警察的配合下，指挥若定，成功地化解了！

这是毛泽东平生第一次指挥军事行动，并大获全胜。因此，人们称毛泽东“浑身是胆”。这次卫校，已初显毛泽东军事指挥才干。

# 第十四章 求学一师 挑战自我

毛泽东说："我没有正式进过大学，也没有在外国留过学，我知道，我的学问，是在一师打下了基础。一师是个好学校。"

## 一，入学一师 探本求源

毛泽东生性倔强，从小就是一个不撞南墙不回头的人，甚至撞了南墙也不轻易回头的人。本来，毛泽东在长沙省立一中读书，比赛作文获奖，校长，老师和同学都很看好。可是，命运又一次将毛泽东推向人生的十字路口。一本名叫《御批通鉴辑览》的书，激发了他单独求学的欲望。

毛泽东回忆在长沙省立第一中学这段经历时说："这个学校很大，有许多学生，毕业生也不少。那里的一个国文教员对我帮助很大，他因为我有文学爱好而很愿接近我。这位教员借给我一部《御批通鉴辑览》，其中有乾隆的上谕和御批。" 但是，"我不喜欢第一中学。它的课程有限，校规也使人反感。我读了《御批通鉴辑览》以后，得出结论，还不如自学更好。我在校六个月就退学了，订了一个自修计划. 每天到湖南省立图书馆去看书。"（斯诺：西行漫记）

### 1，父亲制裁 入学一师

自学的时间过得很快，毛泽东的父亲并不认为自学对毛泽东有多大好处，于是就断了毛泽东的经济来源。

这是毛泽东父亲第三次强迫毛泽东按照父亲的意愿去做。不过，不是让毛泽东不读书，而是不让毛泽东想做什么就做什么。父亲毛顺生比前两次勒令停学不同，是让毛泽东作出选择。使用得方法也不同，只是不提供生活费。套用现在的话说，叫"经济制裁！"其时，毛泽东父亲的家境已挤入富裕阶层，并不缺供养儿子读书的钱。毛顺生这次停止提供学费，也是在逼儿子毛泽东"走正道"，逼儿子上学读书。这可从毛泽东的回忆里找到答案。毛泽东对到延安采访的美国记者斯诺说："那时候我没有钱，家里不肯供养我，除非我进学校读书。""同时，我也在认真地考虑自己的，'前途'，我差不多已经作出结论，我最适合于教书。我又开始留意广告了。这时候湖南师范学校的一则动听的广告，引起我的注意，我津津有味地读着它的优点：不收学费，膳宿费低廉。有两个朋友也鼓励我投考。他们需要我帮助他们准备入学考试的作文。我把我的打算写信告诉家里，结果得到他们的同意。我替那两位朋友写了作文，为自己也写了一篇。三个人都录取了。因此，我实际上是考取了三次。"

这告诉我们：毛泽东上一师，是有思想基础的。他自认为"最适合于教书。"以后也多次说过类似的话："其实，我小时候就一直想当个'教书匠'，觉得当老师有学问，受人尊重”。甚至在当了党和国家领导人后，毛泽东还对外国记者说过这样的话：“我想早一点退下来去当个教授。”(鲁仕全 撰：毛主席一生未了的心愿)。1970年，毛泽东还对斯诺说：只希望当老师。

综上所述，应该说毛泽东上湖南一师是有几分自愿的。但是，也有不情愿。这就是因父亲的“经济制裁”，断了经济来源，上湖南一师，似有被逼上梁山的感觉。所以说，毛泽东结束自学，走进湖南一师是“别有一番滋味在心头！”既有几分期待，也有几分无赖!

是啊！人，哪有万事如意？！人总是在曲曲折折，艰苦磨难里摔打成长！毛泽东也一样，没有例外！不得已，归不得已。日子还得过，生活还得继续，学习还得进步！毛泽东人上了湖南一师，迎来的不是别的，而是一系列挑战。

## 2，期望甚高 立政治观

在众多的挑战中，毛泽东是学习上的挑战。毛泽东所上学校时的年龄，与同龄人相比，要晚得多。这是从年龄而言。若比较学识能力，毛泽东又比他的同班同学渊博的多。从身体身材发育上看，毛泽东个头又比同学们高出许多。诸多因素加在一起，再加上他聪颖，悟性高，在课堂上学的东西，嫌学校“课程有限”，总嫌不能满足自己的渴望，觉得有许多苦恼。从省立一中退学，单独求学就是毛泽东退学自修主要原因之一。这是其一。

先让我们看毛泽东自己是怎样说的。1915年7月，毛泽东致信肖子升说：“弟近来所见寸进，于书本得者少，于质疑问难者多。尽舍谭(谈)论而专求之书，其陋莫甚，虽至今昏懵如前，未可知也。”

其二，毛泽东忧国忧民，观察社会敏锐，具有高度的政治责任感，这不是一时一刻的冲动，而是随着年龄的增长。在短短的几年时间里，就已基本确定了自己的人生观。

### ⑴，同情米荒饥民

1910年春夏，长沙闹米荒给毛泽东的影响是既深刻，又深远。毛泽东回忆说：“在这时候，湖南发生一桩影响我的一生的事件。”米荒发生，数万长沙人没有饭吃。这件事，毛泽东与同在上学的同学的态度截然不同，其他同学只表示“同情。”毛泽东则身同感受，要为饥荒的人做些什么。当湖南当局“下令捉拿为首的乱党”，其中有许多人被砍却头颅，挂在柱子上示众”。毛泽东说：“我深恨对待他们的不公平了。”“我永不忘记它。我觉得这些‘叛徒’都是与我的家人一样的普通良民”(斯诺：《西行漫记》)。这时，毛泽东不满十七岁。

### ⑵，开启政治意识

毛泽东在“读了一个谈论瓜分中国的小册子之后”，“开始有了某种程度的政治意识”。1936年，毛泽东对来延安访问的美国记者斯诺说：“我甚至现在还能记得这小册子的开头第一句：'呜呼，中国将亡矣！'”毛泽东说：从那时起，“我为我祖国的将来痛心，开始明了大家都有救国的责任。”

### (3)，政治观念初定

毛泽东在1936年就已通过美国记者斯诺向世人宣告：在湖南一师读书时期，“我的政治观念开始确定”。一些给毛泽东做传记的人，似乎在回避这一事实，将毛泽东的“政治观念”的确定，推迟到第二次到达北京之后，甚至是读了所谓的三本书之后，才开始确定。这是有悖毛泽东本人意愿的。

## 3，湖南一师 塑造英才

是什么力量促使毛泽东从一个“师范学校”脱颖而出？这一点，最值得研究。纵观毛泽东的一生求学经历，除了最初启蒙时上的学堂—南岸私塾学堂—时间超过两年外，后来不论是私塾学堂，还是新式学校，专业学校，毛泽东几乎都是高兴而进，扫兴而出，有的只读了个把月就自动退学，例如公立高级商业学校；有些多则半年就退学，就连心往神驰的省立一中，一篇作文《商鞅徙木立信论》在比赛中夺魁，誉满校园，校长器重，老师关怀，同学称道，也未能留住毛泽东。当毛泽东读到《御批通鉴辑览》，自己觉得“单独求学”时，就毅然退学了。

1936年，在美国记者访问延安时，毛泽东回忆一生求学经历时，对斯诺说了这样一段意味深长的话：“在这个师范学校中，我做了五年学生，并且居然拒绝了此后一切广告的引诱。最后，我真的毕业了。在湖南师范学校中，我的生活上发生许多事件。”话不多，但从话中可以看出，恐怕连毛泽东自己也有些不敢相信自己能从湖南一师毕业。所以，毛泽东说：“最后，我真的毕业了。”这句话，似乎真的带有几分“意外！”

在湖南一师，毛泽东遇到来自两方面的压力：一是自己不满学校的规章制度，课程设置，几度想退学。二是来自校方要开除毛泽东的学籍。幸运的是，经过毛泽东自己的努力，老师的教诲和帮助，都一一化险为夷。毛泽东的一句“在湖南师范学校中，我的生活上发生许多事件”，恐怕尽在其中了。我在想，学校是教育人的地方，如何教育人？如何围绕教育人这一中心问题，使人尽其才，物尽其用，各得其所，是搞教育的人必须面对，而又要着力研究的课题？！看来，湖南一师做到了。但是，是如何做到的？值得从事教育的人，认真研究。

我觉得，在学校里，教师的作用最为关键。学校教师通常是学生的直接楷模。湖南一师出了一位毛泽东视若“母亲”“兄长”的教师—黎锦熙。从有限的记载文字看，黎锦熙对毛泽东的影响超出了湖南一师的任何一位老师，甚至超过杨昌济先生。大家知道，毛泽东求学的最大迷茫是读书“偏科”：“希望专攻社会科学。自然科学在我并无特殊兴趣，我不读它们”。是黎锦熙给毛泽东以理性化解释，使毛泽东定下心来，坚持在湖南一师读下去，直至毕业！

### ⑴，老师非议 自强自信

毛泽东在入学湖南师范之前，自信能够写就一手好文章，自不待言。的确，毛泽东的古文基础扎实，也不是一般人所能及的。自从东山学堂起，晚清才子梁启超，1910年走进了毛泽东的生活，极大的影响了毛泽东。毛泽东视梁启超为楷模。梁启超的新民说和他创建的“新民体”，可以说使毛泽东佩服得五体投地。更有甚者，1912年初春，毛泽东以考试名列榜首入学省立一中，在毛泽东心里无疑又添加了几分自信自尊。在省立一中准备参加学校举办的作文竞赛时期，毛泽东受到了国文教员柳潜和校长符定一的特殊辅导，文章长足长进。原来，国文老师柳潜也是梁启超的崇拜者。毛泽东与柳潜心有灵犀一点通，师生心心相印。在省立一中虽仅有半年时间，却也是毛泽东文章焕发，突飞猛进的日子。

毛泽东入学湖南一师，是1914年的事。那时，中国虽已废除科举制，而中国文化界仍是沿着既有的惯性方向缓慢前进。在师范学校，当然还是老祖宗留下来的那一套！最令毛泽东难堪的是湖南一师的国文教员袁吉六，又名袁仲谦，绰号袁大胡子，性情耿直，自己认定的事，就一定会做。

说起袁大胡子，也是一番景象：乡下人，三岁丧母。家境贫寒，靠父亲走乡串寨卖豆腐养家糊口。自幼聪明，好学，全神贯注，夜以继日，即便是喧嚣的闹市，也不会分心。清光绪九年（1883年），15岁的袁吉六应试中秀才。应考秀才时，无盘缠路费，只得以农村常见的“锅巴”和包谷干粉作干粮。所以在当地苗人称他是“锅巴秀才。”

1913年，袁吉六被聘为湖南省立第四师范学校任国文教员。就在这一年，毛泽东也以考试第一名入学，并编入袁吉六执教的预科一班。这便是袁毛结为师生的开始。这正所谓有缘千里来相会。1914年，毛泽东所在的第四师范并入第一师范学校，袁吉六又是本科一部第八班的国文教员。毛泽东正好也被编在袁吉六执教的班里。嗣后，直至1918年暑假毕业，袁吉六一直是毛泽东的国文老师，是毛泽东一生师生相处最长的老师，也是毛泽东国文造诣集大成，可写得一手“过得去的文言文”的导师。建国后，为感激恩师，毛泽东亲笔为恩师题写墓碑：《袁吉六先生之墓》。这是毛泽东一生惟一一次为人题写碑铭。

1936年，访问延安的美国记者斯诺，在后来写成的《 西行漫记》里，这样记述毛泽东当年的回忆。毛泽东说：“学校(湖南一师)里有一个国文教员，学生给他起了‘袁大胡子’的绰号。他嘲笑我的作文，说它是新闻记者的手笔。他看不起我视为楷模的梁启超，认为他半通不通。我只得改变文风。我钻研韩愈的文章，学会了古文文体。所以，多亏袁大胡子，今天我在必要时仍然能够写出一篇过得去的文言文。”(斯诺：西行漫记)。

话说得轻巧。毛泽东“在必要时仍然能够写出一篇过得去的文言文”的成就，可不是一挥而就得来的，而是下苦功夫，就象孙悟空在如来佛的炉子，才锻造了一幅火眼金睛。当时，袁大胡子要求学生极严，要学生学写当时流行的桐城派古文。袁大胡子的揶揄，毛泽东的确听进去了。那时，湖南一师虽然提供免费教育，但是要买象“韩愈文集”这样名贵的古籍，还不是一般学生所能承受得起的。毛泽东只得到古籍市场去淘宝，找到一套残缺的“韩愈文集”，逐字逐句的校勘，熟读谨记。一本不值钱的，残缺的“韩愈文集”，在毛泽东手里变成了缮本“韩愈文集”。而且，毛泽东也成为“韩愈文集”和韩愈文风的继承人。

毛泽东从来不是为研究而研究，为写着风格而研究韩愈文集，而是在写作，讲演，报告，通讯中运用韩愈的思想，诗文，做到古为今用，为继承古代文化遗产树立了光辉典范。韩愈颇有教育见解，其中《师说》和《进学解》很受毛泽东重视，并高度评价韩愈的教育方法和教育原则。韩愈《师说》曰：“圣人无常师，是故弟子不必不如师，师不必贤于弟子，闻道有先后，术业有专攻，如是而已。”这种劝学示明，人不必自惭形秽，也不必自大。只是学有所长，如是而已。

据说，在1940年秋的延安，邓力群等人一天去接毛泽东到马列学院作报告。毛泽东对迎接他的人说：“韩愈的《师说》是有真知灼见的，‘生乎吾前，其闻道也，故先乎吾，吾从而师之；生乎吾后，其闻道也，亦先乎吾，吾从而师之’。一路上，你们给我介绍了很好的情况，真是‘亦先于吾，吾从而师之’，谢谢你们！”毛泽东这种谦虚好学，向一切人学习的精神，的确令人动容，……恰如其份地讲解了韩愈的本意。读懂了韩愈的文化思想精髓。

1949年，毛泽东撰文《别了，司徒雷登》说：“唐朝的韩愈写过《伯夷颂》，颂的是一个对自己国家的人民不负责任、开小差逃跑，又反对武王领导的颇有些‘民主个人主义’思想的伯夷，那是颂错了。”(毛泽东：别了，司徒雷登。《毛泽东选集》合订本，第1384—2385页。人民出版社，1968年12)。毛泽东看人待物，从不从陈腐的是非标准出发，常常反其道而行之。这并不是说，毛泽东是做事不讲标准的人。正相反，毛泽东是讲标准和原则的人。毛泽东的标准只有一个，是以在历史上有无进步作用，对人民的态度作为判断是非的标准为标准。毛泽东引用韩愈的《伯夷颂》，不过不是赞颂，而是对伯夷批判。这不是推陈出新，又是什么？！

### (2)，交朋结友 寻友启示

李锐在《早年毛泽东》中说：“1915年，毛泽东22岁时，常感伤自幼失学，少年学问寡成，壮岁事攻难立，单靠学堂一天上几堂课是不行的，必须多结朋友，以求学业广博，报效祖国。”

1915年是个多事之年。1月18日，日本以支持袁世凯登基称帝为条件，向袁世凯提出了灭绝中国的“二十一条”，逼袁就范。

5月7日，日本发出最后通牒，限袁世凯在48小时内答复。消息传到长沙，群情激昂，反袁反侵略的的呼声风起云涌，湖南一师的师生走在斗争的前列，声讨日本侵略行径，揭露袁世凯的卖国嘴脸。

5月9日，袁世凯政府向日本递交了文本，仅在第5条提出“容日后协商”外，几乎全部接受了日本提出的无理要求。

袁世凯的卖国求荣行为，是中国近代史上的奇耻大辱，紫禁城上清王朝的大旗倒了，换上了汉人的大旗，可中国还是不能摆脱外国列强的凌辱，侵略。这引起了毛泽东的深思，中国向何处去？

这时，22岁的毛泽东感到，中国革命的道路还很长，只有一个人的努力是不够的，必须有无数个有志个人的共同奋斗。古人云：有朋自远方来，不亦乐乎？这是中国的古训，也有现实意义。为了结交志同道合的人，毛泽东决定从找朋友着手。

1915年9月中旬，毛泽东向长沙的学校邮寄张贴散发大量的《征友启事》。据新民学会成立会旧址管理处主任吉华介绍，启事用八裁湘纸油印，有几百字，古典文体，书写为兰亭帖体。《征友启事》张贴在长沙城区各中等学校传达室门口，长沙的几个城门口和墙壁上，刊登在报纸上。《征友启事》文字不长。原件已不得而见。据后人回忆，《征友启事》中说：

“但有能耐艰苦劳顿，不惜己身而为国家者，修远求索，上下而欲觅同道者，皆吾之所求也。故曰：愿嘤鸣以求友，敢步将伯之呼。今吾辈少年，当承前贤遗志，秉坚忍并书剑，登高山存远志，誓与国家共沉浮！”其中，“愿嘤鸣以求友，敢步将伯之呼”句，出自《诗经》典故。第一句，《诗经》原文是：“嘤其鸣矣，求其友声”，就是说鸟那么叫着，是为了寻找朋友。第二句，《诗经》原文是：“载输尔载，将伯助予”。“将”是请的意思，“伯”是长者的意思。意思是我的车子就要陷下去，请长者助我一臂之力。两个典故，都是求友(张雪奎：看看毛泽东的广告手法)。毛泽东引经据典，更添几分文采，几分深情。

启事的署名是“二十八画生”，是毛泽东的笔名，通信地址是“来信由第一师范附小陈章甫转交”；在邮寄启事的信封上还写着“请张贴在大家看得见的地方”。

1936年，毛泽东在延安接受美国记者斯诺采访时回忆说：当时“我感到自己心胸开阔，需要结交几个亲密朋友，于是有一天我就在长沙一家报纸上登了一个广告，邀请有志于爱国工作的青年同我联系。我指明要结交坚强刚毅、随时准备为国捐躯的青年。我从这个广告得到三个半人响应。一个是罗章龙，他后来参加了共产党，但是以后转向了。另外两个青年后来变成极端反动的分子。那‘半’个响应来自一个没有明确表态的青年，名叫李立三。李听了我要说的一切之后，没有提出任何明确建议就走了。”

古代士大夫屈原在《渔夫》中写道：“举世皆浊我独清，众人皆醉我独醒，是以见放。”这句名句用在这里再合适不过了。在一个拥有80万人口的长沙城，应毛泽东《征友启事》只有三个半人。可谓那时国人的精神，已是何等的麻木？！在这三个半人中，最后竟没有一人追随毛泽东革命到底。但必须说明的是，三个半人中的罗章龙和李立三，也算是人中豪杰，都参加共产党领导的革命。在中国共产党史上，罗章龙和李立三都曾是一时叱咤风云的时代人物。1931年，罗章龙因组织反对当时的中共新权贵—王明，被开除党籍，离开了党内斗争，开始了他的执教生涯，1995年因病在北京逝世，享年99岁。

据说，毛泽东的《征友启事》发出后，还引起一场“误会”风波。那时，五四前夕，人们的思想认识还相当守旧。因中国自古是：男婚女嫁，父母之命，媒妁之言。还没见过登启示寻找女朋友一说。一时间，一石激起千层浪，议论纷纷，以为“二十八画生”是神经病，公开登报，还到处张贴告示找女朋友。这还了得！《征友启事》引起了湖南女子师范马校长的注意。她平时就禁止女校女生与男校学生来往，当时更是防范了，特地跑到湖南第一师范附小兴师问罪，质问陈章甫："陈先生，你怎么帮人做起找朋友、当媒婆的事情来了！找朋友找到我们女子师范来了。这'二十八画生'是什么人？"

陈章甫听明来意，不禁大笑起来，说："马校长，你完全误会了。"解释说，"二十八画生"就是毛泽东，是"毛泽东"姓名繁体的笔画总和，他是湖南第一师范八班的一位德才兼备、品学兼优的好学生。

马校长将信将疑，又找第一师范校长武绍程核实，听到的是同样赞语，不禁感叹说："这是一位救国人才，有志气，有理想，可钦可畏！"(长沙晚报，2013年4月15日)

### (3)，学习哲学 探本求源

1917年8月23日，毛泽东在致黎锦熙的信中表示了心中的忧虑："人何以愚者多而智者少哉？"这是个发人深省的问题。毛泽东认为："彼其不顾道理者，千百年恶社会所陶铸而然，非彼所能自主也，且亦大可怜矣。"显然，毛泽东把这些归之于社会，是社会造成的弊端。这样的社会，毛泽东称之为"恶社会"，只知道制裁与反制裁，是盲目的行为，是治标，不治本，而生活在社会上的人也只能在"歧路徘徊，而无一确实之标准，以为判断之主。"一些表面上搞得轰轰烈烈，在做善事，诸如"今之守节、育婴、修桥、补路，乃至孝、友、睦、雍、任、恤种种之德"。毛泽东认为，这些做法是不得要领，是"盲目的动作。"

毛泽东从16岁就立志"学不成名誓不还。"在学习上，毛泽东秉承了湖湘人气贯长虹的优良传统。在毛泽东心目中，屈原有着不可替代的形象和地位。毛泽东接触屈原，据有文字记载的资料可查，当是 1913年入学湖南省立第四师范（次年合并到第一师范）留下的课堂笔记《讲堂录》，其中有毛泽东手抄的《离骚》和《九歌》全文。据了解，没有任何老师在课堂上讲屈原的痕迹。手抄完全是毛泽东个人自愿和爱好。可见，毛泽东对《离骚》和《九歌》的钟情应是由来已久。

君不见，应毛泽东1915年《征友启事》之约的罗章龙有过这样的回忆，当时两人约定在定王台湖南省立图书馆晤面，谈及内容很广，包括《离骚》，兴趣很浓，说毛泽东主张重评《离骚》，赋予新评价。1918年春，罗章龙赴日本留学，毛泽东曾写《送纵宇一郎东行》一首为罗章龙送别，曰："年少峥嵘屈贾才"，……罗章龙也写诗纪要说："策喜长沙傅，骚怀楚屈平"。可见，那时，屈原已成为那时恰同学少年学习的榜样。

世人皆知，在屈原的《离骚》里有这样的千古名句："路漫漫其修远兮，吾将上下而求索。"后来，毛泽东在谈屈原时这样说过："我们是他生命长存的见证人"。(丁 毅："我们是他生命长存的见证人"—毛泽东谈屈原)。

据著名汉学家费德林在《我所接触的中苏领导人》一书中说：1949年，毛泽东率代表团赴苏联访问期间，在谈到屈原时毛泽东说："屈原的名字对我们更为神圣。他不仅是古代的天才歌手，而且是一名伟大的爱国者：无私无畏，勇敢高尚。他的形象保留在每个中国人的脑海里。无论在国内国外，屈原都是一个不朽的形象。我们就是他生命长存的见证人。”不难想象，屈原精神已融入毛泽东的血液里。

屈原忧国忧民，“吾将上下而求索”是毛泽东一生的座右铭。现代人，总谈论湖南一师培育了毛泽东这样一个历史伟人。究竟湖南一师培育了毛泽东什么？实在说，一开始我也没有认识到。我曾反反复复思索，直到我一读再读毛泽东1917年8月23日致黎锦熙的信，才突然心里一亮，毛泽东探求“大本大源”，追寻真理，不就是屈原上下求索精神的再现吗？！不仅如此，毛泽东也找到了探求的方法—学习哲学。

这得从宏文图书编译社说起。1914年，湖南省立第一师范学校教师黎锦熙与杨昌济、徐特立、方维夏等人组织创办的宏文图书编译社成立。1915年，已故两江总督李星沅的直系后代，李氏芋园的继承人—李青崖在湖南一师任教。宏文图书编译社就从李清崖手中租下曾经是“长沙四大名园”之一的芋园。据信，芋园建于清代道光年间，规模宏大，园主是两江总督李星沅，故又称李氏芋园，坐落在长沙城东南定王台附近。虽然，芋园作为园林，早已为人淡忘，但作为研究青年毛泽东的成长轨迹，芋园又是不可或缺的地方。因为，芋园曾是宏文图书编译社工作，学习和生活的重要场所。当时，编译社里组织了一个哲学研究小组，由湖南一师教伦理学教员杨昌济和历史教员黎锦熙一起负责，介绍图书读物，组织学习，讨论，交流一些哲学和社会学问题的读书心得体会。哲学研究小组活动也欢迎在湖南一师就读的学生参加，如陈昌、萧子升、熊光楚、蔡和森、张昆弟、萧三、毛泽东等人都是哲学小组的常客。据黎锦熙日记记载，毛泽东参加时间较晚，却是次数最多的一个。毛泽东与大家一起，共同研究，讨论“个人及全人类的生活向上”，“如何使个人及全人类的生活向上”等问题。

毛泽东从芋园参加哲学小组活动起，就对哲学产生了极大的兴趣。学哲学，讲哲学，应用哲学研究人类认识发展规律。毛泽东将学习理论与实践联系，不尚空谈。毛泽东对人生的认识向哲学认识升华，“欲人人依自己真正主张以行，不盲从他人是非，非普及哲学不可。”

1918年4月，为即将赴日本留学的罗章龙，毛泽东写下一首七言古风，题为《送纵宇一郎东行》相赠，诗曰“无端散出一天愁，幸被东风吹万里。丈夫何事足萦怀，要将宇宙看稊米。沧海横流安足虑，世事纷纭从君理。管却自家身与心，胸中日月常新美。”意思是说，愁云无端来了，这算不了什么，东风一来不就吹散了。做大事的人，何须为区区小事苦恼，应以平常心态看世界。天下动荡，没什么大不了的，人世间的纷纭复杂的事靠我们去料理。读书学习，探求大本大源，管好自己的心和身，自然会心胸开阔，日日新，事事美。

1917年，毛泽东读蔡元培翻译的德国哲学家泡尔生《伦理学原理》，全书约10万字左右，竟写了12000多字的批语。

毛泽东一生中，给后来者留下无数宝贵遗产。但是我认为，最宝贵的是教我们如何读书学习。李厚泽认为，《中国革命战争的战略问题》是最能体现毛泽东思想的文章之一。毛泽东在《中国革命战争的战略问题》中写道：“读书是学习，使用也是学习，而且是更重要的学习。从战争学习战争—这是我们的主要方法。没有进学校机会的人仍然可以学习战争，就是从战争中学习。革命战争是民众的事，常常不是先学好了再干，而是干起来再学习，干就是学习。"（毛泽东：《中国革命战争的战略问题》。《毛泽东选集》合订本，第165页，1968年）。

毛泽东在延安多次讲过，要学哲学。（温济泽：毛泽东同志在延安是怎样教导我们学哲学的）。毛泽东强调学哲学，非常重要的是提倡要理论联系实际，实事求是，研究新情况，解决新问题。延安整风，主要就是反对教条，以中国革命的需要，学习马克思主义，解决中国革命中遇到的问题。毛泽东在中央党校开学典礼所作的《整顿党的作风》的演讲中，针对中国共产党内存在的教条主义学风说："如果我们身为中国共产党党员，却对于中国问题熟视无睹，只能记诵马克思主义书本上的个别的结论和个别的原理，那末，我们在理论战线上的成绩就未免太坏了。如果一个人只知背诵马克思主义的经济学或哲学，从第一章到第十章都背得烂熟了，但是完全不能应用，这样是不是就算得一个马克思主义的理论家呢？这还是不能算理论家的。我们所要的理论家是什么样的人呢？是要这样的理论家，他们能够依据马克思列宁主义的立场、观点和方法，正确地解释历史中和革命中所发生的实际问题，能够在中国的经济、政治、军事、文化种种问题上给予科学的解释，给予理论的说明。我们要的是这样的理论家。"并明确指出："对于马克思主义的理论，要能够精通它、应用它，精通的目的全在于应用。如果你能应用马克思列宁主义的观点，说明一个两个实际问题，那就要受到称赞，就算有了几分成绩。被你说明的东西越多，越普遍，越深刻，你的成绩就越大。"这是毛泽东对中国共产党组建以来的历史总结，也是毛泽东得以脱颖而出的关键所在。

在中共党内，毛泽东与他同时代的人比，论读马列的书，他比不上张闻天；论与共产国际和斯大林的关系，他不如王明；论中国文化的功底，他恐怕不如陈独秀；论军事理论和资历，恐怕不如朱德刘伯承；论做人圆滑，留学资历，他当然不能与周恩来相比。可是，所有这些人，都曾与毛泽东一比高下，甚至做过毛泽东的顶头上司，有人甚至挑战过毛泽东的权威，也有过取毛泽东而代之，最终都为历史无可辩驳的证明，他们不是引领历史潮流的人，有的甚至为历史所抛弃，如陈独秀，王明；有的曾和毛泽东一起联手，在遵义会议上纠正中共的"左倾"机会主义路线，后来成了阶下囚，如张闻天；有人曾经一直是毛泽东的顶头上司，1932年在江西宁都会议上，将毛泽东的军权剥夺一尽，自己取而代之，如周恩来，做起了毛泽东曾担任的红一方面军总政委。正是这一次次不寻常的取代，给中国共产党的革命带来灾难性损失，党和红军几乎损失100%，红军被迫进行二万五千里长征。一个人的几斤几两，只能在沧海横流的历史转折关头，方显出英雄本色。正是党和红军在生死存亡的关键时刻，是毛泽东力挽狂澜，而不是在宁都会议上取毛泽东而代之的周恩来。

孟子曰，五百年必有王者兴。历史选择毛泽东，而不是周恩来，不是天意，而是人为。毛泽东能走在同时代人的前例，不是别的，是毛泽东比他同时代的人更加努力。1917年8月23日，毛泽东在致黎锦熙的信中已有"举世皆浊我独清，众人皆醉我独醒"的见识。毛泽东说："今之天下纷纷，就一面言，本为变革应有事情；就他而言，今之纷纷，毋亦诸人本身本领之不足，无术以救天下之难，徒以肤末之见治其偏而不足者，猥曰吾有以治天下之全邪！此无他，无内省之明，无外观之识而已矣。”在信中，毛泽东还检讨了自己，说：“世方以为贤者之言，奉而行矣，今乃知其为妄，宁不误尽天下！弟亦颇有蹈此弊倾向，今后宜戒，只将全幅工夫，向大本大源处探讨。”

上世纪三十年代后半叶，在延安，毛泽东已是中国共产党的一把手，党政军务，日理万机，还认真学习哲学。据说，艾思奇的《哲学与生活》一出版，毛泽东就找来阅读，并亲笔做了3000多字的摘录，还致信向艾思奇虚心求教。毛泽东学习哲学，钻研哲学，应用哲学的劲头，开中共领导学习哲学之风气，为中共占领理论制高点，打败日本帝国主义，赶走国民党蒋介石，赢得了民心。

## 二，集合同志 新民学会

1914年，是不寻常的一年。

就在这一年，湖南一师的几位教员：杨昌济，梁锦熙和方维夏等在长沙创办编译社—宏文图书编译社，旨在编辑中小学各科教材。1915年，宏文图书编译社租下原湖南总督的花园—芋园作为宏文图书编译社办公和活动的地方。

据记载，杨昌济和黎锦熙共同主持哲学研究小组的学习，研究，交流学习心得。当时，“个人及全人类的生活向上”，“如何使个人及全人类的生活向上”等是学习讨论的主题。这类议题正是社会关心的中心。

清朝末年和民国初期，是中国几千年出现过的，几次少有的文化，思想，意识，政治比较宽松的时期之一。据观察，中国从兹始，政治，思想，文化等等，走出了达官贵人，书斋文人的书香大院，进入普通寻常百姓家。这得益于中西交流，包括西方文化，学术，科技，工业生产的引进，也包括大量留学生的派出和回归，活跃了中国社会的思想，政治和文化空气。在湖南一师，杨昌济和黎锦熙就是当时具有代表性的人物。这一点，可从哲学研究小组的活动上得到印证：杨昌济给小组推荐的读物是西洋哲学、伦理学以及宋元明哲学，黎锦熙给小组推荐的读物是英国学者的社会学著作。悉心人一眼便能看出，杨昌济等的良苦用心。杨昌济在推荐西方哲学读物的同时，不忘中国文化精粹，这着实是一个令人惊叹的看点。远的不说，从鸦片战争至五四运动之前，维新变法有之，洋务运动有之，全盘西化亦有之，不一而足。而能独辟蹊径，从哲学入手，融合中国文化，思考中国问题的人，除了严复，杨昌济应该算是第一人了。

中国文化本身就是一个在不同思想流派的不断争鸣和碰撞出中发生发展起来的文化。今天，就中国的自身文化而言，儒家文化已不再只是孔子一人的思想，是在千百年的历史发展中，融孔子，孟子，荀子，韩非子，经朱熹等集注，注入了各自的时代精神，添加了新的文化内容，这是其一，其二是，中国在与不同异国文化的交流中，获取了新的内容，经过学习，改造产生了新的思想学说，如中国的道教和佛教就是其中的典型代表。

1，思想认同 拟创新说

在二十世纪初叶，杨昌济已认识到这一点，并走在国人的前列，成为引领时代潮流的人物。杨昌济在其撰写的《劝学篇》中阐述了他的思想主张。

杨昌济写道："吾国有固有之文明，经、史、子、集义蕴宏深，正如遍地宝藏，万年采掘而曾无尽时。前此之所以未能大放光明者，尚未谙取之之法耳。今以新时代之眼光，研究吾国之旧学，其所发明，盖有非前代之人所能梦见者。吾人处此万国交通之时代，亲睹东西洋两大文明之接触，将来浑融化合，其产生之结果，盖非吾人今日所能预知。吾人处此千载难逢之机会，对于世界人类之前途，当努力为一大贡献。王君静安（国维）尝论国学，谓战国之时，诸子并起，是为能动之发达；六朝隋唐之间，佛学大昌，是为受动之发达；宋儒受佛学之影响，反而求之六经，道学大明，是为受动而兼能动之发达。今吾国第二之佛教来矣，西学是也。乃环观国人，不特未尝能动，而且未尝受动，言之有余慨焉。吾之所望者，在国人能输入西洋之文明以自益，后输出吾国之文明以益天下，既广求世界之智识，复继承吾国先民自古遗传之学说，发挥而光大之。此诚莫大之事业，非合多数人之聪明才力累世为之，莫能竟其功也。（王兴国编注：《杨昌济集》，湖南教育出版社2008年版，第76页）。"

显然，这时杨昌济似乎已有了一种历史的责任感和紧迫感：中国已到了须有，而且有可能创建新的思想理论，用以指导中国未来发展的思想意识，或者说创立新学说的意识。他提出，先"入西洋之文明以自益，后输出吾国之文明以益天下"。可惜，杨昌济虽在西方生活，留学和工作多年，而并未得识西方社会的真面目，而以"今吾国第二之佛教来矣，西学是也"论之，说得确切些，杨昌济已看到了创造新学说的机会和曙光。只是笼统的以佛教等同之，没有阐发西方文化的核心价值。现在，我们清楚地知道：西方哲学的核心价值是：民主，不仅关心人的物质生活，更关心人自身的政治和社会权力。用句时髦的中国话说，人在社会中有尊严生活的权力。

黎锦熙对同事杨昌济的认识，可谓画龙点睛。1915年12月14日，黎锦熙在日记里写道：杨怀中(杨昌济)尝言："有宋道学其能别开生面，为我国学术界辟一新纪元者，实缘讲合印度哲学之故。今欧学东渐，谁则能如宋贤融铸之，而确立一新新学派耶？"（王兴国编注：《杨昌济集》，湖南教育出版社2008年版，第1199页）。这应算是杨昌济欲创建新学说的缘起。

从已有研究资料看，杨昌济不仅有了创教立说的思想，还在寻找物色创教立说的传人。1915年 4月 5日，杨昌济在日记里记录了与毛泽东的谈话和印象：毛泽东"资质俊秀若此，殊为难得。余因以农家多出异材，引曾涤生、梁任公之例以勉之。"而且，杨昌济对毛泽东的履历也很有兴致："毛生曾务农二年，民国反正时又曾当兵半年，亦有趣味之履历也。"（杨昌济：《达化斋日记》，湖南人民出版社，1978年版，第163页）。

杨昌济在日记着重突出记载了毛泽东的资质，家庭出身和个人经历。用现代的话说，有些全面审查的味道。如果说，从1913年春至1915年的两年时间里，毛泽东与杨昌济的关系，至多也只能算是普通的师生关系，没有个人之间的来往和深交。在这一次谈话后，杨毛二人的交往才有了新的发展。黎锦熙的日记也记录了这段历史。据黎锦熙的日记记载，当时参加哲学研究小组活动的人有学生陈昌、萧子升、熊光楚、蔡和森、张昆弟、萧三、毛泽东等人，毛泽东参加的时间相对较晚，但是参加次数最多。黎锦熙的评价与杨昌济相似。黎锦熙在日记里写道：毛泽东“文理优于章甫（陈昌），笃行两人略同，皆大可造，宜示之以方也”（《1915—1920年黎锦熙日记中有关毛泽东的记录摘抄》，《党的文献》1999年第 3期）。这与杨昌济的评价“资质俊秀若此，殊为难得”，如同一辙。杨昌济黎锦熙组织的哲学研究小组成为毛泽东认真学哲学的起点。

1917年8月23日，毛泽东致黎锦熙的信说：“当今之世，宜有大气量人，从哲学、伦理学入手，改造哲学，改造伦理学，根本上变换全国之思想。”这是毛泽东从参加哲学研究小组以来，认同杨昌济哲学思想的文字依据。与此同时，毛泽东还明确写道：“怀中先生言，日本某君以东方思想均不切于实际生活。诚哉其言！吾意即西方思想亦未必尽是，几多之部分，亦应与东方思想同时改造也。”（《毛泽东早期文稿》，湖南人民出版社2008年版，第73-74页）。1917年9月，张昆弟日记曾记述：“毛君云，西人物质文明极盛，遂为衣食住三者所拘，徒供肉欲之发达已耳。若人生仅此衣食住三者而已足，是人生太无价值。”（注：《毛泽东早期文稿》，湖南出版社1990年版，第638页）。

在当时中国，政治思想战线上有两派截然不同的意见，一是全盘西化，一是中国传统化。唯有杨昌济毛泽东看到中西文化的利弊，拟批判的接受各种思想学说，需要创造符合中国文化传统的新学说。不幸，杨昌济因病英年早逝，在二十世纪，在中国创造新学说的重任，就落到毛泽东的肩上。

1917年8月23日，毛泽东致信黎锦熙说：“今日变法，俱从枝节入手，如议会、宪法、总统、内阁、军事、实业、教育，一切皆枝节也。”将晚清末年一批文人志士欲学西方社会体制的变法斥之为是学其“枝节。”同时，毛泽东还明确指出：“天下之生民，各为宇宙之一体，即宇宙之真理，各具于人人之心中，虽有偏全之不同，而总有几分之存在。”在此，毛泽东已对全盘“西化”做出批判，不可盲从。因为，毛泽东认为：“夫以与本源背道而驰者而以之为临民制治之具，几何不谬种流传，陷一世一国于败亡哉？而岂有毫末之富强幸福可言哉？”

1926年，毛泽东在广州农民运动讲习所讲课，在谈到中国的历史教训时说：“洪秀全起兵时，反对儒教提倡天主教，不迎合中国人的心理，曾国藩即利用这种手段，扑灭了他。因为洪秀全的手段错了。”（(美) 施拉姆著：《毛泽东的思想》，中国人民大学出版社2005年1月版）。这是毛泽东对中国传统政治和思想秩序的正视和批判。在毛泽东的意识里，离开中国的传统文化，离开中国国情，离开农民革命的现实，否定传统，太平天国就是前车之鉴。因此，在一定程度上，中国的革命不仅要肯定传统，而且还要借助传统来达到预期的目标。这时，毛泽东旨在创造符合中国国情的新学说已呼之欲出。

时至今日，中国理论界还在为毛泽东本人和毛泽东思想定位，众说纷纭，总认为毛泽东领导中国革命的胜利，毛泽东思想旗帜是马克思列宁旗帜的彰显。

这些是不符合中国历史的发展规律和革命实践的。毛泽东是从中国这个具有五千年文化底蕴深厚的国度里养育出来的一代伟人，毛泽东思想是融中国历代优秀文化之大成，兼济西方先进文化思想，独创而成的一整套符合中国国情，促使中国走出百年屈辱，让中国立于世界民族之林，独立自主，走中国繁荣富强之路的思想理论体系。

我们中国人，必须清醒地认识到这一点。毛泽东领导的农民起义，在一定程度上与洪秀全领导的太平天国农民起义有着许多共同或相似之处，两者的斗争目标都是反对异族侵略。洪秀全是利用天主教创教，自己做教主，反对满族统治汉族，反对统治中国的清王朝。洪秀全曾经一竿揭起，呼应无数，风起云涌，势有直捣清王朝，取而代之之力。谁曾想到？洪秀全忽略了中国文化传统，被深谙中国文化传统的曾国藩，以中国传统文化为武器，在顷刻之际，使洪秀全的太平天国运动呼啦啦，做鸟兽散，……。

毛泽东面对强大的异族—日本侵略者，领导中国共产党，虽是举着马列主义旗号，也强调马列主义理论的指导，但毛泽东更主张“依据马克思列宁主义的立场、观点和方法，正确地解释历史中和革命中所发生的实际问题”（毛泽东：整顿党的作风。《毛泽东选集》　合订本，第772页，人民出版社，1968年12月）。毛泽东是中国共产党的创始人，中国共产党的诞生，成长，毛泽东历历在目：从陈独秀，瞿秋白，向忠发，李立三，王明，博古，周恩来(周恩来实则是中国共产党自陈独秀之后直至1935年贵州遵义会议期间的中国共产党的实际领导人。作者注)等领导中国革命的斗争实践中看到，凡是脱离中国国情，脱离中国的革命实际，生搬硬套马列主义的一套，革命就受挫折，就失败；反之，革命就发展，就胜利在望！……毛泽东领导延安革命根据地的建立，领导中国共产党抗日战争的发展壮大，就是实证。

毛泽东在延安，在延安领导的整风运动，就是毛泽东思想理论体系的诞生，发展，成熟的标志。毛泽东在中国成功地赶走日本侵略者后，继而又成功地打败国民党蒋介石，建立人民共和国。这些无疑是毛泽东领导的中国共产党的胜利！更是毛泽东个人人生价值的实现！这一点，外国人甚至认为，二十世纪中国革命的胜利，就是毛泽东个人的胜利！中国的二十世纪，就是毛泽东的世纪。依我看，这的确是历史，中国近代不可否认的历史。

中国从1840年的鸦片战争始，无数的中国人，为在中国驱赶列强，为中国的繁荣昌盛，为人民的幸福安康，付出了艰辛地努力，除了一次次的失败，一个个丧权辱国条约的签订，在一百多年的时间里，几乎没有得到任何实质性改善与提高。要说有，也是在毛泽东成为中国共产党的领袖，毛泽东思想成为中国共产党的指导思想之后！

我们今天，研究中国，研究毛泽东和毛泽东思想，就应该研究这些值得中国和中国人向上，发展，强盛的有价值的思想理论取向，使中国真正崛起，实现一介教员：杨昌济早年立下的以“国人能输入西洋之文明以自益，后输出吾国之文明以益天下”的遗愿！

## 2，成立组织 集合同志

1914年，在湖南一师，杨昌济黎锦熙组织的哲学研究小组，在有意无意之间，将毛泽东，肖子升和蔡和森等一群志趣相同，忧国忧民的青年聚合在一起。也许，也是杨昌济黎锦熙始料未及的。但是，不论怎么说，是杨昌济黎锦熙的哲学研究小组的活动，感召了湖南一师毛泽东肖子升蔡和森等一伙青年学子，为着共同的奋斗目标，走到了一起。据肖子升回忆，新民学会的萌芽，是毛泽东和他发起的。在当时，新民学会“只是精选品格良好，和我们志同道合的学生所组织起来的团体。”纯属“每个人自策自励，增强道德和精神的力量，切磋学问，以及改造中国等等，绝未表示任何政治主张，亦不隶属于任何政党。”(肖子升：第五章　新民学会：中国共产主义的胚胎)。那时，新民学会处在构想时期，并没有正式成立。

1915年 9月，毛泽东在湖南一师和长沙的学校，以“二十八画生”的为名发布征友启示，并在长沙的报纸上刊出。这是毛泽东继芋园哲学研究小组和同学一起参加学习讨论以来的又一次重大行动，在征友启示上明明白白地写着：愿嘤鸣以求友，敢步将伯之呼。可惜，应征的人不多，毛泽东自己说“仅有三个半人回信”，即陈章甫、罗学瓒、罗章龙，另“半个”是指李立三（另的一说，“应者亦五六人”）。这次征友，应征人数虽有限，但应征的三个半人，后来都成为共产党人。这表明，毛泽东虽有哲学研究小组的同学，但并不满足，还在继续寻求朋友，集合同志，从组织上扩大力量。

1917年9月23日，张昆弟在日记中记载了与毛泽东游泳，游泳后到蔡和森家，住宿和谈话内容。张昆弟在日记中记写道：“毛君润芝云，现在国民性情，虚伪相崇，奴隶性成，思想狭隘，安得国人有大哲学革命家，大伦理革命家，如俄之托尔斯泰其人，以洗涤国民之旧思想，开发其新思想。”日记揭示，毛泽东已就“开发新思想”，为真理“毫不旁顾”做了思想理论准备。

据说，将“新民学会”提到议事日程是在1917年冬成立筹备组织。在正式成立新民学会之前，曾经过了上百次的讨论。毛泽东、萧子升和蔡和森等人达成共识：新民学会是“集合同志，创造新环境，为共同的活动”。学会筹委会推荐毛泽东和邹蕴真起草会章。

1918年3月31日，萧三在日记里写道：“二兄（萧子升）来坐已久，交阅润芝起草新民学会简章，二兄意名为新民学会。”新民学会会名由肖子升提出，取义于“大学之道在新民，……日日新，又日新”之意，寓意这个团体反对旧制度、更新生活的强烈愿望。这与陈独秀提倡的新青年标准完全吻合。

1918年4月14日这一天，在长沙的14位风华正茂的青年：毛泽东、蔡和森、肖子升、肖植藩（三）、陈绍休、罗章龙、邹鼎丞、张昆弟、邹蕴真、周名弟、陈书农、叶瑞龄、何叔衡、李维汉(另有报道说，李维汉未出席)等14位青年，一起来到蔡和森家住长沙刘家台子的小院，举行新民学会成立大会。大会通过毛泽东参与起草的新民学会会章规定，学会宗旨是：“革新学术，砥砺品行，改良人心风俗”。

会员守则为："一、不虚伪；二、不懒惰；三、不浪费；四、不赌博；五、不狎妓"等文件。会议选举萧子升为总干事，毛泽东、陈书农为干事。新民学会成立了，用肖子升的话说："我们为了从事运动，我们不知天高地厚的想法和热情，获得了新的力量。都感到从现在起，我们的双肩上增加了一种新的责任。"

后来，毛泽东回忆新民学会时说：1918年，"我和几个友人发起了新民学会。会员约七八十，其中有许多人后来在中国共产党和中国革命史中成了有名的人物。会员的大部分，在1927年清党时期都被杀了。同时，在中国其他部分，像这类的激进团体都由那时在中国政治上占有势力的战斗青年纷纷组织起来。"

这里值得指出的是，据肖子升回忆，一开始，新民学会的入会条件甚严。新会员入会必须由全体会员通过才行。不久，毛泽东与肖子升裂痕变大，以致分裂。但是，肖子升与毛泽东分歧大约是在1920年，而且仅在思想意识层面。在私人情感上还能以兄弟相待。肖子升的回忆，透露出一个重要信息，毛泽东主张"建立坚强的组织，对新会员的道德行为和思想方面，却不甚注意"，"凡是和他有相似想法者，他都来者不拒。"毛泽东的做法，肖子升并不同意。因此，肖子升认为：那时，"新民学会仍是一个联合体，所有会员都有充分自由表示其政治见解。"

现在，以事后诸葛亮的态度看，毛泽东成为伟人，在新民学会成立和活动中已彰显出来。中国古时候就有"韩信点兵，多多益善"之说。但是，毛泽东强调的是"坚强的组织。"这一点非常重要。个人的力量是有限的，只有组织起来的力量，才是无坚不摧的。早在《中国各社会阶级的分析》中，毛泽东就称赞游民无产者的革命性，只要组织领导得当，可发挥巨大的革命潜能(毛泽东：《中国社会各阶级的分析》。《毛泽东选集》合订本，第9页，1968年)。毛泽东相信组织的力量和教育感化的信念，贯穿了他伟大而又平凡的一生。毛泽东常常挂在嘴边的团结百分之九十五，孤立一小撮，就是思想战略和组织手段相结合，战胜对手的法宝之一。

后来，事情起了变化。毛泽东开始在新民学会内将热衷共产主义的人组成"单独的秘密组织。"不过，毛泽东做这事，并没有隐瞒肖子升，也希望肖子升加入。肖子升说："当我不在那里时候，他确曾告诉他们，说我虽然是值得尊敬的人，并且是他的好友之一，但有布尔乔亚(资产阶级。作者注)思想，我不是普罗(无产阶级。作者注)阶级分子；正由于这样的原因，所以我不接受共产主义云云。"据肖子升说，他不能接受的是俄国的共产主义。道不相同，不能相谋。后来，肖子升参加了国民党，去了台湾，1976年逝于乌拉圭。1936年，毛泽东对来访的斯诺回忆说起肖子升就不那么客气了。毛泽东说：肖子升"后来变成极端反动的分子"。

## 3，中流砥柱 奠基立业

1920年，毛泽东在《新民学会会务报告》中说："新民学会的发起，在民国六年之冬。……这时候这些人大概有一种共同的感想：就是'个人及全人类的生活向上'。'如何使个人及全人类的生活向上？'乃成为一个迫待讨论的问题。这时候尤其感到的是'个人的生活向上'的问题，是'自己生活向上'的问题。……”这是毛泽东对新民学会起因，发起，形成的回顾。毛泽东写道：最初的“讨论，远在民国四五两年，至民国六年之冬，仍得到一种结论，就是‘集合同志，创造新环境，为共同的活动’，于是仍有组织学会的提议。”将民国时间换成公历，新民学会的孕育时间在1915年和1916年；“民国六年”即1917年，可是“得到一种结论”，应成立新民学会。这年冬天，新民学会的筹备会成立。(转引自：“他是一位教育改革家”—毛泽东与孔昭绶先生)。

1918年4月14日，新民学会正式成立。这时，毛泽东已临近毕业。从新民学会的酝酿到成立，几乎贯穿于毛泽东就读湖南一师的全过程。从这一点上讲，毛泽东在湖南一师读书的毕业论文—应该就是新民学会。新民学会为毛泽东一生的求学时代—划上圆满句号！

新民学会成立时的会员14人，其中有13人是湖南一师毕业或在校学生。后来，仅肖子升一人走向毛泽东的对立面—国民党，其余大都参加了毛泽东领导的革命。新成立的新民学会，人人只是学会的普通一员，总干事是肖子升。在最初的新民学会中，只有罗章龙一人不是湖南一师的学生。但需要特别提出的是，罗章龙是应毛泽东征友启示而来的，的确了得。在中国共产党党内，罗章龙的地位曾一度高过毛泽东。罗章龙的过人之处在于，也是刚直不阿的硬汉子。1931年1月，中国共产党再一次受到共产国际的挟持。在共产国际代表米夫的把持下，中共党的六届四中全会召开，米夫的学生—26岁的王明—进入中共政治局委员。罗章龙对米夫一伙的做法十分不满，带领不少人退出会议，另立“中央非常委员会”及“第二省委”等组织。罗章龙的倔强，打破了共产党内“宁犯政治错误，不犯组织错误”的不成文的规则。

当然，罗章龙也为此付出惨重代价，其行动被定为“右倾分裂主义”，他本人被开除党籍。因此，罗章龙也被毛泽东称之“党内十次路线斗争”的代表之一。古人云：祸兮福所倚，福兮祸所伏。从此以后，罗章龙离开了共产党，专注教育和研究，不再参与党内事务的纷争。这或许正是罗章龙得以幸存下来的唯一原因。罗章龙1995年去世，享年99岁，是新民学会会员中唯一一位年过九旬的老寿星！新民学会成立时，14名会员的生平事迹如下：

毛泽东：（略）。

蔡和森：（1895-1931）1919年赴法国勤工俭学。中国共产党早期领导人之一，1927年5月任中央政治局委员、常委，后又兼任秘书长。1931年8月牺牲于广州。

萧子升：（1894-1976）1919年赴法国勤工俭学。1924年回国后，任国民党北平市党务指导委员、国民政府农矿部次长等职。1949年去台湾，1976年在乌拉圭去世。

萧三：（1896-1983）萧子升之弟。1920年到法国勤工俭学，1922年，同赵世炎、周恩来等发起组织“少年中国共产党”。新中国成立以后，主持我国的国际文化交流工作。

陈绍休：（18?-1921）1920年5月赴法勤工俭学，1921年在巴黎逝世。

罗章龙：（1896-1995）中共创建时的党员之一，中共早期著名的工人运动领袖，中共第三届中央政治局委员。1931年初，因反对王明的错误路线，采取错误的分裂政策，被王明领导的中央开除党籍。1934年起，从事教育工作。1979年起，当选为全国政协委员。

邹鼎丞：(1894-1919)，1919年在预备赴法留学勤工俭学时病逝。

张昆弟：(1894-1932)1919年赴法勤工俭学。1922年参加中国共产党，在北方从事工人运动。土地革命时期，曾任红五军团政治部主任、湘鄂西省总工会党团书记。1932年在洪湖牺牲。

邹蕴真：(1893-1985) 一师毕业后，以教书为业。"马日事变"之前，他参加了毛泽东在长沙组织的许多革命活动。解放后，任中央文史馆馆员。

周名弟：(1895-?)，1919赴日本留学，后赴东南亚，终身从事教育工作。

陈书农：(生卒年月不详) 曾在周南女校任教，也做过南县县长。解放前后任湖南大学教师。

叶瑞龄：(不详)。

何叔衡：(1876-1935) 1921年出席中共一大。在中央苏区先后任中央工农民主政府工农检察部长、最高法院院长和内务部长。1935年2月，牺牲于福建长汀县水口附近。

李维汉：(1896-1984) 中共最早的党员之一。"八七"会议前后，曾任中共中央政治局常委。解放后任中共中央统战部部长、全国政协副主席。

在湖南一师读书期间，有人说，毛泽东不是一个"好学生"，有人甚至说他不是一个学生，而是一个以天下为己任的儒生。毛泽东读书，不守学校课程设置，自己为自己制定学习计划，只想专修文史社会科学，"反对把自然科学列为必修课"，不在乎静物写生课。这些课的成绩很糟糕，图画考试只得了40分。毛泽东自己也说，幸好有社会科学课程上的优异成绩，才扯平了学习的综合成绩！这样的学生，偏科学生，竟然得到学校校长孔昭绶先生的特许！毛泽东可以单独进阅览室读书。世上还有这样的校长吗？当然，湖南一师的校长，也不都是象孔昭绶校长一样开明，有胆有识。毛泽东是个是非明确，恩怨分明的人。当学校校长的做法，不符合学生利益时，毛泽东就义无反顾的起来抵制。1915年，时任校长的张干欲增收学生的学杂费，增加课时，不准做与学校规定课程无关的活动。这引起学生们的不满。毛泽东就带领同学驱赶校长张干，自己差点儿被校长张干开除学籍。好在，湖南一师有一批明大义，识大体的教师支持毛泽东，才保留学籍，校长张干则被赶出了湖南一师。在现在看来，这些都好象不可思议，可的确发生了。我在问自己，这应该是毛泽东前无古人的创举，是否还有来者？我真的不知道？！

## 三，超今胜古 创新立说

毛泽东一生之恐惧是什么？答案：以糊涂为因，必得糊涂之果，为此而惧。

1913年春，毛泽东入学湖南四师读书。在《讲堂录》(1913年10—12) 中记下这样的笔录："才不胜今人，不足以为才；学不胜古人，不足以为学。"显然，学胜古今，经世致用，已是毛泽东人生的奋斗目标！

1913年，从年龄上讲，毛泽东正好20岁，但从学识上讲，与他同时代的人比，毛泽东已遥遥领先。而这些成绩，毛泽东自己不仅高兴不起来，相反更觉不足。有时甚至感到惭愧："自恸幼年失学，而又日愁父师。人谁不思上进？当其求涂不得歧路彷徨，其苦有不可胜言者，盖人当幼少全苦境也。"(毛泽东，致黎锦熙信，1917年8月23日)。毛泽东分析自己，正是为了"思上进"，鼓勇气，奋起直追。这是其一。

其二，十多年的读书生涯，又悟出一个道理："世方以为贤者之言，奉而行矣，今乃知其为妄，宁不误尽天下！弟亦颇有蹈此弊倾向，今后宜戒，只将全幅工夫，向大本大源处探讨。"这就是：光学习，还不够！仅以圣贤之言去做，一样不行。因为，那不是自己的东西，做得再好，也是别人的东西。毛泽东说：自己"亦颇有蹈此弊倾向"。并告诫自己："今后宜戒"，用全力探索大本大源—真理。毛泽东的确在以实际行动实现自己的诺言。

世人知道，中国近代史上有一个令毛泽东佩服不已的人—曾国藩。毛泽东说："愚于近人，独服曾文正，观其收拾洪杨一役，完满无缺。"曾国藩为什么是国人备受推崇的人？这样说，是因为崇拜曾国藩的人，几乎是不分党派，阶级，地位，如孙中山，蒋介石，毛泽东。曾国藩的完美在于，既有"内圣"之德，又有"外王"之功(注意，主要是帮助清王朝镇压太平天国之功。作者注)。的确难能可贵。即便这样，毛泽东也不是人云亦云。

众所周知，曾国藩曾给儿子推荐28种必读书。曾国藩提出："买书不可不多，而看书不可不知所择。"因为，人的一生不仅时间有限，精力也有限。且书籍浩如烟海，没有人能够买得起所有要看的书。选择性读书，就成为人生读书的必然。在书的选择上，曾国藩十分看重王念孙父子所考订的28种图书，写信告诉儿子："王氏父子年考订之书二十八种，凡家中所无者，尔可开一单来，余当一一购得寄回。"曾国藩叮嘱说，如果家里没有，你就可列一个单子来，自己亲自去买并寄回。可见，曾国藩的重视，至亲至诚！

毛泽东熟读古今中外书籍，可并不满足于曾国藩列的书目，而有自己独到的见解。1916年2月29日，毛泽东在致肖子升信中，开列了应阅览的经、史、子、集77种书目："右经之类十三种，史之类十六种，子之类二十二种，集之类二十六种，合七十有七种。据现在眼光观之，以为中国应读之书止于此。苟有志于学问，此实为必读而不可缺。"

1917年8月23日，毛泽东在致黎锦熙信中提出一种见解："自昔无知识，近顷略阅书报，将中外事态略为比较，觉吾国人积弊甚深，思想太旧，道德太坏。"我觉得，这是继给肖子升信里提出的"77种"必读之书的补充和说明。应该是毛泽东思考的进步。这为毛泽东日后创立自己独特的理论学说提供了有力的实证。湖南一师读书的毛泽东，如果问他在湖南一师的最大成就是什么的话，应该不是读了多少书，而且悟出了人生做学问的奥秘！这一点，从世界共产主义运动发展史看，毛泽东思想不是亦步亦趋的从马列主义那里学来的，在某种程度和意义上讲，甚至是在同所谓的马列主义进行斗争的过程中逐渐发生，发展，成熟起来的。共产主义运动史经历了三个里程碑：

第一个：马克思提出社会发生发展的阶级和阶级斗争理论和共产主义学说，奠定了马克思的历史地位。

第二个：列宁提出无产阶级专政学说，为布尔什维克奠定了一党专政夺取政权的理论基础，奠定了"列宁主义"不可动摇的历史地位。可惜，列宁的"经"被他的继任人—斯大林给毁了。不过，一个阶级的专政，本身就已背离了人类应和谐生活的宗旨，这也是几十年后，被人们抛弃，成为过眼云烟，一去不复返了的根本原因。从实践检验真理的角度来说，这不只是国际共产主义的悲哀，也是列宁主义的悲哀！

第三个：毛泽东提出"新民主主义革命—人民民主专政"学说，奠定了毛泽东不可撼动的历史地位。毛泽东一生最大的贡献就在于此。李锐评价毛泽东一生功罪是三句话：革命有功，执政有错，"文革"有罪。这是比较形象客观的。如果说毛泽东有罪，也是背离了他亲自创建的"新民主主义革命—人民民主专政"学说，在中国全面实行无产阶级专政的恶果。这一点应该看得很清楚：中国在国际共产主义崩塌之际，能够仍然屹立，能够向前发展，是对马克思阶级和阶级斗争思想理论的扬弃，也是对列宁"无产阶级专政"学说的否定，更是毛泽东"人民民主专政"思想的重拾和应用的凯歌！

那么，毛泽东在中国和世界的历史地位究竟有多高？能不能与马克思，列宁相比肩？中国托派王凡西自然认为是不能比的。王凡西认为，毛泽东不是思想家，是革命家，但又不是战略家。因为，王凡西认为，毛泽东没有战略理论(王凡西：毛泽东思想论稿)。我认为，王凡西的观念站不住脚。毛泽东既是思想家，革命家，也是战略家。毛泽东独立自主地建立起一整套思想理论，形成了自己独特的思想理论体系—毛泽东思想。正是这一中国近代史上独具特色的思想理论体系，使中国走出百多年屈辱不堪的困境，让中国再一次有了凝聚力，重新独立，成为三分世界的一方霸主。这一不朽历史功勋，正是毛泽东革命家，思想家和战略家伟大形象的标志。当然，这一步或许来得稍迟了些，但却是来得那么稳健，那么及时，且给中国指出了革命和建设的方向和道路，成为中国革命胜利的思想理论基础。

追根溯源，可追溯至上世纪三十年代中期。那是在1935年的遵义会议上，毛泽东开始走进中国共产党的权力核心，继而开展抗击日本侵略，包括逼蒋放弃剿共，实现国共第二次合作，形成抗日民族统一战线，担负起中国救亡图存的历史重任。在这种特殊的历史大环境下，毛泽东于1939年冬提出了中国革命是"新民主主义革命"的概念。毛泽东在《中国革命与中国共产党》一文中写道："现阶段中国革命的性质，不是无产阶级社会主义的，而是资产阶级民主主义的。但是，现时中国资产阶级民主主义的革命，已不是旧式的一般的资产阶级民主主义的革命，这种革命已经过时了，而是新式的特殊的资产阶级民主主义的革命。这种革命正在中国和一切殖民地国家发展起来，我们称这种革命为新民主主义的革命。这种新民主主义的革命是世界无产阶级社会主义革命的一部分，它是坚决地反对帝国主义即国际资本主义的。它在政治上是几个革命阶级联合起来对于帝国主义者和汉奸反动派的专政，反对把中国社会造成资产阶级专政的社会。它在经济上是把帝国主义者和汉奸反动派的大资本大企业收归国家经营，把地主阶级的土地分配给农民所有，同时保存一般的私人资本主义的企业，并不废除富农经济。”(毛泽东：《中国革命与中国共产党》，1939年12月，《毛泽东选集》合订本，第584-615页。1968年)。

接着，又在1940年1月，毛泽东发表《新民主主义论》指出，“新民主主义革命论”的核心为：中国革命是资产阶级性质的民主革命，但它的领导力量是中国共产党。这就是“毛泽东思想”的核心理论。(毛泽东：《新民主主义论》，1940年1月，《毛泽东选集》合订本，第623-669页。1968年)。通俗些讲，按照毛泽东自己的说法，一句话：没有一个由共产党领导的新式的资产阶级性质的彻底的民主革命，要想在殖民地半殖民地半封建的废墟上建立起社会主义社会来，那只是完全的空想。

毛泽东“新民主主义革命论”，不仅是中国革命走向胜利的思想理论和革命武器，也是世界其他相对落后的，殖民地半殖民地人民革命斗争的思想理论基础和武器。

如果没有毛泽东建立的“新民主主义革命”理论，就不会有在中国领导人类历史上最伟大的革命，也就没有我们今天认识的中国革命。新民主主义革命是中国彻底推翻三座大山，走出百多年屈辱不堪历史的革命理论和思想武器。这是中国和世界都有目共睹的事实！

# 第十五章 走向全国 革命演练

## 一，探索未来 学会改向

在五四运动前夕，中国掀起了去国外勤工俭学的留学潮，激起了一大批青年留学的冲动！毛泽东也曾有过留学的冲动，但很快平静下来，还形成了毛泽东自己独特的留学理论：毛泽东觉得自己留在国内比较好。

### 1，求学不一定要出洋

毛泽东认为："求学实在没有'必要在什么地方'的理，'出洋'两字，在好些人只是一种'迷'。中国出过洋的总不下几万乃至几十万，好的实在很少。多数呢？仍旧是'糊涂'，仍旧是'莫明其妙'"。这是毛泽东的认识，也反映了一定的历史事实。在人们趋之若骛的溜学大潮中，毛泽东独树己见，值得思考。

### 2，内外交流 学会转向

毛泽东说："我觉得我们要有人到外国去，看些新东西，学些新道理，研究些有用的学问，拿回来改造我们的国家。同时也要有人留在本国，研究本国问题。我觉得关于自己的国家，我所知道的还太少，假使我把时间花费在本国，则对本国更为有利。"或许正是基于这一考虑，在将同学朋友一批批送往国外的时候，毛泽东毅然决定自己留在了国内。

同时，毛泽东明确要求留学法国勤工俭学的新民学会会员：定期集会，组织座谈，互相交换、切磋学习成果。这应该是毛泽东对留学的最好认识和解读：将国内与国外，紧密结合，相互学习，共同提高，纳入新民学会的发展，进步。

1921年元旦，是新民学会的历史性日子。毛泽东和何叔衡等商定，1921年元月一日至三日，在潮宗街文化书社举行新民学会的新年大会。根据巴黎会友的提议，列举了"新民学会应以什么作共同目的"、"达到目的须采用什么方法"、"方法进行即刻如何着手"等十二项讨论内容，要求会员先研究准备，届时"拨冗到会，风雨无阻"。(《毛泽东传》19提出"改造中国与世界")。

元旦那天，天气阴冷，时飞小雪，但到会的有十多人。会议由何叔衡主持。此前，旅法勤工俭学的新民学会留法会友，已于1920年7月5日在法国蒙达尼举行会议，在用什么方法"改造中国与世界"问题上出现争论：以蔡和森为首的多数同志，主张立即组织共产党，走俄国人的道路，以彻底的革命和无产阶级专政的方法来改造中国社会。肖子升等人不同意，他主张实行改良。法国蒙达尼会议决定：写信将两种意见一并报告给在国内的新民学会会员毛泽东等，由他们讨论定夺。因此，在新年年会上，毛泽东首先报告巴黎会友关于“改造中国与世界”的讨论结果通报。毛泽东报告后，与会者进行了热烈讨论。会议就“新民学会应以什么作共同目的”进行表决：与会的18人中，14人赞成“以改造中国及世界”或“改造世界”为共同目的。

元月二日，会议继续，讨论“采用什么方法”。会议由毛泽东通报巴黎会友的讨论意见，并将解决问题的方法归纳为五种：1，社会政策（即社会改良主义）；2，社会民主主义；3，激烈方法的共产主义（列宁的主义）；4，温和方法的共产主义（罗素的主义）5，无政府主义，供大家讨论。何叔衡说，我“主张过激主义。一次的扰乱，抵得二十年的教育，我深信这些话。”毛泽东紧接着说：“我的意见与何君大体相似。社会政策，是补苴罅漏的政策，不成办法。社会民主主义，借议会为改造工具，但事实上议会的立法总是保护有产阶级的。无政府主义否认权力，这种主义，恐怕永世都做不到。温和方法的共产主义，如罗素所主张极端的自由，放任资本家，亦是永世做不到的。激烈方法的共产主义，即所谓劳农主义，用阶级专政的方法，是可以预计效果的。故最宜采用。”与会代表进行讨论并表决：毛泽东等12人主张布尔什维克主义，2人主张社会民主主义，1人主张温和方法的共产主义，3人弃权。

元月三日，讨论第三个问题：“眼前如何着手？”大家提出研究、宣传、联络、经费、基本事业（办学校、书社、印刷局等）和建立组织等六项。熊瑾玎等谈到“有组党之必要”，全体同意把“组织社会主义青年团”作为“着手方法”之一。三天的新民学会年会，讨论和表决结果显示：新民学会在国内和国外的会友的意见，达成共识：以俄国布尔什维克主义为方法，努力为“改造中国与世界”共同奋斗！

从1921年元旦起，可以说，新民学会的性质发生质的变化，逐渐向政党方向发展，以革命来“改造中国与世界”为目的，代替了新民学会成立之初“集合同志，创造新环境，为共同的活动”的目的。这是两种性质完全不同的目的。这一转变，标志着新民学会的进步，向社会革命，组织政党的方向开始迈进，新民学会肩负的任务更加艰巨了。

### 3，立足国内 认识中国

要说毛泽东是个“异类”，恐怕一点儿也不过份。杨昌济称他为“异材”。杨昌济在病逝前致信章士钊说：毛泽东、蔡和森前程远大，救国必先重二子。（贾章旺：毛泽东与中国共产党的创建）。黎锦熙说：“得润之书，大有见地，非庸碌者。”省立一中国文老师柳潜在毛泽东书写的比赛作文《商鞅徙木立信论》上写评语说：“历观生作，练成一色文字，自是伟大之器，再加功候，吾不知其所至。”

难道这些人都是有眼不识泰山！别人都争先恐后地出国留学，毛泽东亲自上北京，去上海，送走一批批去法国勤工俭学的学生。自己却自动留在国内。在当时 ，很多人不理解！甚至，可能认为毛泽东是二百五，不知好歹？！很显然，这些是不理解毛泽东的用心和远大抱负！

毛泽东在同斯诺谈话中，说了一段意味深长的话：1918年8月15日，“我陪同一些湖南学生去北京。虽然我协助组织了这个运动，而且新民学会也支持这个运动，但是我并不想去欧洲。我觉得我对自己的国家还了解得不够，我把时间花在中国会更有益处。那些决定去法国的学生从现在任中法大学校长的李石曾那里学习法文，我却没有这样做。我另有打算。”如果说，一开始毛泽东就不打算到国外留学的话，那么北大的遭遇更坚定了他不出国留学的信心。因为，一个以礼仪之邦著称的中国，让一个自认为饱读经书的毛泽东迷茫，丈二和尚，摸不着头脑：“我觉得我对自己的国家还了解得不够，我把时间花在中国会更有益处。”（斯诺：西行漫记）。可见，毛泽东的第一次北京之行，给毛泽东对中国认识的影响之深，之大。当然，毛泽东在北大图书馆工作也获得巨大收获：让毛泽东大开眼界，看了读了许多原来在长沙看不到的书。更重要的是，使他对政治越来越感兴趣。（斯诺：西行漫记）。

1920年2月，毛泽东在致陶毅的信中，就出国留学一事做了明确说明：准备用用一二年的时间，将古今中外学术大纲弄个清楚，作为出洋考察的工具。同年3月14日，毛泽东又写长信给同学周士钊，就为什么不出国解释说：

“我想暂不出国去，暂时在国内研究各种学问的纲要。”毛泽东认为，暂时留在国内研究中国有以下几点好处：

第一，看译本较原本快捷得多，可于较短的时间得到较多的知识量。

第二，世界文明分类东西，我们应该先研究过本国古今学说制度之大要，再到西洋留学，才有可资比较的东西。

第三，我们如果要在现今的世界稍微尽一点力，当然脱不开“中国这个地盘”。关于这地盘内的情形，似不可不加以实地的调查与研究。这层工夫，如果留在出洋回来的时候再做，因人事及生活的关系，恐怕有些困难，不如现在做了。一来无方才所说的困难；二来又可携带些经验到西洋去，考察时可以借资比较。毛泽东坦率地告诉友人，老实说，现在我于种种主义，种种学说，都还没有得到一个比较明了的概念，想从译本及时贤所作的报章杂志，将中外古今的学说刺取精华，使他们各构成一个明了的概念。若有工夫能将所提取的东西编成一本书更好。（毛泽东年谱：上卷[M].北京：中央文献出版社。1993）。

以上文字说明，毛泽东显然受到第一次北京之行的影响。在北京，毛泽东接触到新思潮，各种主义，结识了李大钊，陈独秀，蔡元培，邵飘萍等当时的风云人物。毛泽东特别提出，邵飘萍对他帮助很大！应该说，毛泽东的第一次北京之行，最多只能算是一次走出湖南的尝试，酸甜苦辣咸，自然是“别有一番滋味”。也正是这样的一次尝试，更加坚定了留在国内学习研究的决心，走自己的路，自立更生的路，这成为毛泽东高度责任感和紧迫感的自然抉择！

## 二，人生转折 走出湖南

1918年，是毛泽东人生的又一个转折点！

1918年春，新民学会成立了。不久，很多会员从学校毕业了，会员的出路在哪？

毛泽东同其他会员一样，也在1918年夏天毕业了。新民学会会员面临的亟待解决的难题！也是毛泽东必须面对的问题！

在湖南一师，在长沙，新民学会成立了，毛泽东已是湖南“新青年”的代表。可是，毕业等于失业。毛泽东开始了“吃了上顿没下顿”的日子。生活靠别人资助过日子。抗战时期，毛泽东在延安遇到朱仲丽(朱剑凡之女，后嫁给中共领导人王稼祥为妻—作者注)时说：“我年轻时，穷得没有饭吃，是你爸爸叫我住在周南女校校园内，吃饭不叫出钱，一天还吃三顿。”但在那时，毛泽东的精神充满了希望。

1918年6月，湖南一师发生了两件大事：一是杨昌济应北大校长蔡元培的邀请担任北大伦理学教授，已举家上北京；二是蔡和森为联系落实赴法国勤工俭学事宜，也已在6月25日抵达北京。这促成了毛泽东首次走出湖南的机会。毛泽东先后收到蔡和森从北京寄来的多次来信，一是转达杨昌济老师希望毛泽东到北京大学深造的愿望，并特别强调说：“可大可久之基，或者在此。”(李自华：追寻青年毛泽东的两次北京之行)。二是要求他在湖南青年中广为发动，培训准备赴法青年，筹集赴法经费等。

毛泽东接信后，及时找教育界名人陈润霖、朱剑凡等“汇报”，争取他们的支持。陈、朱二人积极响应，成立了湖南法华教育分会，并在各自执掌的楚怡、周南办起了赴法培训班，给准备赴法的青年补习法语、传授实用技术，联络地方政府，给赴法学生发放路费。朱剑凡做了其中最棘手的筹款委员会主任。

1918年8月19日，毛泽东等一行抵达北京。毛泽东本人先住在豆腐池胡同9号的杨昌济家，后和蔡和森等8人住进三眼井吉安所夹道7号三间很小的屋子里，日子虽然过得艰苦，用毛泽东的话，“大家都睡到炕上的时候，挤得几乎透不过气来。每逢我要翻身，得先同两旁的人打招呼。”但勤工俭学的工作却进行得如火如荼。学习法文和为准备进工厂而设的制图、数学等科的补习相继开展起来。为了解决经费来源，经毛泽东建议和接洽，先在北京搞起了勤工俭学，安排即将到法国勤工俭学的湖南学子到长辛店铁路工厂半工半读，每月挣三元钱伙食费。毛泽东本人也经杨昌济介绍，在李大钊主事的北大图书馆里谋得一份差事，月薪8块大洋。在杨昌济，毛泽东和蔡和森的筹划下，湖南准备去勤工俭学活动发展很好，人数达四五十人，位列全国之首。

1919年春，湖南勤工俭学的半年预备补习班结束，准备启程赴法留学。3月12日，毛泽东从北京到上海为赴法留学生送行。在17日和31日，分别送走了肖子升等去法国勤工俭学的学子。7月初，在长沙，毛泽东和何叔衡等为徐特立等18人赴法留学生送行。12月中旬，毛泽东又从武汉到上海为去法国勤工俭学的蔡和森、向警予、蔡畅、蔡母（葛健豪）等送行。至此，毛泽东和蔡和森及肖子升创建的新民学会一分为二，一部分去了法国，一部分留在国内。也就是从这时起，国内的新民学会由毛泽东担任起组织领导工作。国内国外，相互呼应，相得益彰，都得到发展。在法国的新民学会会员发展到30多人，国内的发展也很快。正因为有了新民学会，湖南旅法勤工俭学的大事才有了主心骨，使湖南学子成为中国近代史上内地去法国勤工俭学的大省，成为中国革命的摇篮！

这次，毛泽东蔡和森听从杨昌济先生的召唤，在湖南组织青年学子到法国勤工俭学运动，聚集了湖南长沙一批批有识青年，毛泽东成为这些热血青年的组织者和领导者。历史是公正的。杨昌济给毛泽东提供了施展抱负的平台，为毛泽东走出湖南，展望世界，创造了有利条件。最重要的是，毛泽东与共产党人李大钊，陈独秀等建立了联系。谈到陈独秀，毛泽东并不陌生。在湖南一师上学时，毛泽东就已拜读了陈独秀主编的《新青年》，陈独秀并将毛泽东撰写的《体育之研究》在1917年4月出版的《新青年》上发表。毛泽东早有渴望拜见陈独秀之意。1918年8月19日是毛泽东第一次来北京。同年9月，毛泽东就拜访了陈独秀和胡适等人，一睹大师风采，倾听大师高见，似有醍醐灌顶之感。

陈独秀比毛泽东年长14岁。从个性上讲，两人有一个共同特点：都有一股"倔脾气。"而陈独秀又是一个性格开放的人，外号为"火山。"在中国近代史上，陈独秀至少做了两件惊天地，泣鬼神的大事，一是中国的新文化运动，陈独秀是新文化运动的发起者和倡导者。二是在中国传播马克思主义，组织成立中国共产党，并成为中国共产党的引领人。

说起来，新文化运动在先，发生在1919年前后，当时是中国历史走向面临选择的关键时期，有人称之为"中国现代化进程徘徊于十字路口的时期"。那时候，清王朝已崩溃，民国初立，各种政治思潮，主义，象潮水般涌入中国。但是，简而言之，实际上可提供给中国发展选择的模式只有三个：

第一，复古帝制，继续按中国老祖宗的那一套，实行在中国已行使了几千年的，儒家思想伦理道德为指导的封建家族专制。袁世凯张勋之流是这一派的代表人物。

第二，崇尚英美制度的民主自由主义政治思潮，以民主为基石，以民治为基础，以人权平等为人文关怀，让中国走进化式稳健型发展模式。胡适是这一派思想理论的代表人物。

第三，崇尚法俄为代表的激变型发展模式。主张暴力革命是激进一派的基本特征。陈独秀是这一派思想理论的代表人物。

关于五四运动，陈独秀晚年有一个说法："五四运动，是中国现代社会发展之必然的产物，无论是功是罪，都不应该专归到那几个人，可是蔡（元培）先生、适之和我，乃是当时在思想言论上负主要责任的人。"陈独秀提到的蔡元培，胡适之和他本人，蔡元培姑且不论，而作为思想学派的代表人物，非胡适之和陈独秀莫属。胡适之和陈独秀同是北大教授，同是五四运动的风云人物，但又代表着不同的思想流派，两者既是朋友，又是竞争对手。既有友谊，又有恩怨，而且"友谊之弦"却始终未断。这种"恩怨之交""友谊长存的"君子之交可以说开了中国近代史上的历史之先河，并且空前绝后，在信仰以阶级和阶级斗争，以及一个阶级专政的马克思主义理论学说的陈独秀身上，的确是十分难能可贵和罕见的。

从社会转型上讲，法国大革命极具代表性，一是历时时间之长，二是革命之惨烈，都为历史所罕见。苏俄的十月革命，继有法国大革命之遗风，且更为激进，并演进为一党一阶级的专政，比法国大革命的激进有过之而无不及。陈独秀从崇尚到信仰，又从信仰到宣传马克思列宁主义，极力推行法俄激进型革命，在将中国引向一条激变型发展模式的革命道路上，有着举足轻重的作用。

从五四运动至今，中国近百年发展的历史演进看，陈独秀思想的影响，的确占了上风，胡适之思想至少在中国大陆几近完全退出历史舞台。所幸的是，1949年胡适之随国民党到台湾，胡适之崇尚英美制度的民主自由主义思想，引导台湾走上了稳健型发展模式，成功地完成了台湾的社会转型。福也，祸也！人民自有评说。同时，也使我们看到了胡适之的先见之明。胡适之自己坚信，民主自由政治制度本身就是一种教育。针对专制社会和政客们以民众智识不足为由拒绝或延缓实行民主自由政治制度的种种说法，胡适之坚决给予反驳说："人民参政不需要多大的专门知识，他们需要的是经验。……所患的只是怕民众不肯或不敢参政，故民治国家的大问题是怎样引导鼓励民众出来参政。只要他们肯或敢于参政，一回生，二回便熟了，一次上当，二回便学乖了。故民主制度本身便是最好的素质训练。"胡适之的这些话，在今天看来，仍具有现实和教育意义。不是吗？！

陈独秀思想理论上的激进，使他走上革命的不归路！陈独秀则从法国的大革命走到俄国的十月革命，从卢梭的激进民主主义走到列宁创建的无产阶级专政的社会主义制度的道路上，仿效俄国在中国创建了中国共产党并亲自担任中国共产党第一任总书记(当时称"书记"。作者注)。那时，在中国共产党内，陈独秀是共产党开创时期的弄潮人，大致从1921年建党至1927年大革命失败这段时间。这是陈独秀人生的辉煌时期，可称为"陈独秀时代！"质言之，在中国共产党开创时期，主要责任和义务，是树起旗帜，发展壮大共产党组织，积聚革命力量。历史也无可辩驳地证明：陈独秀的确做到了毛泽东希望看到的"大纛一张，万夫走集；雷电一震，阴曀皆开，则沛乎不可御"之势（1917年8月23日，毛泽东在致黎锦熙的信）。可以说，在共产党创建发展时期，无人可与陈独秀相比肩。这一点，毛泽东有比较清醒的认识。1945年，在中国共产党"七大"预备会议上，毛泽东高度评价陈独秀，称陈独秀是"五四运动时期的总司令"，"有功劳"于党，在传播马克思主义、建立共产党方面，功不可没，甚至称陈独秀是中国的普列汉诺夫。

1934年，著名教育家，文学家王森然从不同角度曾对陈独秀有一段评价，很是中肯：陈独秀"个性过强，凡事均以大无畏不顾一切之精神处理之。无论任何学说，必参己意以研究之，无迷信崇拜之意。故每当大会讨论之际，其意见迭出，精详过人；常使满座震惊奇绝，或拍掌称快，或呆目无言，诚为一代之骄子，当世之怪杰也。惜仍以指挥行动之时多，精心研究学术之时少，虽有专一、有恒、自信之美德，致不能完成其哲学理论之中心。"

1918年9月，毛泽东在北京与陈独秀的第一次见面，毛泽东不仅崇拜陈独秀，而且接受了陈独秀的思想和主张，并成为日后陈独秀组建中国共产党的创始人之一。在中国共产党进行新民主主义革命的三十年时间里，毛泽东作为中国共产党的最高领袖，是继陈独秀之后担任中国共产党总书记一职时间最长的人。如果说，陈独秀是领导组建中国共产党的发起人和创始人，那么毛泽东就是接过陈独秀的革命大旗，对外领导中国共产党与帝国主义列强斗，对内与国民党蒋介石专制腐朽没落的政治体制斗，并成为建立共产党领导的，工农联盟为基础的，中华人民共和国的奠基人！

所以，后来，毛泽东在谈自己成长道路时说：陈独秀“对我的影响也许超过其他任何人”。依我之见，此言的确是毛泽东发自内心的肺腑之言！在一定程度上，甚至可以说，陈独秀是毛泽东走向革命，走出湖南的引路人。

胡适之，与陈独秀相比之下，虽同是五四运动的弄潮人，历史给他的境遇就没有那么幸运了。在中国社会急需转型的时期，大洋彼岸和中国许多精英人物，不仅没有胡适之先生的睿智，还忽略了胡适之的思想学说，既没有陈独秀呼风唤雨之能力，也没有毛泽东撒豆成兵的谋略，更对美国民主制度的理论精髓缺乏足够的认识。因此，胡适之鼓吹的美国民主自由主义政治与中国的社会转型失之交臂，使中国刚走出“乱与治”的封建历史怪圈，又陷入“专制与革命”的漩涡！这种似曾相识的怪圈循环，何时是个头？又有谁能给出准确的答案？！我们只能拭目以待！

## 三，驱张敬尧 革命演练

辛亥革命，中国最后一个封建王朝极权统治的崩溃，给向来以枪杆子说话的中国，创造了一个比较特殊的历史时期，史称军阀割据时期。在中国，1916年至1920年为皖系军阀首领，民国时期的政治家—段祺瑞—控制北洋政府時期。

在段祺瑞执政期间，地处中国腹地的湖南，一时成为南北军阀争夺的要地。1918年4月，张敬尧—皖系干将、第七师师长，受段祺瑞命令，出任湖南督都兼省长。张敬尧入主湖南后，倒行逆施，对外勾结帝国主义，变卖湖南矿产，对内强增苛捐杂税，走私贩毒，纵兵烧杀抢掠，人称“披着军衣的活强盗。”湖南陷入空前的兵祸灾难，民不聊生，怨声载道。1918年6月以来，湖南工人就曾多次举行罢工。在湖南，驱逐张敬尧运动，不再是一次简单地赶走一个北洋军阀张敬尧，而是是五四爱国运动的继续，是在中国反对帝国主义，反对封建主义爱国行动的延伸。

1919年夏，毛泽东在以新民学会为中坚组织力量，在上海送走赴法勤工俭学的湖南学子，回到湖南后立即投入湖南开展的五四爱国运动，创办了一份在当时闻名遐迩的《湘江评论》。7月14日，《湘江评论》创刊号问世。毛泽东在创刊宣言中，喊出了自有人类以来，人人都关心的大问题：吃饭。毛泽东写道：“世界什么问题最大？吃饭问题最大。什么力量最强？民众联合的力量最强。”北京的李大钊认为，《湘江评论》是全国最有份量、见解最深的刊物。《晨报》介绍说：《湘江评论》“内容完备”、“魄力非常充足”。

### 1，点燃驱张怒火

在湖南长沙，毛泽东创办的《湘江评论》一时洛阳纸贵，创刊号成了长沙的紧俏物，销售一空，又加印。1919年8月中旬，湖南省学生联合会紧跟五四运动步伐，组织长沙群众焚烧日货，湖南督军张敬尧派军警包围和阻扰，胁迫学联会长彭璜停止反日爱国运动，张贴布告，解散学联。毛泽东主编的省学联刊物《湘江评论》也受到查封！就在当晚，毛泽东同留守的学联骨干，聚集在何叔衡处开会决定：联合学生，宣传揭露张敬尧的暴行，筹备驱逐张敬尧活动。9月中旬的一天，毛泽东在湖南商业专门学校召集原省学联骨干，讨论驱逐张敬尧事宜。

毛泽东在分析指导驱张意义和有利条件时指出：现在，机会合适，可以借力打力，利用北洋军阀内讧的大好时机，将张敬尧赶出湖南。会议提出学生做这场运动的主力军。当场布置：一、尽可能策动教职员和新闻界人士支援学生的驱张运动；二、派学联会长彭璜及商专代表李凤池等人去上海，做好反张的舆论宣传，联络省外的驱张力量共同行动；三、积极恢复学联，做好由爱国运动转入驱赶张敬尧运动的准备。

据白瑜回忆，1919秋，暑假期满学生返校，督军张敬尧召集各校代表在省教育会训话说："国家大事，由政府负责，你們爱国可嘉，但'学生子儿！'总得以读书为主，我代表你們的父母，要你們好好的听话"。张敬尧在训话中还提到少年失学的悲哀，然后话锋一转说"你们不听我的話，我就杀你们头头"。当时在场的一个女学生低声哭了。坐在旁边的毛泽东说："哭什么！没出息！当他狗叫，将来我们杀了他。"(白　瑜：湖南五四运动、驱张运动与毛泽东的发迹[修订本])。由此可见，驱逐张敬尧，已不是可做可不做的问题，而是一场政治博弈和生死攸关的斗争。

张敬尧训话和恐吓，没有吓倒愤怒的人群，反倒点燃了驱张的怒火。

## 2，驱张运动启动

1919年11月16日，是毛泽东一生重要的日子。就在这一天，毛泽东"书生意气，挥斥方遒"的旧时代过去了。

同时，也宣布了一个新时代，属于毛泽东的时代—"指点江山，激扬文字，粪土当年万户侯"的时代—开始了！

这一天上午，在新民学会欢迎新会友会议上，毛泽东说：新民学会当前的任务是"驱张"。毛泽东提出的驱张方略是："高举抵制日货、提倡国货的旗帜，揭露张敬尧卖国、亲日、残民、专横的罪行；利用直皖军阀的矛盾，把张敬尧赶出湖南。"

这一天，又是原省学联的骨干分子重建学联的日子。毛泽东在重组宣言中痛斥张敬尧一类军阀："植党营私，交相为病，如昏如醉，倒行逆施，刮削民膏，牺牲民意，草菅人命，蹂躏民权"。(转引自：蒋建农：发　动驱张运动(1)。书名：世纪伟人毛泽东(旭日篇))。省学联的再次成立，从组织上，为驱张运动提供了组织支持和保证。

12月2日，长沙民众约万名工人、学生、教职员、店员义愤填膺，高举"民众联合"、"抵制日货"、"打倒奸商"的旗帜，在教育会坪举行第二次焚毁日货示威大会。张敬尧为了讨好日本人，不顾人民爱国热情，令其义子张继忠率部把守会场，由其弟张敬汤前来向学生训话说："你们教育经费没有，督军拿钱出来办学堂，让你们念书，你们不晓得感恩，反来瞎闹，你们聚众游街，沿途抢劫。你们有书念，为什么要在外面闹，来当土匪，抢人家劣货，扰乱秩序！"命令士兵驱赶示威群众，“至伤十余人”。就这样，一场轰轰烈烈的焚毁日货爱国行动，遭到张敬尧的武力镇压。哪里有压迫，哪里就有反抗！

从此，一个声势浩大的驱张运动就此拉开序幕。

12月3日，新民学会会员和省学联骨干，聚集在白沙井枫树亭易培基家里开联席会议，研究形势，商讨对策。毛泽东在会上分析指出：

一，驱张已有群众基础。因为，湖南人民对张敬尧恨之入骨，青年学生、教育界的情绪已被调动起来；

二，驱张可得舆论支持。张敬尧劣迹昭著。发动驱张，揭发张敬尧罪行，有可能得到全国舆论的支持；

三，驱张有矛盾可利用。张敬尧已成孤家寡人。北洋时期，直皖两系军阀勾心斗角，矛盾重重。张敬尧属皖系军阀，北洋军阀吴佩孚不愿做段祺瑞的马前卒—驻守衡阳，思归心重。张敬尧在湖南镇压反日爱国运动，侮辱学生，犹如引火自焚，自取灭亡。

经过分析讨论，会议取得一致意见：决定开展驱张运动，动员和发动全省学校总罢课，继续游行演说。随后，又在楚怡小学召开紧急会议，决定将驱张运动引向全国化，组织驱张代表团，向北洋政府游说请愿，通电全国，扩大驱张宣传，争取社会舆论的同情和支持。

长沙是驱张运动的前哨，各校师生走在驱张运动的前列。从12月6日起，长沙专业学校、中学、师范和一部分小学都宣布罢课，73所学校的1200多名教职员宣布总罢教。新成立的省学联，代表长沙13000名学生，向全国发出驱张誓言：“张敬尧一日不驱逐，学生一日不回校！”

## 3，舆论驱张造势

1919年12月18日，毛泽东和易培基率领的“驱逐湖南军阀张敬尧赴京请愿团”抵达北平。这是毛泽东第二次北平之行。时任北洋政府京都市政督办署的坐办吴瀛(当代戏剧家吴祖光之父)，接待了请愿团，将食宿安排在北长街“福佑寺”。

在北平，毛泽东等经与各方协商，组成了“旅京湖南各界联合会”及“旅京湘人驱张各界委员会”，组织成立平民通讯社，毛泽东自任社长，起草大量的驱张稿件、呈文、通电、宣言，分送京、津、沪、汉等各报发表。

12月22日，通讯社开始向全国各大报社发布公告，揭露张敬尧罪恶，发布驱张运动的消息。

1919年12月27日，通讯社印发毛泽东撰写的“《湘人力争矿厂抵押》，呈总统府国务院及外财农商三部文”稿件。第二天，北京《晨报》全文发表，揭露湖南省矿务局长张荣楣与张敬尧狼狈为奸，贪污受贿，将“水口山矿产权”，拱手交给洋人的无耻行径。

12月24日，学生易礼容等在武昌鲇鱼车站，查获了张敬尧部私运鸦片烟种子45袋，每袋约200斤。毛泽东即刻要易礼容等携带烟种、照片，前来北京，揭露张敬尧种植鸦片罪行。毛泽东起草《湘人对张敬尧私运鸦片之公愤》，由平民通讯社向全国发布。

12月28日，代表团在烂缦胡同湖南会馆召开“驱张”大会，商讨“驱张”的办法。大会得到国会议员的支持，当场有10位国会议员签名，并推举熊希龄、范静生、郭同伯三位议员见呈总统、总理，表达湘民“驱张”的决心。

1920年1月19日，毛泽东等向北洋政府递送请愿书。请愿书《湘人控张敬尧十大罪》揭露说：“（民国）七年四月张敬尧到湘，湘民遂陷于永劫不复之境”，罪恶累累：“纵兵殃民”，“以致农不得耕，商不得市。其罪一”。“金融枯塞，无以为生。其罪二”。“公私破产，恢复无期。其罪三”。“勒民种烟”，“毁伤国体，腾笑全球。其罪四”。破坏教育，“致学生无校可入，无学可求。其罪五”。“暗杀公民，身蹈刑律。其罪六”。摧残新闻，“言论自由，扫地以尽。其罪七”。乱加盐税，“致盐价骤涨，小民食淡。破坏盐法，目无中央。其罪八”。乱加赋税，“坐收厚赃，不顾民瘼。其罪九”。“伪造民意，破坏团体，供一己利用。其罪十”。

请愿书将“张督祸湘，罪大恶极；湘民痛苦，火热水深”的惨景，公之于世。在全国，宣传“张毒不除，湖南无望”，形成强大的舆论攻势。

毛泽东以请愿代表身份，向北洋政府国务总理靳云鹏提请了义正词严的驱张要求。

## 4，文武驱张成功

在北平，毛泽东等先后发起七次请愿。可是，中国有句话说，死猪不怕开水烫。张敬尧面对湘人和全国巨大舆论攻势，就是赖着不走。一时，一些人有些灰心，情绪低落。毛泽东觉得气可鼓，不可泄，对大家说，驱张运动绝不能停！不然，几个月来的驱张努力就白废了。虽然，张敬尧还没被赶走，但他已声名狼藉，只要再努一把力，就能把张敬尧赶出湖南去！

毛泽东告诉大家，北洋政府文职总统徐世昌，对张敬尧没有作为，是因为段祺瑞心里明白张敬尧这颗棋子于皖系的重要性。直系军阀吴佩孚早有“远戍湘防，辰期再届”怨言，提出了南北一家，“并非寇仇外患，何须重兵防守”的主张，曾向北京当局施加“军士思归，留为外用”的压力。毛泽东认为，这是大可利用的好时机！

因此，毛泽东提出下一步的重点应放在“武力”驱张上！即利用游说直系军阀吴佩孚北撤，策动湘军谭延闿部队北进，迫使张敬尧离湘！同时，当事人吴佩孚和湘军谭延闿及其智囊们作为全国一盘棋上的棋子，都心知肚明，毛泽东派往吴佩孚和谭延闿的请愿活动，使军阀吴佩孚和谭延闿师出有名。

果然，1920年5月20日，直系军阀吴佩孚水陆并进，一路高歌“行行重行行，日归复日归。江南草木长，众鸟亦飞飞。……”撤兵北回了。湘军谭延闿，随之跟进。

“无可奈何花落去。”皖系军阀张敬尧眼见大势已去，终于下了一道紧急命令，点火焚烧新建的“镇湘楼”和军火库，在冲天的火光和爆炸声中，祸害湖南两年多的张敬尧，被毛泽东设计赶出了湖南。

1920年6月9日，在上海《时事新报》上，毛泽东撰写发表《湘人为人格而战》一文说：

“湘人驱张之目的，有一天‘一湘人’说得很详悉。但我所知道的，还有以下两点：一是张氏要种鸦片，尽可明白勒种，不算罪恶。但他不然，四处挂起禁烟的招牌，而长沙知事喻兆桐在去年七月里，召集长沙全县百余团总，在县署开秘密会，宣布大帅（张敬尧）意旨，发给种子四万包。开过会，团总把这件秘密宣布了。一是教员发薪，实发七成，收条上要写收到十成。教员愤极，推一代表，携带证据，赴京控诉，行到信阳州，被连夜赶到的侦探搜了去了。这两件很足激起湘人的敌忾心，总说杀人放火还其次，这样欺人太甚，有些难忍。驱张运动的发起，名流老辈小子后生，一齐加入，就是缘于这几种很深刻的激刺。故湘人驱张，完全因为在人格上湘人与他不能两立。湘人驱张，完全是‘为人格而战’，和蔡松坡（蔡锷）云南誓师，说吾为人格而战是一样的。”（原载1920年6月9日上海《时事新报》）。

有人形容说，一个是手无缚鸡之力的小学教师，一个是手握重兵的一省督军。两者碰撞，竟是“小石头”砸破“大鱼缸”—张敬尧栽到了毛泽东的手里，灰溜溜地被赶出了湖南！

1936年，毛泽东回忆这一段历史时说：“在湖南，这个运动（驱逐张敬尧运动。作者注）得到了相当的成功。张敬尧被谭延闿打倒，并在湖南成立了一个新政体。”

1919年秋至1920年春夏之间，毛泽东在湖南主导的一场轰轰烈烈地驱赶湖南总督兼省长张敬尧的运动，无疑是毛泽东在成为职业革命家前，在中国全国开展的一次革命大演练！为日后革命斗争取得了不可多得的斗争经验！

# 第十六章 婚姻自主 试婚成亲

## 一，父母包办 罗氏苦短

在毛泽东的很多传记中，都栩栩如生地写了毛泽东敢于，甚至善于造反的精神，即后来毛泽东自诩的“虎气”；而忽略了毛泽东也有“逆来顺受”，默默接受的一面，即后来毛泽东自诩的“猴气。”当然，也如毛泽东自己说的，他的一生是“虎气”为主。在毛泽东青少年时期，或者说13岁前，最突出的表现有两次：

第一次是在10岁的时候，私塾学堂先生要毛泽东站起来背书，他不愿站着背。因为，他认为这样不平等，为什么先生坐着听，却非要学生站着背。双方争起来。毛泽东不服，怕挨打，只得离家出走，三天三夜后，才被家人找回来。这是毛泽东有生以来，敢于反抗现行社会不合理秩序的第一次举动。

第二次，是毛泽东反抗家庭“暴君”父亲。讲的是一次家庭聚会，家里来了许多客人。本来好好的场面，父亲毛顺生不知是哪根神经走了火，当着客人的面，骂儿子毛泽东“懒而无用。”这时，毛泽东13岁，正处在青春涌动，血气方刚之际，哪里受得了这种“气”。俗话说，揭人不揭短，打人不打脸。无疑，毛顺生犯了这条大忌。毛泽东哪管他三七二十一，和父亲毛顺生硬顶起来。当时，毛顺生也事业有成，扭转了家庭困境，发迹起来，成为富甲一方的小财主。哪里容得毛泽东顶撞，起身追打毛泽东。毛泽东冲出家门，来到池塘边，威胁父亲毛顺生，如果再追打，就跳池塘。一向慈爱温顺的母亲文七妹，只能两头做好人，劝儿子认错，让丈夫消气。毛顺生要儿子下跪。毛泽东认为，要跪也只能跪一条腿。在双方讨价还价后，一场疾风暴雨式的冲突平息下来了。有意思的是，我查看斯诺所写的《西行漫记》(Red Star Over China)原文，描写毛泽东父子间的这场“冲突”使用的字眼是civil war，即内战之意，又有“文明”战争之意。可见，在西方美国人眼里，父子间的冲突，也有家庭生活“文明”的一部分。

其实，要说毛泽东对父亲的态度一概都是反抗，都是“恨”，这不符合事实。毛泽东有时也逆来顺受，默默接受父亲的安排。在毛泽东出乡关前，有据可查的至少有两次：

第一次，停学回家种地。(此不赘述，请参见“邪书惹祸，停学务农”)

第二次，给毛泽东成亲。

中国古语说，男大当婚，女大当嫁。毛泽东从私塾停学回家种地，转眼间已十四五岁了。在那年月，在中国农村，十四五岁就结婚生子的，已不是什么新鲜事。毛顺生家里的地已有22亩，的确需要劳动力。毛泽东是家里的长子，也到了应该谈婚论嫁的年龄。关于毛顺生给儿子毛泽东操办婚事的说法多种多样，但有一点是肯定的，是为了他这个小家兴旺。毛顺生可能认为：

1，把儿子拴在农村。毛顺生知道，毛泽东的心气很高。但是，父亲毛顺生的期望不高，读几年书，能记帐，会打算盘，将来当个帐房先生足矣！在毛顺生看来，拴心的最好办法，就是给儿子找个媳妇。

2，给家里找个劳力。这不失为一种理由。其实，这是一举两得。如果毛泽东认可，结婚。实际上，一下子增添了两个劳力：毛泽东和媳妇。何乐而不为。

3，年龄女比男大好。毛顺生本人的婚姻，也是父母定的。文七妹比毛顺生大3岁，生活在一起，也算和睦。

4，表亲结婚亲上亲。毛顺生给毛泽东物色的媳妇罗氏，不是外人。罗氏的奶奶，是毛泽东爷爷毛翼臣的妹妹，是毛泽东的姑奶奶。双方应该是知根知底。在过去，表兄妹开亲（或舅表，或姑表，或姨表）很常见，旧时风俗习惯称之为“亲上加亲。”

5，罗氏的家境不错。罗氏家住湘潭县杨林乡赤卫村楼前门，有田产，生活富裕，在当地也算是大户人家。

6，罗氏贤淑有教养。罗氏在罗家有兄妹3人，排行第二，却是长女，比毛泽东大4岁，身高，健壮，聪明，知情达理，善于操持家务。

罗家对毛顺生的提亲，也很满意。毛泽东十四五岁，已茁壮成长，一表人才，才华出众。罗家也早有此意。双方把话挑明，一拍即合。罗家当即满口答应。这样，毛泽东和罗氏的一场父母包办和媒妁之言的旧式婚姻，在紧锣密鼓地进行：“合八字”、“定亲”、“择吉”、“送贺礼”、“发轿”、“拜堂”。1907年，在办完婚姻手续后，就把罗氏风风光光迎接到毛家。美国作家特里尔写《毛泽东传》描述说：“可怜的毛泽东呆若木鸡。出于某些考虑，毛泽东顺从地接受了这种生硬而可怕的仪式，这个呆呆的小新郎衣着整齐，规规矩矩地向每一位来客磕拜。”

毛泽东和罗氏正式结为夫妻，不论怎样，这都是事实。1911年，毛鸿宾、毛湘胜等在纂修的《（湘潭）中湘韶山毛氏三修族谱》卷十三中记载毛泽东第一次婚配说：“泽东，字泳芝，光绪十九年（癸巳、1893）十一月十九日辰时生，配罗氏，光绪十五年（己丑、1889）九月二十六日丑时生，宣统二年（1910）正月初二寅时卒。”

在表面上，毛泽东是接受了父母的安排。实际上，并没有行夫妻之实。毛泽东说：“我对于女人本无兴趣。我的父母在我16岁时就给我娶了一个20岁的女人，不过我并没有和她一起住过，此后也未有过。我不以她为我的妻子，那时根本也不去想她。除了不谈女人……，我的同伴连日常生活中的琐事都不谈的，……我和朋友只谈大事，只谈修身齐家治国平天下的事！”（《毛泽东自传》，解放军文艺出版社，2001年9月版）

毛泽东与罗氏的婚姻，是由父母包办的封建式婚姻，从一开始就注定是一场悲剧。毛泽东对父亲的安排，表面上是默认和顺从，私下里却“发誓不碰她一个指头。”同是生活在一个屋檐下，就是不圆房。毛泽东一门心思的拼命读书。在随后的日月里，毛泽东有两次出走，有人把原因归之为是毛泽东为了“逃婚。”是否有这些因素，虽不能排除，但也不能肯定。如果从毛泽东的一系列活动来看，并非是为了“逃婚”才出走的。毛泽东13岁时从私塾停学回家种地，一开始是顺从的。是在看了郑观应写的《盛世危言》后，萌发了上学读书的“厚望。”由于父亲毛顺生的坚决反对，毛泽东才毅然离家出走。如果从结婚后算起，这是毛泽东有生以来的第一次离家出走。这次，也没有走多远，只是到了一个法政毕业生家里和韶山东茅塘私塾读书，似乎与逃婚没有太大的联系。

这时候，一件意外的事件发生了。1910年夏，湖南洞庭湖发特大洪水，造成长沙米荒，波及韶山。韶山的贫困农民毛承文带头吃大户，扒仓抢粮，被当时的族长毛鸿宾召开毛家祠堂开大会，要惩罚毛承文，是毛泽东大义凛然，出面解救了毛承文。毛泽东不仅对族长敢于说“不！”对父亲毛顺生做生意的粮食被饥民扣留，也不同情父亲。这在毛顺生看来，在外反对“族长”，在家反对家长—“父亲老子！”实在是“大逆不道。”毛顺生一气之下，将毛泽东再次从私塾学堂停学，安排毛泽东去一家在湘潭县与他有大米生意往来的米店当学徒。正在这时候，毛泽东从表哥文运昌那里打听到湘乡县办了一所新式学校—东山学堂，毛泽东提出到东山学堂读书。毛顺生当然象以往一样坚决反对。不过，此一时也，彼一时也。毛泽东已是十六七岁的大小伙子了，没有接受父亲对他所做的当学徒的安排，而是请来说客，在娘舅家的帮助下，打通了毛顺生的思想，答应毛泽东去东山学堂上学。

毛泽东到湘乡县东山学堂读书，是1910年秋天。毛泽东第一次原配妻子罗氏，是1910年2月11日，因患细菌性痢疾病逝，时年，罗氏21岁，真是苦短人生。从时间上推算，罗氏过世时，毛泽东还没有出乡关，还在韶山生活，所以不能一概而论，说是毛泽东为了逃婚，才要去东山学堂读书。这有悖事实。从目前可以看到的研究资料看，毛泽东除了不理罗氏，不同意圆房外，并没对罗氏有什么责难和不恭。这足以说明，毛泽东还是尊重罗氏的，没有虐待，甚至没有要休掉罗氏的想法。罗氏病死后，也葬在毛家墓地。

再说，罗氏病逝后，毛泽东闹革命，韶山的家被反动派没收追杀，罗家仍视毛泽东为乘龙快婿，极力帮助毛泽东的亲人和家人。革命胜利后，毛泽东成了中华人民共和国的领袖，也未忘罗家。1950年，毛泽东派大儿子毛岸英回家乡看望阔别多年的父老乡亲。在毛岸英回乡前，毛泽东特地嘱咐儿子带去钱500万元（旧币）和军大衣、茶叶、脸盆等物去看望住在韶山杨林的罗氏的哥哥罗石泉。可见，毛泽东在心里还装着罗氏的家人。毛岸英回京后，向父亲毛泽东汇报了家乡和罗氏的家庭状况。毛泽东心情很沉重，又要秘书从自己的稿费中拿出500万(旧币)给罗家寄去，对罗家的一片情谊尽在其中了。

后来，罗氏的哥哥罗石泉给毛泽东写信，想到北京看看。毛泽东欣然应许，回信说：“石泉兄，信收悉，很想念你，承蒙关注，甚为感谢！”毛泽东在言语中表达了对罗家在大革命时期对毛家亲属的支持和保护的感激之情。不久，罗石泉带着毛泽东的信来到北京，亲人相见，嘘寒问暖，畅叙两家的情谊，乡情，友情，亲情，喜不胜收。罗氏九泉有知，也一定欣慰不已。

## 二，北京结缘 试婚成亲

北京，是座古老苍凉的都城，又是革命烽火漫卷的都城，更是毛泽东冲破封建桎梏，成就一对新人—毛泽东杨开慧，自由恋爱，试婚成亲见证的都城。

说起杨开慧，毛泽东并不陌生。要说有缘，要说师生情谊，要说杨昌济一眼就相中毛泽东做自己的乘龙快婿，都是人们在毛泽东功成名就之后的杜撰。我常常想，何以那么多的轶事，八卦，只不过是，好事者的穿凿，推测罢了。历史，真实的历史，不是演义。演义可以赚取人的眼球。历史的真实，在我看来才值得人去思考，学习。

杨开慧，1901年11月6日诞生于长沙清泰乡（现为开慧乡）板仓冲的杨家老屋，并在长沙度过了她的青少年时代。1913年春，毛泽东入湖南四师；恰好在这年，杨昌济回国任教于湖南四师。次年，湖南四师并入湖南一师。从兹起，毛泽东和杨昌济开始了近五年的水乳交融，不平凡的交往。

杨昌济，作为父亲，当然关心女儿的未来。这些，只有做过女儿父亲的人才可能体会。在湖南一师，杨昌济的确在为自己的女儿物色意中人。杨昌济是教伦理学的教员，可以说是道德先生。从中国文化的角度讲，杨昌济是儒家文化的传人，尤其擅长程朱理学，信奉王船山的学说。儒家思想这一脉经王船山传给杨昌济。杨昌济特殊的学历和经历，又与传统的儒家有区别。杨昌济在《达化斋日记》中写道："为生徒讲教育学史，至培根之倡实验派哲学，与笛卡儿之倡推理派哲学，因言朱晦庵之学近似培根，王阳明之学近似笛卡儿：一则求理于事物，一则求理于吾心。子曰：学而不思则罔，思而不学则殆。学则有实验之意，思则有推理之意。又《大学》八条目中之格物致知，亦可作如是观。格物则实验之事也，致知则推理之事也。王船山《读四书大全说》辩格物致知之义甚详，船山时时辟象山阳明，而其所论致知之功夫，乃与陆王之说合，亦当注意之事也。培根以前之学问，多研究社会问题。培根乃一转其方向，使学者之心力，专用之于研究自然现象，乃启近世科学之门径，其有功于人类者不小。有治身治心之学，伦理学是也；有治人之学，政治学是也；有治物之学，理化博物诸科是也。吾国前此学问，于治身治心治人之学，未始无所研究，独缺于治物之学，此物质文明所以不能发达也。"（1914年3月18日）从言语中，中国为什么不发达？因为，中国自古独缺对自然科学的穷理追根！有人认为，杨昌济属于新儒家学派。说他继承了王船山谭嗣同的儒家思想遗产，接受了西方近代民主与科学的思想，并将两者融会贯通，辞官不做，欲从教育着手，从这段文字可见，杨昌济已有了"强避桃园作太古，欲栽大木柱长天"，培养一代新人的思想基础，试图开创自己的新学说。但是，杨昌济本人并没有将教育的重点放在自然科学技术的研究和发展上，而是倾心于人的思想道德的构建和重建，培养引领时代的引路人。

杨昌济对王船山的推崇，达到无以复加的地步，以五行术数之说为例，历史上很多有名望的大家，如古时的朱熹，近世的魏默深、曾涤生、郭筠仙、刘霞仙，皆难脱其俗。唯独"王船山独卓然不惑，力排五行术数之说，此其所以为卓绝也。"（1914年6月25日）。在民族大义上，杨昌济看重王船山主张民族主义，称是王船山一生的卓绝之处，是大节。但是，杨昌济并没有停留在王船山的认识上，而有了新发展，认为"外来民族如英法俄德美日者，其压迫之甚非仅如汉族前日之所经验，故吾辈不得以五族一家，遂无须乎民族主义也。"（1914年6月24日）。杨昌济将反对满族对汉族的压迫，提高到"反对帝国主义"层面上来认识，在当时具有十分重要的现实意义。可见，杨昌济忧国忧民，救亡图存思想的进步。

杨开慧生活在杨昌济这样一个家庭，潜移默化自然少不了。杨开慧在《从六岁到二十八岁》中称，自己对爱情信奉的是“不完全则宁无”原则，追求的是”真口(原文如此—作者注)神圣的不可思义（议）的最高级最美丽无上的爱”。杨开慧的思想和作为，十分符合杨昌济这样家庭的大家闺秀风范。

在湖南一师，杨昌济早就在所教的学生中为女儿杨开慧，寻找中意的女婿。据肖子升日记记载说：一开始，杨昌济从学生看中的不是毛泽东，而另有其人。在杨昌济所教的学生中，最看好的是，或得意门生是肖子升，蔡和森和毛泽东。何以说起？日记记载说：那时，萧瑜、熊光祖、陈昌三个人总是一起去杨昌济家吃饭。一次，中午饭后，杨昌济送三人出门时，忽然让熊光祖留下，其他二人先走。自然，肖子升很好奇！为什么？只不过，后来没有问熊光祖。多年后，也就是在杨昌济仙逝后，肖子升突然收到杨开慧的长信，告诉他杨昌济先生的死讯。当时，因杨开慧动身去湖南，没有告诉肖子升的联系地址。1936年，在肖子升第三次旅居法国时，和老朋友熊光祖在巴黎相聚，谈起当年在湖南一师的往事时才知道，杨昌济留熊光祖的用意。

原来，杨昌济那时给女儿挑选的对象—意中人是肖子升。那天中午饭后，肖子升，熊光祖和陈昌三人起身离开时，杨昌济要熊光祖留下，是想了解肖子升的个人背景。当肖子升问熊光祖，杨昌济那时为什么留他：“杨先生和你说了些什么？是怎样的一件秘密？”

熊光祖毫不犹豫地答道：“杨先生和杨师母打算把开慧嫁给你。”又补充说：“开慧自己也有这个心。我当时不得不告诉杨先生，说你已经结过婚了。这就是为什么当时我没有和你们说的缘故。”这段秘密，熊光祖一直保守了二十余年。

当然，说起来有些玄。只可当故事讲讲。而毛泽东和杨开慧的爱情火花，是1918年 6月，杨开慧随父亲举迁北京之后。在这之前，毛泽东与杨开慧最多只能算是认识而已，并无深交，更谈不上倾慕。

### 1，内心倾慕 霞润结缘

霞润是杨开慧和毛泽东彼此的昵称。

在长沙，至今未见到毛泽东第一次见到杨开慧的记载。如果说有，恐怕也是1916年的事。据查，1916年暑假，毛泽东第一次步行到板仓，拜访老师，也就是杨开慧的父亲—杨昌济先生。

追述起来，毛泽东和杨开慧的交往应是在1918年夏秋之际开始的。 在1918年8月19日，毛泽东带领湖南青年学子抵北京组织留法勤工俭学培训。毛泽东初到北京，开始住在杨昌济老师家。

1918年，这一年，杨开慧刚好18岁，是一个芙蓉出水，圆脸庞，皮肤白皙，婷婷玉立，情窦初开的美少女。毛泽东时年25岁，湖南一师毕业生，新民学会干事，英俊潇洒，风度翩翩，他乡遇故知，分外亲切。毛泽东和杨开慧不仅是长沙老乡，也有共同的志趣，一起参加北大新闻研究会，学习，研讨。

这里有个插曲，应该有个交代。美国作家特里尔撰写的《毛泽东传》说：毛泽东与学友蔡和森，蔡和森妹妹蔡畅立下三人盟誓：发誓永不结婚。应该说，毛泽东的确在这样做。在乡下，父亲毛顺生曾给毛泽东找了一个罗氏媳妇，毛泽东从没有碰过罗氏一个指头。在长沙求学读书，虽有人追求，毛泽东也不为所动！但是，不能不说，立誓的三个人，后来都违背了誓言。

1918年夏秋，在北京，毛泽东杨开慧的交往，自由恋爱，一开始引起了老师杨昌济的关心。看到自己的掌上明珠—杨开慧，一步步堕入爱河，杨昌济夫妇虽对毛泽东和杨开慧的交往表示赞同，但也向杨开慧明确指出，毛泽东比她大七八岁。这些都是父母为女儿的顾虑。中国毕竟走出了封建社会的束缚，进入民国时代，杨开慧成为新时代的女性，她也明白告诉父母自己的意愿后，父母就默许了女儿的选择！

说杨开慧是新时代的女性，只是相当而言。严格的讲，或本质上说，杨开慧是一个在中国这个特殊的人文社会里成长起来的新女性。杨昌济更是道德先生，虽有留洋的经历，但在中国这个古老文化的国度，不得不考虑中国的风俗。杨开慧虽出生在具有留学他国的洋学生家里，本人却一步也没有踏出国门，却是地道的喝中国水，吃中国饭成长起来的湖南辣妹子。说起来，杨开慧也是幸运中的不幸，早在襁褓之中，恐怕连父亲长得什么样子都没有看清楚的时候，即1903年2月，也就是说，杨开慧二岁三个月的时候，父亲杨昌济已漂洋过海，东渡日本，踏上留学日本，英国，游学德国，瑞士的漂流读书学习生活，这一去就是十年。父亲对女儿的认识，当然也只停留在杨开慧两岁多的模糊记忆里。

在杨开慧7岁的时候，收到父亲的来信说，要让女儿上学念书。杨开慧母亲向振熙按照杨昌济的嘱咐，将杨开慧送进杨公庙长沙第四十初级小学。学校离家很近，就在杨家的对面。在读了三个学期后，转学到隐储学校读书，这里有比较多的图书，但离家要远些。辛亥革命爆发后，杨开慧又转学到衡粹女校和县立第一女子高小读书，直到毕业。其实，杨开慧也是有“独身”思想的人。她在《自传：“从六岁到二十八岁”》中说：“我早已决定独身一世的。”在爱情上，是否有数学上负负得正的定律，不得而知。前已述及，毛泽东，蔡和森和蔡畅确实立过盟誓：单身一生。当毛泽东来到北京见到杨开慧后，毛泽东和杨开慧都将“单身”誓言，抛掷脑后。不爱则已，一爱惊人。有些象在伊甸园中的夏娃，见到心爱的人，就勇敢地去爱。事实上，爱情这本是男女之间的“正果”，以心相许，以身相爱。杨开慧对爱有着自己的理解，“不完全则宁无。”当爱真正来临的时候，又勇敢地去面对，去拥抱。这算不算违背誓言，不算，只能算是他们曾经有过的一种思想—像美国福音信徒一样—并不羞于生活在矛盾中。以前不谈恋爱，是没有时间，没机会，没有心中的白马王子出现。当机会来了，爱情悄然来临的时候，不仅不应羞于启齿，而且还会给未来事业，增加乐趣，大放异彩。毛泽东和杨开慧就是这样的天生伉俪，人间莲理的理想之恋。

## 2，二上北京 始定终身

毛泽东从湖南一师毕业后，在不到两年的时间里，两次到北京。第一次是1918年8月19日，为组织和培训湖南青年学子到法国勤工俭学。当然，也有曾在湖南一师任教的杨昌济的殷切期望，让毛泽东进北京大学读书。毛泽东第一次到北京，在北京只住了七个来月。1919年3月12日，毛泽东离京，途径上海，欢送旅法勤工俭学学生后，回到湖南。

1919年12月18日，毛泽东再次来到北京。如果说，第一次到北京，毛泽东是寻找为未来开辟美好未来的话，那么第二次到北京是施展政治抱负的开端！毛泽东已今非昔比，已不是第一次到北京时的“小鱼儿”，是作为湖南组成的100人驱张请愿团团长，并肩负着《大公报》和其他报刊的任务。一到北京，毛泽东就参加在湘乡会馆举行的，有千余人参加的反张集会，公开打出：“张毒不除，湖南无望”大标语。

这时，一件不寻常的小事，被作母亲的向振熙看在眼里：一天，杨开慧见毛泽东凉在竹竿子上的一件白衬衣破了，悄悄地拿下补好了。女儿知道心疼人了。做母亲的心里自然高兴，并对杨昌济说，“开慧帮毛先生补衬衣了，她还从来没补过衣服呢？”夫妻俩为女儿的事欣慰。

说起来，杨昌济还不到50岁。可是，那年月，人的长寿受到疾病的严重挑战。即便是身在高等学府工作的杨昌济也不能幸免。杨昌济因病住进了北京德国医院，杨开慧陪在父亲杨昌济的床前，悉心照料。毛泽东一有时间就到医院里照顾老师杨昌济。当然，医院并不是万事如意的天堂，有时也会是人的灵堂。在医院里，杨昌济的病情不仅不见好转，却有无力回天之势。病重的杨昌济感到自己来日不多，将毛泽东叫到病床前，让毛泽东坐下，自己将随身多年的怀表拿出来给毛泽东，嘱托说：“润之，这块表跟我多年，送给你作个纪念吧。你和开慧的事我全知道，我就把她托付给你。”“开慧年轻幼稚，你要多照顾她。”

“老师、师母，请放心！”毛泽东站起身来，忍住内心的悲痛，向恩师和师母深深地一鞠躬。这时，北京已寒气逼人，但是爱情的烈火正在这一对年轻人的心里熊熊燃烧。爱情是甜蜜的，神圣的，又是使人不能宁静的烈火，杨开慧在自传里写道：

“我们彼此都有一个骄傲皮（脾）气，那时我更唯恐他看见了我的心（爱他的心）。他因此怀了鬼胎，以为我是不爱他。但他的骄傲皮（脾）气使他瞒着我一点都没有表现，到此时才明白了。因为我们觉得更亲密了。从此我又知道了许多事情。我渐渐能够了解他，不但他，一切人的人性，凡生理上没有缺陷的人，一定有两件表现，一个是性欲冲动，一个是精神的爱的要求。我对他的态度是放任的，听其自然的。（《骄杨—纪念杨开慧烈士诞辰100周年》）”

看来，杨开慧开始内心没底：毛泽东是否也象自己深深爱毛泽东一样，毛泽东也在深深地爱着她杨开慧？一句“到此时”，新的人生新的一页开始了—爱，爱情的甜蜜，冲动，憧憬，幸福，使杨开慧陷入享受到人间爱的冲动的幸福和遐想。这是杨开慧对热恋中的往昔的追忆，一对新人情怀的缅怀。可以说，内心准备“独身”的杨开慧，是毛泽东打开了她的心扉，闯进入她的生活，改变了她的人生。

同样，初冬的北京，入夜后，毛泽东也是辗转反侧，不能入睡，披衣坐起，挥笔写下千古绝唱佳《虞美人•枕上》：

堆来枕上愁何状，
江海翻波浪。
夜长天色总难明，
寂寞披衣起坐数寒星。
晓来百念都灰尽，
剩有离人影。
一钩残月向西流，
对此不抛眼泪也无由。

可见，毛泽东对杨开慧的热恋，既情真意切，又温馨浪漫。一首《虞美人•枕上》，透露出的不仅柔情万种、百媚千重，而且读来荡气回肠，感慨万千。杨开慧追求的“真□神圣的不可思义(议)的最高级最美丽无上的爱的”爱情，“不是普通人能够做得到的事，而且普通人是懂不到这一头来的”所谓爱情，在毛泽东面前，杨开慧做到了，得到了！毛泽东同样做到了，得到了！

1920年1月17日，杨昌济因病不治身亡。杨家的顶梁柱没有了，好象天都要塌下来了。正在北京主持驱张运动的毛泽东和杨开慧兄妹一起守灵，为杨昌济遗孀遗孤募捐，操办丧事。恩师杨昌济英年早逝，带着人生的遗憾，没能亲手将女儿交给毛泽东的遗憾—离开了人间。毛泽东痛苦万分，亲笔写下挽联一幅：

忆夫子易帻三呼，努力努力齐努力；

恨昊天不遗一老，无情无情太无情。

2月，杨开慧随兄杨开智扶柩回长沙。毛泽东继续留在北京，领导“驱张运动”。这是这对恋人毛泽东与杨开慧的相识以来的第二次别离。

### 3，不做俗举 试婚成亲

毛泽东杨开慧的结合，不是单纯的冲动，虽有杨昌济的默许，但更有杨开慧对毛泽东的认识和了解。这桩婚姻对杨开慧来说是短暂的，甚至有些仓促，但却又是极其认真负责的。

上世纪80年代发现的杨开慧自己写的自传，做了充分的说明。杨开慧在自传：“从六岁到二十八岁”中说：

“不料我也有这样的幸运！得到了一个爱人！我是十分的爱他，自从听到他许多的事，看见了他许多文章、日记，我就爱了他。不过我没有希望过会同他结婚（因为我不要人家的被动爱，我虽然爱他，我决不表示，我认定爱的权柄是操在自然的手里，我决不妄去希求。我也知道都像我这样，爱不都会埋没尽了么？然而我的性格，非如此不行，我早已决定独身一世的。一直到他有许多的信给我，表示他的爱意，我还不敢相信我有这样的幸运！不是一位朋友，知道他的情形的朋友，把他的情形告诉我。……他为我非常烦闷，……我相信我的独身生活，是会成功的。自从我完全了解了他对我的真意，从此我有一个新意识，我觉得我为母亲而生之外，是为他而生的。我想象着，假如一天他死去了，我的母亲也不在了，我一定要跟着他去死！假如他被人捉着去杀，我一定要同他去共这一个运命！因为我的意志早又衰歇下来了，早又入了浪漫态度中，早已又得了一个结论：'只有天崩地塌一下总解决！'除非为母亲和他而生，我的生有何意义？过了差不多两年的恋爱生活。……"

杨开慧对毛泽东有着自己的认识，是在全面的认识之后的选择。如自传所说，一是"自从听到他许多的事，看见了他许多文章、日记，我就爱了他。"二是朋友的介绍，当然不是媒妁，而是认识毛泽东的人对毛泽东的介绍，增加了杨开慧对毛泽东历史的，全面的了解。杨开慧才彻底转变思想观念："自从我完全了解了他对我的真意，从此我有一个新意识，我觉得我为母亲而生之外，是为他而生的。"

瓦西列夫说："爱情总是男女关系的热烈而激动人心的审美化。它的奔腾激昂，它追求幸福的轻盈步伐，就是血液的流动节奏；它的语言就是高尚的诗篇，是美妙的音乐；而爱情的目光就是明媚的光辉。"杨开慧的转变，是彻底地，就是说毫无保留地，以致对爱情的认识升华到可以用生命去为毛泽东付出，"假如一天他死去了，我的母亲也不在了，我一定要跟着他去死！假如他被人捉着去杀，我一定要同他去共这一个运命！"

同样，毛泽东对婚姻也有了不同凡响的解读。1919年11月，长沙女青年赵五贞，不满包办婚姻，在出嫁途中的花轿内自杀。当时，赵五贞自杀事件，在湖南迅速引发了一场关于婚姻家庭问题的热烈讨论。毛泽东是这场大讨论的主要撰稿人，在湖南《大公报》、《女界钟》等报刊上发表评论文章指出，赵女士自杀"这事件背后，是婚姻制度的腐败，社会制度的黑暗，意想的不能独立，恋爱不能自由"；认为婚姻须"打破父母代办政策"，"打破媒人制"，"夫妇关系，完全是要以恋爱为中心，余事种种都是附属。"毛泽东冲破旧式包办婚姻观，提倡新式婚姻观，"只要男女两下的心知，到了交厚情深，尽可自由配合。倘要明白表示，令亲友皆知，最好在报上登一启事，说明我们俩愿做夫妻，婚期是某月某日就算完事。不然，便到官厅注册，乡间则在自治局里报名，亦尽够了。"

1919年前后，是中国政治上，思想上和文化上大变革的时代，是开启新思想的时代。随着五四运动的蓬勃兴起，中国人，尤其是中国青年人，走到了文化思想运动的前列。毛泽东杨开慧有幸参与了这次血与火的洗礼，新思想新时代的气息，在他们心中点燃，在他们身上发扬，放大。

1920年这一年，是毛泽东政治上的丰收年。毛泽东主导的"驱张运动"大获全胜，张敬尧被赶出湖南，接替张敬尧出任湖南总督的是谭延闿。

1920年7月7日，毛泽东事业有成，在全国也是名声鹊起，回到长沙，的确是喜事连连，受聘担任第一师范附属小学主事(校长)，后又聘为湖南一师的国文教员兼一个班的班主任。先期回答长沙的杨开慧，已入湘福女中选修班读书。毛泽东和杨开慧分别半年后，又相聚了。这是毛泽东第三次与杨开慧的相别重逢，是在杨开慧生养成长的故乡—长沙—再次相聚。杨开慧的心情来了180度的大转弯，从独身转变为相信“爱情。”用杨开慧的话说，毛泽东和杨开慧的相恋时间并不长，“差不多两年的恋爱生活”，但已“到了交厚情深，尽可自由配合(毛泽东语)”的时刻。

至1920年冬天，毛泽东的母亲，父亲和杨开慧的父亲先后谢世。从家庭方面讲，来自双方长辈的阻力已荡然无存。虽然，这时的毛泽东面临着人生的重大政治转折，逐步走上职业革命家的道路，但在经济上也已有了稳定而固定的收入，这一切为毛泽东杨开慧的友情，爱情和亲情的结合铺平了道路。就在这一年冬天，应了“反对一切用仪式的结婚”的诺言，杨开慧只带着自己简单的行李，在毛泽东任主事的第一师范附小的教师宿舍，结为夫妻。他们没有繁琐的礼节，也没有正式的结婚仪式，只花了6个银元办了一桌酒席，几个长沙的朋友聚在一起，算是他们结婚的见证。

## 三，菟丝寞疑 人间知己

新婚燕尔，毛泽东一心扑在工作上，不只是湖南，而是全中国。

1921年7月，毛泽东和何叔衡一起去上海参加建党，出席党的第一次代表大会。10月10日，根据党中央陈独秀的指示，毛泽东回到海南，成立了最早的省委之一 ，即中共湖南支部，毛泽东任支部书记。

1922年初，杨开慧加入中国共产党，协助毛泽东工作。当时，他们把家安在长沙小吴门外清水塘原22号—中共湘区委员会机关所在地，毛泽东任区委书记，杨开慧则担任湘区党委的机要和交通联络工作，并把母亲向振熙接来和他们一起同住。10月24日，毛泽东的大儿子出世，取名毛岸英。毛泽东做爸爸了，但是，革命工作也日益繁重。儿子出生这一天，毛泽东正带领任树德等泥木工代表同湖南省政务厅长吴景鸿进行说理斗争，进行马拉松式的谈判，要求增加工资、营业自由。毛泽东将谈判记录下来，并整理成《呈省长文》，送省长赵恒惕。

第二天，毛泽东又亲自带领工人代表到政务厅催批呈文，并将《呈省长文》在长沙《大公报》上发表。这段时间，毛泽东的精力已逐渐全心身投入革命工作，成为职业革命家，很少顾家。生活是现实的，杨开慧担负起家里的一切事物。说到这里，由此想到周恩来。周恩来没有留下后人，似乎有些合理了。人的精力，不论你承认与否，总是有限的。毛泽东虽然是党的创始人，却做的都是些具体的基层工作，既缺经费，又缺人手，需要事事亲自过问。周恩来大多从事的是中央组织领导工作，这与毛泽东的工作有着原则性区别。毛泽东又是做事较真的主。不做则已，一做必讲效率。在革命工作和家庭上，毛泽东选择了革命工作第一，家庭生活次之。

个性自由的杨开慧，也需要丈夫的抚慰，体贴，呵护，襁褓中的儿子，虽不能说出自己的要求，则更需要父母的呵护，观察，照顾，从细微的变化中，感受婴儿的需要。杨开慧似乎渐渐地感到自己对丈夫的牵挂和依恋。是的，毛泽东该做的事太多了，但没有体察入微，没有女人的细腻，倒觉得应该开导杨开慧，自主自立，不应有依附或依赖感。要说，这似乎也是理所当然的。当然，这是做局外人而言的。在这两难的时候，毛泽东将唐朝诗人元稹(779—831)《菟丝》中的诗句摘抄出来，赠给妻子杨开慧：

人生莫依倚，依倚事不成。君看菟丝蔓，依倚榛与荆。

下有狐兔穴，奔走亦纵横。樵童砍将击，柔蔓与之并。

据称，唐朝诗人元稹的诗句，并没有使杨开慧心中的疑惑烟消云散，反添新的误会，她觉得毛泽东把她比作“菟丝”，伤了她的自争心。妻子对丈夫的依恋，应该是夫妻两心相许，相互扶持，共同生活的象征。令毛泽东没有想到的是，杨开慧的反应出乎意料的强烈，毛泽东多次努力化解，杨开慧仍“久久不与他和解”。这次，两人误会的裂痕伤得很深。转眼间，到了1923年。毛泽东的革命活动，引起了湖南省当局的注意，省长赵恒惕在长沙贴出悬赏缉拿“过激派”毛泽东的布告。恰好这时，毛泽东正好应党中央的需要，秘密到上海中央工作。刚至而立之年的毛泽东，临行前带着心中的遗憾，没有同意杨开慧一起去上海，杨开慧也没有到车站送行。就这样，毛泽东独自一人带着孤寂，惆怅，凄苦，又一次出征。

在这分离的时间里，毛泽东从上海到广州，参加了中共在广州召开的党的三大，毛泽东在三大上当选为中央执行委员，任中央局秘书，协助中央局委员长陈独秀工作。9月10日，毛泽东回到长沙，筹建湖南国民党。11月13日，毛泽东次子毛岸青在板仓杨家出生。在长沙的时间不长，毛泽东奉命去上海。临行前，毛泽东作词一首，名曰《贺新郎•别友》送妻子：

贺新郎•别友

挥手从兹去。更那堪凄然相向，苦情重诉。眼角眉梢都似恨，热泪欲零还住。知误会前番书语。过眼滔滔云共雾，算人间知己吾和汝。人有病，天知否？

今朝霜重东门路，照横塘半天残月，凄清如许。汽笛一声肠已断，从此天涯孤旅。凭割断愁丝恨缕。要似昆仑崩绝壁，又恰像台风扫寰宇。重比翼，和云翥。

随后，毛泽东从上海到广州，出席1924年1月20日至30日在广州召开的中国国民党第一次全国代表大会。在大会上，毛泽东当选为国民党中央委员会候补委员。这一时期和稍后，应该是中国大地比较宽松，党派合作开放的好时机，也给毛泽东的家庭带来比较安宁和谐的气氛。

1924年6月初，杨开慧同母亲携儿子岸英、岸青来到上海。久别重逢，毛泽东亲自到码头迎接，结束了两地分居的夫妻生活。夫唱妇随，双双在上海，广州，武汉和长沙等地参加革命活动。可是，随着1927年四月国共两党的分裂，蒋介石清共反共运动的兴起，毛泽东杨开慧这种“重比翼，和云翥”的日子也逐渐走到了尽头。

1927年4月4日，毛泽东的三儿子毛岸龙在武汉出生。4月27日至5月9日，毛泽东出席党的五大。毛泽东当选为候补中央执行委员。同年8月，毛泽东在武汉参加的著名的“八七”会议上，针对蒋介石举起的清共屠刀，提出了“枪杆子里面出政权”的著名论断。

“八七”会议后，毛泽东本来又有一次决定人生命运的选择机会：一是到上海的党中央机关工作，二是到基层，到农村，到山上去搞武装斗争，结交绿林好汉。毛泽东选择了后者。 8月12日，毛泽东从武汉回到长沙，住在杨开慧的娘家。8月18日，毛泽东以特派员身份，在长沙市郊沈家大屋召开中共湖南省委会议，决定发动秋收暴动。

## 四，秋收起义 毛杨永别

1927年8月31日，似乎并没有特别的意义，可谁曾想到，这竟是毛泽东杨开慧永别的日子。这一天，象往常一样，太阳从东方冉冉升起。清早起来，毛泽东匆匆别过杨开慧，乘火车去安源部署武装起义。

毛泽东走了，杨开慧留在长沙，只身带着三个幼小的儿子：岸英5岁，岸青4岁，岸龙6个月，一起生活。

1927年9月9日，毛泽东亲自领导了湘赣边界秋收起义。可是，起义并不是很顺利，混入起义军内部的邱国轩部乘机叛变，导致起义部队腹背受敌，起义总指挥卢德铭牺牲，原计划攻打长沙的计划，被迫放弃。毛泽东经过考虑，在敌强我弱的情势下，只能向敌人力量比较薄弱的农村山区发展。毛泽东带领起义部队上了湘赣边境的井冈山。这应了毛泽东早在十年前，即1917年中秋之夜，同学们在一起讨论救国之道的议论。当时，有人问毛泽东的方案是什么？毛泽东回答说："学梁山泊好汉。"十年后，竟一言成箴！毛泽东带领农民起义军真的上山做起了"山大王！"

所幸的是，毛泽东上井冈山后，很快总结出一套适合与敌进行斗争的游击战法。正如毛泽东在用暗语写给杨开慧的信中所说：我出门以后，开始生意不好，亏了本，现在生意好了，兴旺起来了。

这封短信，辗转几个月，直到1928年初，杨开慧才收到。信虽短，却使杨开慧得到了毛泽东还活着的音讯，一颗悬着，牵挂毛泽东的心，才落了下来。杨开慧拿出地图，找到了毛泽东所在的井冈山，"泪飞顿作倾盆雨"，一种温情，一种欣慰，一种远隔千山万水的牵挂，又涌上心头。

可是，毛泽东居无定所，信也不能寄出。杨开慧开始心灵的期盼，盼望丈夫的平安，时常来信，哪怕是只言片语。可是，期盼终究是期盼，代替不了残酷的现实。1928年10月(中国农历时间，即公历12月上旬左右)，杨开慧在板仓默默写下哀婉缠绵的五言诗—《偶感》：

天阴起溯〔朔〕风，浓寒入肌骨。
念兹远行人，平波突起伏。
足疾已否痊，寒衣是否备？
孤眠（谁）爱护，是否亦凄苦？
书信不可通，欲问无〔人语〕。
恨无双飞翮，飞去见兹人。
兹人不得(见)，〔惆〕怅无已时。
□□一秀妹，前兹为我亲。
臆（忆）昔自京归，同□□□昏。

偶去三五日，适有北人至。
狂跳盼□归，急切如□眉。
尔后入福湘，伊自往岳阳。
住岳不数月，仍复归长沙。
急切思若[故]人，重复得相亲。
当时各陈迹，历历在吾心。
风云变莫测，人情迹复如。
追索伤我怀，五内□煎熬。
愿将金石意，感尔故人心。
朋情至可贵，无可相比伦。
户（沪）有一纯姊，思伊□我怀。
能识我衷肠，能别我贤愚。
城中有文元，不识伊处居。
爱我当无变，情怀永相依。
良朋尽如此，数亦何聊聊。
念我远方人，复及数良朋。
心怀长梦之，何日复重逢。

（注：其中“□”为手稿残缺不全或者字迹不清的部分）

据考证，这是杨开慧写给毛泽东的唯一一首诗，而且是仿古诗。杨开慧在诗中对“远行人”—毛泽东的牵挂，生活的关心，思夫的情意，自己的信念，忠贞的爱情，“爱我当无变，情怀永相依”，表白得何等的真切！

可惜，杨开慧的诗同样不能寄到毛泽东的手里，毛泽东自然也不能感受到杨开慧的思念。

1929年12月26日，这一天，毛泽东36岁。这对杨开慧而言，又是一个不眠的夜晚。杨开慧记下了心中的思念。杨开慧写道：

天哪，我总不放心他。只需他是好好地，属我不属我都在其次，天保佑他罢。

今天是他的生日，我格外的不能忘记他，我暗中□□□□（原件字迹不清—作者注）家人烧了一点菜，晚上又下了几碗面，妈妈也记着这个日子。晚上睡在被里又伤感了一回。听说他病了，并且是积劳的缘故，这真不是一个小问题，没有我在旁边他不会注意的，一定□死方休。

他的身体实在不能做事，太肯操心，天保佑我罢，我要努一把力，只要每月能够赚到六十元，我就可以叫回他，不要他做事了，那样随他的势，他的聪明或许还会给他一个不朽的成功呢！

又是一晚没有入睡。我不能忍了，我要跑到他那里去。

小孩，可怜的小孩又把我拖住了。

我的心挑了一个重担，一头是他，一头是小孩，谁都拿不开。

我要哭了，我真要哭了，我总不能不爱他。

人的感情真是奇怪，王春和那样爱我，我连理也不想理他。

我真爱他呀，天哪，给我一个完美的答案吧！（《杨开慧对毛泽东的忠与爱》，载于《文汇读书周报》2012年3月30日11版，作者：金振林）

杨开慧的心一直不能平静，陷入“等待”的煎熬，岁月的折磨。杨开慧相信爱情的力量。即便没有了毛泽东的音讯，也不为他人的爱慕所动，“王春和那样爱我，我连理也不想理他。”

这期间，毛泽东曾带领红军攻打长沙，但没有得手。1930年8月，湖南省清乡司令何键通缉捉拿“毛泽东妻子杨氏”。1930年10月24日，杨开慧被捕入狱。儿子毛岸英和保姆陈玉英被同时关进监牢。

1930年11月14日，年仅 29岁的杨开慧在长沙城浏阳门外的识字岭英勇就义。在处理尸体时发现，杨开慧的“指甲里全是泥土。”可见，枪毙时，杨开慧并没有一弹毙命，而是做了较长时间的挣扎，才慢慢咽气。

据考证，毛泽东曾在1930年冬，写下一首怀念杨开慧的诗：

蝶恋花•向板仓
霞光褪去何凄楚，
万箭穿心不似这般苦。
奈何吾身百莫赎，
待到九泉愧谢汝。
无感霜风侵蚀骨，
此生煎熬难与外人吐。
恸声悲歌催战鼓，
更起刀枪向敌仇。

我们现在看到的这首《蝶恋花•向板仓》和杨开慧的书信，当事人都无机会读到，都堪称史上催人泪下，引人向上的千古绝唱，留给我们的是他们相思的缠绵，亲情的思念，灵魂的倾诉！

## 五，高洁骄杨 毛君忠魂

“骄杨”是毛泽东对杨开慧的敬称。毛泽东1957年5月11日发表的《蝶恋花•答李淑一》。全词曰：

我失骄杨君失柳，
杨柳轻飏直上重霄九。
问讯吴刚何所有，
吴刚捧出桂花酒。
寂寞嫦娥舒广袖，
万里长空且为忠魂舞。
忽报人间曾伏虎，
泪飞顿作是倾盆雨。

据说，原词用的不是“骄杨”，而是“杨花”。毛泽东应儿子毛岸青之请，在草书时将“杨花”改写为“骄杨。”毛泽东自己特别解释说：“女子革命而丧其元（头），焉得不骄”。一个“骄”字，改出了毛泽东的伟大情怀，道出了杨开慧的忠魂。毛泽东为有杨开慧这样的“骄杨”而自豪。就义前，杨开慧曾对前去探望她的亲人说：“死不足惜，但愿润之之革命早日成功！”杨开慧得到“骄杨”之称当之无愧！

杨开慧从一而忠，临死不屈。人们不要以为，那个时代的女性，都这样。如果这样认为就大错特错了。杨开慧的生命是短暂的，但爱情观是高尚而纯洁的。在与杨开慧同时代的女性中，只有杨开慧“愿将金石意，感尔故人心”，心无旁骛，面对敌人的威逼，只要杨开慧愿与毛泽东划清界线，就可以免去一死。杨开慧没有使敌人的威逼阴谋得逞，而是面对敌人的屠刀，慷慨走上就义的刑场！

在毛泽东前往武装起义，音讯不通，朋友爱慕追求时，杨开慧毫不动心！在无限的思念中，杨开慧甚至喊出了“只需他是好好地，属我不属我都在其次，天保佑他罢。”一直为毛泽东祈福！甚至认为，“属我不属我都在其次”，坚贞的相信：毛泽东“爱我当无变，情怀永相依。”

# 第十七章 成功三跳 一举成名

## 第一跳：走出乡关 立誓成名

16岁以前的毛泽东，象一条小鱼儿被困在湘潭县的一个小山冲—韶山冲里。在毛泽东的记忆里，父亲“是一个很凶的监工”，甚至是一个暴君。父亲毛顺生要按照他自己的方式塑造自己的儿子：毛泽东。他也的确在用自己的一套管教儿子。在管教方法上，作为父亲的毛顺生既简单，又粗暴。象其他普通人一样，毛顺生有的也是两条：

一是打骂。中国自古就说：“棍棒底下出孝子。”这一条，被毛顺生奉若神明。毛泽东说：父亲“脾气很坏，时常责打我和我的弟弟们。”（斯诺：西行漫记）。

二是毛顺生的杀手锏—停学，不让毛泽东上学读书。

### 1，痴迷邪书 首次停学

毛泽东在青少年时期，也就是16岁以前，遭到父亲毛顺生的两次停学。第一次，是毛泽东13岁的时候，在私塾学堂不好好听老师讲课，迷恋看学堂老师禁止的“邪书”，如《水浒传》《三国演义》，等等，被私塾老师告到父亲毛顺生那里。毛顺生的火爆脾气，一触即发，一气之下，停止了毛泽东在私塾学堂读书的机会，让毛泽东回家，在父亲眼皮底下，干农活。

两年多的农村劳动，毛泽东渐渐厌恶农活了，“我也逐渐讨厌田间劳动了”（毛泽东语）。这时，是晚清一个改良主义者—郑观应—写的书—《盛世危言》，唤醒了毛泽东读书的欲望。用毛泽东自己的话说：是《盛世危言》“激起我想要恢复学业的厚望”。当毛泽东将自己的想法告诉父亲时，得到的不是支持，而是坚决的反对！当然，毛泽东也不是好欺负的“主。”俗话说，“惹不起，总躲得起！”毛泽东一气之下，离家出走，跑到一个法政毕业生家里和毛麓钟在东茅塘办的私塾学堂读书。

### 2，对博公堂 再次停学

1910年春节后，毛泽东走进了毛麓钟的东茅塘私塾学堂。

在旧式教育里，私塾学堂学生的年龄不受限制。老师则根据学生的不同年龄和接受能力施教。当时，毛麓钟门下有十多个年龄不同的学生。

毛麓钟是毛泽东父亲辈的人。按辈份，毛泽东要叫毛麓钟叔父。毛泽东虽只接受过四年的私塾教育，但因他一直视书如命，读过许多别人没有读的书，实际知识水平远在普通学堂的教育之上，尤其是他思想活跃，记忆力强，诗文写作禀赋好，很受毛麓钟先生的器重。据称，在东茅塘私塾，毛麓钟着重毛泽东思想品行教育，要毛泽东胸怀远大，热爱祖国，读万卷书，行万里路。在课堂上，《史记》、《汉书》、《纲鉴易知录》等史籍成为毛麓钟要毛泽东学习的重要内容。这一时期，毛泽东的学习，可以说影响了他后来一生的生活和革命活动，许多历史典故，信手拈来。例如，司马迁关于人生价值的评价，毛泽东在俗称"老三篇"的《为人民服务》一文里就得到恰到好处的引用。毛泽东说："司马迁说得好：'人固有一死，或重于泰山，或轻于鸿毛'"。可见，在毛泽东十六七岁的时候，在脑海里已经打上"为人民服务"的深深烙印。

1910年，是个多事之年。是年夏天，湖南洞庭湖区发生特大洪水，不计其数的饥民涌进长沙，米价暴涨。毛泽东在农村劳动的两年，深深感受了农民的艰辛。我记得，毛泽东的工业秘书李锐对我和我的朋友说过的一段话，至今记忆犹新。那是，1990年夏，李锐老先生来我们工作学习的美国明大访问。我们请李老李锐先生给同学们作报告和座谈。在我们接李锐先生的车上，李锐深有感触地说："娃娃们呀，你们不知道，人生最大的痛苦，莫过于饿肚子。那饿肚子的滋味可是真的不好受哇！"几十年过后，李锐先生的话，一直犹在耳边，时时响起。

夏天，湖南水灾闹起的长沙饥荒，迅速扩散，韶山冲也未能幸免。韶山冲的一位贫苦农民也带头闹起了吃大户，扒仓分粮的运动。这激起了毛家族长毛鸿宾的极力反对。毛鸿宾在毛家祠堂召开族人大会，欲将带头扒仓分粮的贫苦农民毛承文沉塘处死。在众目昭彰之下，无人敢站出来为毛承文说理。在这人命关天的千钧一发之际，年轻的毛泽东，不怕鬼，不信邪，以古代游侠敢于反抗现行秩序的大无畏精神，站出来理直气壮的为毛承文喊冤。毛鸿宾作为族长理应放粮救灾，不仅没有放粮救灾，还不顾族人死活，要严刑峻法(家法族法)，置毛承文于死地。自然，觉得理亏。经毛泽东这么一闹，毛鸿宾就放了毛承文。

这件事，却惹怒了父亲毛顺生。那时，毛顺生已是韶山冲里晓有名气的富人了。毛泽东大闹祠堂，使毛顺生觉得没有管教好自己的儿子，在人前没面子，决定停止毛泽东继续上学读书，要毛泽东到湘潭一家与自己有生意往来的米店当学徒。

这次停学与前一次停学不一样，毛泽东不是消极被动的接受父亲毛顺生的命运安排，而且主动出击，说服母亲，请来乡里贤士名流，由娘舅家借钱筹款，改变了父亲毛顺生的决定，同意毛泽东到远离韶山的湘乡县去读书。这次，是毛泽东第一次主动掌握自己命运的主动权，出乡关，踏上到新式洋学堂—东山学堂—求学的征程。

求学是人生的大事。这一次非同小可，毛泽东成功地以自己的努力，冲破了父亲毛顺生的阻扰，真正跨过了求学这道门槛，使韶山冲天井的小鱼儿—毛泽东—冲出了乡关。不然，毛泽东会象韶山冲的其他农民一样，终身在农村修地球，最多，也只能按照他父亲毛顺生的期待，成为韶山冲，读过五年私塾，会打算盘的帐房先生和小财主。

出乡关前，毛泽东写赠父诗一首，留给父亲。赠父说：

孩儿立志出乡关，学不成名誓不还。埋骨何须桑梓地，人生无处不青山！

## 第二跳：走进长沙 蓄能待发

有人写过一篇长文，名曰：《毛泽东如何跨越生命中九个坎》（以下简称“坎书”—作者注）。坎书说，毛泽东在东山学堂文采初露锋芒，受到学堂校长和老师们的好评，认为“学校取了一名建国材”。在中国，传统上是以“文”看人。毛泽东当时正是受了传统的熏陶。先不说学孔夫子，古典通俗文学小说，毛泽东还对中国古代的帝王将相产生兴趣。毛泽东回忆说：“对于中国古代帝王尧、舜、秦皇、汉武的记载使我着了迷，我读了许多有关他们的书。”

毛泽东能上东山学堂读书，实属不易，不仅在地域上离开了群山迭起的韶山山冲，毛泽东传记称走“出乡关”，而且在学业上也有了拓展。“出乡关”是毛泽东平生至关重要的一跳。我们不妨称之为毛泽东生涯的一级跳！在东山学堂，虽说是新式学堂，毛泽东还是象在韶山冲一样，只重文，对其他课程如数学，音乐等不感兴趣。相反，对表兄文运昌借给他的《新民丛报》和从同学兼好友肖三（肖植蕃）那里借来的《世界英杰传》产生了浓厚兴趣，着了谜。将书的作者如梁启超和书中的人物如华盛顿视为楷模。东山太小了，已装不下毛泽东了。毛泽东萌生了去省城长沙的念头。

说来也好生有缘。东山学堂一位名叫贺岚岗的老师，正好被在长沙的湘乡驻省中学聘用。更奇的是，毛泽东又正好是贺岚岗先生看好的学生。因此，贺岚岗二话没说，就高兴地答应带毛泽东开始了毛泽东的二级跳远—进省城—长沙。

1911年春天，在辛亥革命的前夕，17岁的湘潭读书人—毛泽东—象出乡关一样，身着打扮也没有多大变化，挑着行李来到长沙。由于事先有贺岚岗老师的荐引，毛泽东顺利地进入湘乡驻省中学。在这里，毛泽东第一次看到了讲述新近发生事件要闻的报纸—《民力报》，大开眼界。《民力报》上刊载的湖南人黄兴指挥的广州起义，使他崇拜不已。于是乎，毛泽东启用自己的老本行，磨墨取纸，奋笔疾书“我主张”，将一连串自己熟悉的名字写在一起，让孙中山担任新政府的总统，康有为担任国务总理，梁启超担任外交部长。其时，毛泽东恐怕连这三人的人生经历，思想主张都不清楚。仅仅因为，这些人是他心中的英雄。可能会有人认为，毛泽东非常幼稚。殊不知，正是这种敢想敢做的冲动，成就了毛泽东的一代伟业。一个富有想象力的人，才是真正能够把握自己命运的人。

毛泽东是幸运的。在长沙，毛泽东亲自见证了结束一种社会制度的辛亥革命，目睹了“汉”旗的升起。这是清王朝统治汉人268年期间，多少人抛头颅所期盼的，而又未能所见的历史时刻，毛泽东见证了：城头变换大王旗。

这是历史巨变。辛亥革命鼓起了改朝换代的历史风帆。毛泽东自然激动不已，要投身到革命的洪流中去。他打听到武汉的天气潮湿，雨水多，已买好了防水鞋，准备去武汉参军。这时，湖南已组织了学生军。毛泽东想法不一样，要当兵，就到正规部队去当兵。毛泽东选择到正规部队当了一个列兵。因为，他讨厌学生军里鱼龙混杂的气氛。这一点也不奇怪，读书人有时更愿意同质朴无文的人打交道。读书人清高和不愿与大老粗为伍的臭毛病，也在毛泽东身上表现出来。在毛泽东的潜意识里，他是一个学生，不屑于象普通士兵那样到城外去挑水，而花钱向挑水夫买，再就是把钱花在买书和报纸上，同时他还帮助没有文化的士兵写写家信。毛泽东自己说，士兵们都喜欢他。这是毛泽东主动参军。毛泽东回忆说，当时参加同一支部队的还有湖南东安人唐生智，比他大3岁。16年后，唐生智被策反起义，南方国民党提前发动了北伐战争。唐生智后来成为国民党的一级上将。这次，毛泽东只当了半年兵，随着革命的结束，他离开了部队，离开了军营。

紧接着，毛泽东又开始了他的求学生涯：进商校，读中学，单独求学，上一师。在省立一中，毛泽东以一篇《商鞅徙木立信论》夺得作文比赛冠军。在湖南一师，一开始毛泽东仍我行我素，重文轻理。好在，毛泽东又遇到了一位慧眼识才的好人，一向惜才如命的湖南一师校长马昭绶的关照，竟给予特许，甚至将阅览室的钥匙给他，让他自由出入，成为湖南一师的"特殊学生！"教员杨昌济教伦理学，却自掏腰包订《新青年》给毛泽东和他的同学阅读，毛泽东写的《心之力》，杨昌济给打了满分并另加五分(100+5)。黎锦熙指导毛泽东读史，推荐读严复翻译的《群学肄言》"缮性"，尤其是湖南一师的袁大胡子，强改毛泽东的新民体写作风格，学中国古时文学名家韩愈。

"坎书"这样说：在一师最初的二三年，毛泽东全力钻研自己深爱的国文、修身和地理。在国文老师袁大胡子的鞭策下，毛泽东找来《韩昌黎全集》、《昭明文逊》以及东汉孔融、北宋"意志慷慨"的叶适和南宋注重"事功"的陈亮等人的文集，深入研习，使自己的写作获得了更为深厚的根基，从而抛弃了曾经十分流恋不已的梁启超的"新民体"。从此，毛泽东的写作能力得到长足进步。与此同时，毛泽东继续发展着对历史的热爱，北宋司马光所著的，著名的，为肉食者准备的史书—《资治通鉴》—成了他的必修课。毛泽东这样全神贯注，与其说他关注历史，倒不如说他在向中国历代帝王学习，从中国数千年的兴衰治乱的历史轨迹中寻找治国安邦，振兴中华有价值的东西。从兹始，一部浩瀚的历史巨著—《资治通鉴》—成了毛泽东终身伴随的必读之物。

明末清初人顾祖禹所著的《读史方舆纪要》也被他从图书馆里借了出来，书中详载的中国地域形势、山川险易以及古今战守、攻取得失的事迹，毛泽东都大感兴趣。当时，正向"孔家店"发起冲击，并劝青年"少读或不读中国书"的大学教授和留学生们，不会知道，也不可能知道，中国新文化的政治果实，竟然结在了《资治通鉴》和《读史方舆纪要》上。而事实是，又有谁知道？一个破烂，衰败，不堪一击中国，竟被一个不起眼的，正在潜心研究《韩昌黎全集》和《资治通鉴》的师范生，一个年龄明显偏大，学习偏科的学生—毛泽东，带领共产党，配合蒋介石赶走日本侵略者，又打垮蒋家王朝，建立起共产党的一统天下—中华人民共和国！

在湖南一师读书期间，可以说毛泽东独树一帜。毛泽东打破湖南一师学友会由教师担任组织领导的规则，校长马昭绶让毛泽东出任：1915年11月—1917

年10月，毛泽东连任4届湖南省立第一师范学校学友会文牍。1917年10月—1918年5月任湖南1师学友会总务(负总责)兼教育研究部部长。这是其一。

其二，毛泽东以参加杨昌济黎锦熙组办的哲学研究小组读书学习的学生为骨干，参与并发起组织“新民学会”，担任新民学会干事。1915年，在湖南一师，毛泽东仗义执言，抗议校长张干增收学生学杂费，赶走了校长张干。1917年上学期，在湖南一师全校400多名自发组织的一次“人物”评选活动中，毛泽东得票最多，被视为德、智、体均有过人之处的杰出人物。1917年4月，毛泽东撰写的《体育之研究》在当时宣传新思想，在中国名声鹊起的《新青年》刊出，这是何等的荣誉?！无疑，毛泽东是湖南一师，长沙的新秀，青年人的明星，是湖南一师，乃至长沙新青年的杰出代表！1918年4月14日，毛泽东和同学肖子升发起并组织的新民学会正式成立。从新民学会成立的那一刻起，毛泽东不再是单个个人了，而是有自己组织的人了。这是个人人生的跨越，也是由个人向组织的跨越。从此，个人和组织紧紧地连在一起。按照中国的说法，自己是有组织的人了。

可以说，这时期的毛泽东成功地完成了人生中的第二跳，走进长沙，蓄能待发。1918年夏，毛泽东从湖南一师顺利毕业，是毛泽东人生道路的重要的里程碑。建国后毛泽东在会见当年的师友时多次说：“我没有正式进过大学，也没有到国外留学，我的知识，我的学问是在一师打下的基础。一师是个好学校。”

说起来，的确是个奇迹。毛泽东从幼年起每走一步，都有贵人指导，竭力相助。其实，这不是神力护佑，而且毛泽东自己的努力，得到了学校校长，老师的认可，同学的认同。这才是毛泽东成功立命做人的基点。

## 第三跳：走出湖南　革命演练

象二级跳一样，在湖南一师读书时，毛泽东已为第三跳做了适当铺陈。

早在1915年9月，黎锦熙离开湖南第一师范，到北京教育部供职。黎锦熙的北上，虽然结束了毛泽东与黎锦熙俩人朝夕相处的美好日子，但仍然保留着毛泽东所说的“如婴儿之得慈母”般的师生关系。

1918年6月，毛泽东一向敬重的老师—杨昌济—应北大校长蔡元培之邀，已举家北上前往北京大学任教。需要指出的是，杨昌济任教北大后，曾极力主张毛泽东上北京大学读书深造。杨昌济一进北京，就将希望毛泽东即刻到北京上学深造的意愿，让蔡和森从北京写信转告远在长沙的毛泽东：特别强调说“可大可久之基，或者在此。”(李自华：追寻青年毛泽东的两次北京)。

要说毛泽东不上心，那是假的。

1918年8月19日，毛泽东随着火车的轰鸣，铁轨有节奏的撞击声，一路走出湖南，来到北京。北京，八月的北京，天气是炎热的，生活却是冷酷的。毛泽东不仅为自己的生存发愁，也要为即将赴法勤工俭学学子们的生活学习经费发愁。毛泽东先是住在杨昌济家里，后与蔡和森等一起住进一个地方狭小的屋子里，8个人挤在一起，连翻身都要先给睡在左右的人打招呼，毛泽东称之为：几乎是“‘隆然高炕，大被同眠，几个人挤得骨头都发酸’”。这些都算不了什么！还有更令人不堪回首的打击接踵而来。

毛泽东面临的第一个打击是，入学北大深造的申请被北大拒绝了。湖南一师的骄子，一下子从高山之巅，跌入人生峡谷。说起来，真让人难以置信，北大拒绝的理由是，毛泽东的学历不够。

历史不能假设。但值得人们深思，回味。在历史上，的确有因功名考试或/和申请学习被拒，而自己打出一片天地，而扬名立万的人。下面略举几例：

1，明代著名作家吴承恩，被明朝的科举考试拒之门外。吴承恩转而专心致志地潜心写作，为中国人民留下了不朽的名著—《西游记》。

2，清末才子严复，一心致力于北洋水师学堂的教学，可是不被北洋水师的掌门人—清王朝衙门总理大臣李鸿章赏识。严复多次参加科举考试，都不中。严复转而致力于翻译介绍西方的先进文化，思想和科学，唤醒中国人，奋起追赶世界水平。因此，严复被毛泽东称为中国近代史上向西方国家寻找真理的“先进的中国人”。

3，据说，当年洪秀全曾想洗礼入教，但被拒。洪秀全转而自己创教，做起教主，拉起一彪人马，组织领导太平天国运动，致力于反对清王朝，动摇了清王朝的统治基础，加速了清王朝的灭亡。(挥一挥手：毛泽东是洪秀全的衣钵传人)

4，还据说，有人一直耿耿于怀，质疑希特勒当年报考艺术学院未果事件。如果希特勒当时被美院录取，世界上就会少一个魔头，也不会有日后的德国纳粹党党魁，给犹太人和世界和平带来灾难深重的战祸。

毛泽东入学北大深造的意愿被拒后，在杨昌济的关照下，经校长蔡元培的认可，李大钊很快在北大图书馆里为毛泽东谋得一个图书管理员的职位，为进出图书馆，借阅书刊者做登记，月薪8块大洋。按说，一个普通人，一份稳定的，风不吹，日不晒，雨不打的清闲舒适的工作，又有不算少的8块大洋，应该知足了。虽然艰苦点，还是能够勉强接受的。

可是，毛泽东不是普通人。

在孩童时代，毛泽东就立志：“孩儿立志出乡关，学不成名誓不还。”

在东山学堂：“春来我不先开口，  哪个虫儿敢作声！”毛泽东也做到了。

在湖南一师：1915年，毛泽东曾书写下：“五月七日，民国奇耻。何以报仇？在我学子！”

1915年暑假前夕，在湖南一师，校长张干未经同学生商议，擅自增收学杂费，遭到学生抗议。毛泽东认为，学生的抗议书，没有击中要害。于是，毛泽东亲自起草抗议书，一举赶走校长张干。

这些威风八面的事，着实令毛泽东怡然自得，火了一把。这一切，在他到北京后，似乎一下子都成了过眼云烟，眼下的北京，没有人把他放进眼里。

在杨昌济家里，毛泽东为夜晚来访杨昌济先生的梁漱溟开门，梁漱溟眼皮都不抬一下，也不与他打招呼。毛泽东受到漠视。

在北大图书馆，毛泽东整天象机器一样，坐在那里为进出图书馆借阅书刊的人登记，没有人愿同他多说一句话。

毛泽东因为不是北大学生，胡适拒绝回答他的提问(青年毛泽东创办《湘江评论》始末。新京报)。

毛泽东第一次走出湖南，是惊？是喜？是忧？是悲？各人自有评说。毛泽东在回忆第一次北京之行时说：“我自己在北京的生活条件很可怜”，在北大，“我的职位低微，大家都不理我。我的工作中有一项是登记来图书馆读报的人的姓名，可是对他们大多数人来说，我这个人是不存在的。在那些来阅览的人当中，我认出了一些有名的新文化运动头面人物的名字，如傅斯年、罗家伦等等，我对他们极有兴趣。我打算去和他们攀谈政治和文化问题，可是他们都是些大忙人，没有时间听一个图书馆助理员说南方话。”（斯诺：西行漫记）

毛泽东在同斯诺谈话中，还说了一段意味深长的话：1918年8月15日，“我陪同一些湖南学生去北京。虽然我协助组织了这个运动，而且新民学会也支持这个运动，但是我并不想去欧洲。我觉得我对自己的国家还了解得不够，我把时间花在中国会更有益处。那些决定去法国的学生从现在任中法大学校长的李石曾那里学习法文，我却没有这样做。我另有打算。”

中国有句古语，知耻近乎勇。如果说，一开始毛泽东就不打算到国外留学的话，那么北大的遭遇更坚定了他不出国留学的信心。因为，一个以礼仪之邦著称的中国，让一个自认为饱读经书的毛泽东丈二和尚摸不着头脑：“我觉得我对自己的国家还了解得不够，我把时间花在中国会更有益处。”（斯诺：西行漫记）。

毛泽东的第一次北京之行，知道了自己“职位低微，大家都不理我。”至少是证实了他对中国认识“还了解得不够”。一个志在变革中国的毛泽东，自然要留下来，研究中国。这一留，成了毛泽东改革自己命运的开始。千里之行，始于足下。正是这一留，决心打翻身仗，经过三十年的奋斗，努力，在1949年10月1日，毛泽东带着他的战友们，站在天安门城楼上，向中国和世界宣告：中国人民从此站起来了！毛泽东实现了“春来我不先开口，　哪个虫儿敢作声”，一雪职位低微，被人瞧不起的耻辱的湖湘农家子弟—农民的儿子，一下子成了未来中国的红太阳。这的确是毛泽东的第一大收获。

第二大收获，第一次北京之行使毛泽东“对政治越来越感兴趣！”（斯诺：西行漫记）。

这的确是有些吊诡。试想，一个从小在外婆家无忧无虑，在爱的阳光下成长的毛泽东，何以对政治越来越感兴趣？在孩提时代，几件事促使了毛泽东的政治觉醒。这些是：

第一件是1910年春夏发生在湖南长沙的米荒。据有文字记载的史料记载，长沙闹起“米荒”事件，湖南当局不顾百姓死活，还以抓乱党为名，镇压闹米荒的人。这时，毛泽东不满17岁，已在思想意识里种下闹米荒的人，不是乱党，而是和普通家人一样的老百姓。

再一件是学校里的一位教员，激烈反对神佛，取消神佛，把庙宇改成学校。这在当时也是非常大胆，激烈的行动。

第三件是一本谈论瓜分中国的小册子，给年幼的毛泽东留下不可磨灭的影响。在毛泽东的印象里，这些事件，使毛泽东“开始有了某种程度的政治意识”，即“我为我祖国的将来痛心，开始明了大家都有救国的责任。”（斯诺：《西行漫记》）。这里，毛泽东讲的“政治意识”，指的是“救国的责任。”

在东山学校，毛泽东不仅开始接受新式教育，学习除文史以外，还学习数理，音乐绘画等课，还从同学那里读到许多课外书籍。其中，《世界英杰传》使毛泽东大开眼界。从此，毛泽东在思想上尊敬崇拜的，不再只是中国历史上的尧舜禹，秦皇汉武，又增添了中国以外的世界级英雄人物，拿破仑，林肯，彼得大帝，华盛顿。毛泽东认为，中国需要华盛顿式的人物。

1911年，是中国政治风云突起，变革的一年。毛泽东初到长沙，而关心中国政治的兴致大起，提出让孙中山当总统，康有为任总理，梁启超任外交部部长的主张。这时的毛泽东，似乎认为中国的前途命运，全系在这三人身上。只要他们三人组阁，中国似乎就有了“希望。”这时，毛泽东已有了主宰沉浮的气派。

1915年5月，日本提出的“二十一条”作为支持袁世凯称帝的条件，袁世凯对日本的苛刻要求，几近照单接受，毛泽东义愤填膺，奋笔疾书，写下“五月七日，民国奇耻；何以报仇，在我学子！”

1917年，毛泽东对过去一路走来的历史，进行了梳理，总结。是年夏天，毛泽东和同学肖子升利用暑假游学长沙等地五县，行程近千里，广泛接触农村，乡镇，宗教寺庙，各界人士，回到长沙，于 8月23日给自己的师长，朋友黎锦熙先生，写了一封长信，剖析自己，纵论时局，向人宣示：“大同者，吾人之鹄也。”

这里，要说明的是，马克思的共产主义学说，一个极其重要的组成部分就是源自法国的圣西门、傅立叶和英国的欧文空想社会主义。在十九世纪初期，是西方空想社会主义的鼎盛时期。从历史上讲，最早提出空想社会主义的应是英国莫尔创作的，一部以“乌托邦”命名的文学作品，是一部虚构的作品，描绘的是生活在孤岛上的人所向往的理想社会。而最早将“乌托邦”一词同“社会主义”联系起来的人是：法国经济学家日洛姆•布朗基。他在《政治经济学》中首次将“乌托邦”一词与“社会主义”连在一起，用来泛指空想社会主义学派。

可是，从中国历史看，“三世”之说，最早见于古代《春秋公羊传》，孔子认为“《春秋》分十二世以为三等，有见有闻有传闻”（《春秋繁露•楚庄王第一》）。明确提出“三世”概念的是东汉的何休，认为是指社会由乱到治可划分为三世：衰乱—升平—太平。这里涉及到社会性质，社会制度，不只是简单的由低级向高级的自然发展，即是说不是简单地进化发展。

在十九世纪末，中国著名的改良维新人物—康有为以孔子的三世学说为基础，提出著名的“大同学说。”从毛泽东致黎锦熙的信看，毛泽东是赞同康有为“大同世界”思想的。但又有区别，康有为主张以“仁”为基础，渐渐的发展，以改良为手段，变君主专制为君主立宪，再到民主共和。毛泽东虽然同意“大同书”学说，但认为康有为没有找到实现大同的手段或方法。原因是，康有为曾试图说服光绪皇帝维新变法，被慈禧太后扼杀了。所以，毛泽东认为，要在中国实现康有为提出的“大同世界”，必须革命，改造民质。毛泽东说：“当今之世，宜有大气量人，从哲学、伦理学入手，改造哲学，改造伦理学，根本上变换全国之思想。此如大纛一张，万夫走集；雷电一震，阴曀皆开，则沛乎不可御矣！”(毛泽东致黎锦熙信，1917年8月23日)。事实也已一再证明，毛泽东一生都在为实现人类大同理想在努力奋斗！

我认为，毛泽东虽说过或写过许多一生身怀救国安民志向的话，但到了1917年8月23日，应该说是毛泽东政治上，思想上已日臻成熟，一切努力都在向圣贤看齐。在信中，在中国近代史上，令毛泽东佩服的人，只剩一人而已。毛泽东说："愚于近人，独服曾文正，观其收拾洪杨一役，完满无缺。"而其他那些所谓的风云人物，都不过是"无内省之明，无外观之识而已矣。"

据我所知，这时的毛泽东还没有脱出崇拜古代帝王，但他已看到中国的弊病所在："思想太旧，道德太坏。"因此，毛泽东试图从改变民心入手，"立德、立功、立言以尽力于斯世者，吾人存慈悲之心以救小人也。"在毛泽东的心里，"今吾以大本大源为号召"，注意，"大本大源"是什么？当时，谁也不知道？！后来人们才知道，这个"大本大源"就是毛泽东思想。历史已经成功地证明了，从三十年代后期的解放区到解放后的全中国，只要毛泽东发话，毛泽东思想指示下达，"天下之心其有不动者乎？"毛泽东的确实现了在中国甚至世界"立德、立功、立言以尽力于斯世者，吾人存慈悲之心以救小人也"的宏图伟愿。要说政治，这就是最大的政治！

毛泽东从湖南一师毕业后，在不到两年的时间里，从湖南一跃成为中国全国闻名遐迩的人物，最令人称羡的是驱赶湖南督军张敬尧的运动，毛泽东领导指挥得有声有色。

1919年12月18日，毛泽东率领湖南100人驱张代表团抵北京，毛泽东为代表团团长。在北京创立"平民通讯社"，毛泽东任社长。每天向全国发出驱张讯息四五百条。毛泽东的"平民通讯社"设在临时租借的北京大喇嘛庙。黎锦熙回忆说："当我去看他时，他正坐在（福佑寺神堂）大殿正中香案后，香案很大，左边摆着平民通讯社的油印机和通讯稿件，可见有些稿件可能是他自编自印的。右边是一大堆关于社会主义的新书刊，我在这里第一次见到《共产党宣言》。"(转引自："弟自得阁下，如婴儿之得慈母"—毛泽东与黎锦熙先生)。

二十世纪初期，驱逐湖南督军张敬尧，一个是书生—毛泽东，一个是手握重兵的一省督军—张敬尧，力量，地位，……悬殊可谓天壤之别。可是，双方较量的结果：毛泽东胜出，张敬尧灰溜溜的下台，离开了湖南！

湖南督军的下台，标志着毛泽东的革命舞台已从湖南，走向全中国！因此，这标志着毛泽东"指点江山，激扬文字，粪土当年万户侯"时代—一个崭新的，属于毛泽东个人时代的开始。

在湖南，在中国，驱逐湖南督军—张敬尧，只是毛泽东革命序幕的开始，一次全国规模的大革命演练，……。

黎锦熙在1920年的日记里记载了毛泽东在北京的重要思想活动：

"一月四日，下午，至北长街后十九号，晤润之。"
"一月十九日，午后，润之至，谈文化运动方法。"
"三月十日，下午，润之来，久话解放与改造事。"
"三月十七日，灯下，润之至，商湘事善后问题，话近代哲学派别。"

从黎锦熙的日记里可以看出，在北京展开驱逐张敬尧的同时，已在探索和规划中国未来的发展，并与黎锦熙先生“谈文化运动方法”，“久话解放与改造事”宜，……由此可见，毛泽东心里已在思考中国的未来，已将革命的目标，推向中国，中国的“解放与改造”事业。

1921年元旦，毛泽东等组织创建的“新民学会”的召开年会，共同讨论学会未来发展，并达成共识，成功地完成了学会向政党性质的转变，新民学会从此始，以“改造中国与世界”为奋斗目标，……。

1921年6月29日，下午6点，毛泽东又开始了新的征程。28岁的毛泽东和45岁的何叔衡迎着晚霞的光芒，来到长沙小西门码头，走进一艘已拉响了起航汽笛声的小火轮，去上海出席预备在上海召开的中国共产党第一次全国代表大会！去迎接新的挑战！……

www.ingramcontent.com/pod-product-compliance
Lightning Source LLC
LaVergne TN
LVHW101919220826
846093LV00009B/306

* 9 7 8 1 6 6 2 9 0 9 5 2 8 *